中国传统文化创新教学
创 新 教 学
戏剧化课堂实例

《中国传统文化创新教学》编委会　编

外语教学与研究出版社
北京

下册

图书在版编目（CIP）数据

中国传统文化创新教学：戏剧化课堂实例.下册／《中国传统文化创新教学》编委会编.－－北京：外语教学与研究出版社，2021.6（2021.12 重印）
ISBN 978-7-5213-2802-8

Ⅰ.①中… Ⅱ.①中… Ⅲ.①戏剧教育－中学－教学参考资料 Ⅳ.①G634.951.3

中国版本图书馆 CIP 数据核字（2021）第 145708 号

出 版 人　徐建忠
责任编辑　王　琳
责任校对　刘　佳
装帧设计　覃一彪
出版发行　外语教学与研究出版社
社　　址　北京市西三环北路 19 号（100089）
网　　址　http://www.fltrp.com
印　　刷　北京盛通印刷股份有限公司
开　　本　710×1000　1/16
印　　张　19
版　　次　2021 年 8 月第 1 版 2021 年 12 月第 2 次印刷
书　　号　ISBN 978-7-5213-2802-8
定　　价　58.00 元

购书咨询：（010）88819926　电子邮箱：club@fltrp.com
外研书店：https://waiyants.tmall.com
凡印刷、装订质量问题，请联系我社印制部
联系电话：（010）61207896　电子邮箱：zhijian@fltrp.com
凡侵权、盗版书籍线索，请联系我社法律事务部
举报电话：（010）88817519　电子邮箱：banquan@fltrp.com
物料号：328020001

记载人类文明
沟通世界文化
www.fltrp.com

《中国传统文化创新教学》编委会

学术顾问

麻文琦、乔纳森·尼兰兹（Jonothan Neelands）

课程策划与统筹

吴　辉

课程设计

陆　璐、李笑卓、吴海燕、李婧菡

研发协同

高佳琪

研发支持

李胜利、杨国英、姜　婷、高　嚣、林喜杰、韩东升、

王维花、李娇龙、张桂刚、罗　娜、彭鹤立、张爱平、

董　昊、陈　珊、赵晶熠、王丽英、周冰花

专家前言

（一）

麻文琦

　　"中华思想文化术语"（以下简称为"术语"）是由中华民族所创造或构建，凝聚、浓缩了中华哲学思想、人文精神、思维方式、价值观念，以词或短语形式固化的概念和核心词。2014 年，"中华思想文化术语传播工程"由国务院批准立项。这一国家级重大项目肩负的是面向世界讲好中国故事的使命和责任，通过传播让四海五洲能了解中华思想文化术语蕴含的中国人的古老智慧、情怀、志趣和追求。毫无疑问，该工程不仅浩大而且壮丽。因此，当"中华思想文化术语戏剧化课堂"（以下简称为"术语戏剧化课堂"）于 2018 年立项时，当它成为"中华思想文化术语传播工程"的一个组成部分时，作为项目学术顾问，我倍感由工程价值和意义所带来的那份荣光。

　　不过，"术语戏剧化课堂"肩负的是面向我国中小学学生讲好中国故事的使命和责任。传播对象的改变，给我们这个子项目带来了新课题：如何让这些虽饱含深意但却经过思维抽象的术语，能够为孩子们所体验和理解，而不仅仅是背诵和记忆？教育戏剧的理念和方法，成为我们项目组破解这一难题的引航。经过持续的思考、探索、讨论，经过不断的反省、打磨、修正，"术语戏剧化课堂"终于有了模样，其成果也终于成书，有了与大家见面的机会。

项目成果《中国传统文化创新教学——戏剧化课堂实例》分上下两册，上册内容适合小学中高年级学生学习，下册内容则更加切合初高中年级的学生。全书总共17章（上册8章，下册9章），涉及40多条术语。这些术语被我们从成百近千条术语中提取出来，有机地安放在了这17个章节当中。那么，为什么是这些术语而不是其他呢？回答这个问题实际上也就连带说明了《中国传统文化创新教学——戏剧化课堂实例》的编写思路，对此，我们将其概括为"双轨设计"：

其一为"术语关联"思路，指的是先确定核心术语，然后由它自然链接其他术语。譬如，确定"仁者爱人"，然后逻辑生成"见贤思齐"（自我修养）、"礼尚往来"（人际关系）、"怀远以德"（国际关系）、"修齐治平"（人生目标）等，因为后者都是"仁爱"在不同层面和维度的展开。以上五条术语彼此间有着紧密的内在联系，组合在一起构成了一个有机"术语群"。

其二为"故事关联"思路，指的是先确定代表性故事，然后由故事的意涵自然串联起术语。譬如，确定了"年兽的故事"，然后自然生发出"年""春节""集思广益""约定俗成"等四条术语，因为后者都是年兽故事本就内含的概念结晶。以上四条术语彼此间虽没有内在的联系，但它们是深深镶嵌在故事线索里的"术语群"。

我们曾经考虑过用"戏剧教育让术语'动'起来"为本书命名，虽然为便于读者搜索，最终更名为现在的书名，但"戏剧教育让术语'动'起来"确实是我们的编写目标。书中每一章都包含了术语词条、剧本梗概、使用说明、教案和剧本五个板块，它们会鲜活地向你呈现"让术语飞动"的理念、思路和方法。需要说明的是，本书的教案有些相对详细，有些相对简洁，在排序上，前者在前，后者排后。这种安排背后的考虑是：在开始时为刚入门的教师提供尽量具体、细致的引导，希望教师在具备一定的实操经验后，可以更多地去进行延展和灵活调整，为自己的课堂教学留出空间。本项目的教研专家们精心撰写出的这些细致教案，都是来自前期的教学实践，所以我们相信，它们可以最大限度地为本书的使用者提供参考。

总体上说，这 17 个教案完全具备让教师原封不动、直接照搬的实操性，有利于教师在较短时间内，较好较快地将其呈现在舞台上，十分适合在有限的教学时间内丰富教学内容。同时，我也有两条建议供教师们参考：一、在实际教学中，可以把我们的教案作为启发，而不必当作"指挥"。可以根据具体的教学对象以及自身的理解进行必要的调整。二、充分激发、调动学生的创意和想法，请学生共同参与讨论，将学生的想法融入剧本的创编中，从而形成更具特色、更符合学生认知的剧目。

"中华思想文化术语戏剧化课堂"期待着能够被带上真正的课堂，《中国传统文化创新教学——戏剧化课堂实例》作为一种探索的成果体现也等待着得到更多的检验。无论是满心的期待还是忐忑的等待，都需要你的出现。是的，那个有缘的你！

（麻文琦，中央戏剧学院戏剧文学系副主任）

专家前言
（二）

乔纳森·尼兰兹

几年前，我和北京外国语大学国际教育集团刚开始合作时，就收到了他们赠送的"中华思想文化术语"丛书，这套书对于我了解中国传统文化并设计戏剧课程提供了非常大的帮助。今天，我很高兴能够为"中华思想文化术语戏剧化课堂"项目做一些贡献。《中国传统文化创新教学——戏剧化课堂实例》收录了我在中国教授过的戏剧理念、传统故事和教学方法，随着这本书出版，希望它们能让更多的教师受益。

在本书中，你将学习到很多戏剧范式，这些范式被用于设计和教授戏剧课程。范式是你为孩子们搭建学习架构的建筑材料，是为孩子们创造安全、愉快的学习旅程的砖块。范式就像艺术家调色板上的颜色，艺术家选择正确的颜色来制作一幅美丽的图画。以同样的方式，你将学习如何使用范式与你的孩子们一起"描绘"戏剧课堂。

这本书中包含了很多中国传统文化的戏剧教案，这些教案的编写有些是基于民间传说，有些是基于历史故事。这些教案可以帮助你建立把传统文化用戏剧教育的方式教给孩子们的信心。教案就像你烹饪美食的食谱。你可以先使用已有的教案来培养自信，随着时间的推移，你就可以设计自己的"食谱"！

戏剧是一种不同的教学方式：教师不会站在教室前面，看着一排排课桌后的学生，给他们传递信息。相反，教师是以一种协同合作的方式教学，并鼓励孩子通过提问和讨论建立自己的认知。课堂上会有很多小组作业，所以孩子们必须擅长团队合作，不需要教师的密切关注就能完成任务。也许身为教师，你会发现自己的学生需要一点时间才能明白——积极参与戏剧课比扰乱课堂秩序更有趣。如果"一点时间"比你想象得更长，请你不要气馁。

理想情况下，你将在一个没有桌椅的空间里教授戏剧，这样学生可以方便地移动和分组工作。如果你找不到特别合适的空间，那么像"教师入戏"这样的范式在课堂上就会非常有用。教授戏剧需要时间，每节课大概在 30 分钟到 90 分钟之间。你可以从时间比较短、内容相对简单的课程开始，直到有足够的信心后，再选择相对复杂的课程。刚上戏剧课的学生需要明白，如果不遵守规则、学不会彼此倾听，戏剧课就不能继续。这时，教师需要回到更传统的方法，直到学生们认可了戏剧教室里的"法治"。《中国传统文化创新教学——戏剧化课堂实例》也会教你如何与学生就戏剧课上的规则达成协议，这样每个人都清楚应该怎么做。

我们为什么选择用戏剧来教育孩子们？简单说，戏剧可以唤醒热情与好奇心，它可以帮助每个学生提高以下这些能力。

社交能力：戏剧帮助孩子们学习如何与他人合作和控制自己的行为。孩子们都知道，要想在游戏中玩得开心，就必须遵守团队的规则和秩序。戏剧课也同样如此，每个学生都能从与他人的合作中受益并成为一个优秀的团队成员。有些学生在开始时可能很难遵守戏剧课堂的规则，有些学生可能会因为害羞或缺乏自信而显得格格不入……这本书将帮助教师管理课堂，同时让害羞的孩子对自己更有信心。

沟通交流能力：在戏剧中，孩子们在很大程度上提升了表达能力、聆听能力和写作技巧。孩子们认为自己是虚拟情境中的角色，他们像故事中的人物一样说话，学习如何使自己的语言适应情境。这种体验是戏剧的美妙之处之一，它让孩子们在不同的场合、不同的时间以不同的方式想象自己，掌握面对各种角色和场合时的言行举止。这可以帮助他们演练如何在不同的情况下进行有效沟通。孩子们之间也会进行很多讨论，比如戏剧中发生了什么，接下来可能会发生什么，以及如何反映戏剧主题等等。

形成价值观的能力：通过戏剧，孩子们学会如何自信、礼貌地表达感情和思想，怎样培养文明礼貌的言行，以及形成爱国、正直、诚实等价值观。使学生形成正确的价值观，是戏剧教育的关键。在戏剧教育中，价值观不仅仅停留在文字或想法上。孩子们在体验中理解正直、诚实的意义，学会尊重父母，明白友谊的可贵，并理解人与人之间的礼、义以及和谐相处的重要性。

想象力和创造力：故事是人类早期及之后长期学习的最重要资源。故事让我们了解其他人，故事总是激发我们的想象力——我们在想象中创造了故事的世界，我们想象自己在故事中，我们想象接下来会发生什么，我们想象自己活在这个故事里会是什么样子。

在戏剧中，我们以不同的方式处理故事。孩子们并非只能听故事，而是可以通过想象的力量进入故事的世界。他们可以成为故事中的人物，体验故事中的场景，就好像它们真的发生在此时此地的教室里。孩子们不是"读"故事，而是"走进"故事——故事围绕着他们，他们沉浸在故事世界的生活、情感和需求中。在戏剧中，孩子们必须找到创造性的方法来解决问题，创造性地绘画、写作、用肢体造型和歌舞来配合他们的戏剧作品。

希望这套书能够让更多的教师和孩子享受戏剧！

（乔纳森·尼兰兹，英国国家教研员，
英国华威大学教授、前戏剧教育系主任）

目 录

戏剧教育常用范式

1

戏 剧 教 育
常 用 范 式

范式（Convention）也叫习式。在戏剧教育的活动中，它指的是组织戏剧教育活动常用的模式，可以帮助教师建构戏剧活动，有效组织课程内容，让学生创造戏剧表演，探索文本及其内涵，激发他们的情感和思考。范式是戏剧教育工作者在实践中不断整理总结的课堂实践方法，至今为人们所接纳的约一百种，其中经常被使用的大概有二三十种。此处介绍其中的三十种。

＊ 故事棒（Whoosh）＊

或称为"故事圈"。教师朗读一段故事，学生听到故事中的人物或事物时，就走到中间，即兴表演所听到的内容。当教师说"Whoosh"（拟声词，描述物体飞速行进发出的声音）时，所有学生停止表演，回到原位。教师在朗读时可用"Whoosh"将故事分成几个片段，每个片段中的人物可由不同学生扮演。

＊ 教师入戏（Teacher-in-role）＊

教师作为角色和学生一起进入到故事情境之中，展开即兴互动，推动情节发展，一般和其他范式如"坐针毡""环形剧场"等配合使用。教师入戏一般需要设计一个仪式化的行为作为入戏的标志，教师在入戏前告知学生（尤其是低年级孩子）此标志的意义，比如：戴上围巾变成神秘老人，摘下围巾就是教师。

＊ 坐针毡（Hot-seating）＊

由一位学生或教师扮演戏剧中的角色，其他人以戏外人的身份对他进行提问，以此了解故事背景、心理活动、行动原因、人物关系等。被采访的学生或教师可以被称为"坐针毡者"。在范式开展过程中，坐针毡者会坐在教室中间的一把椅子上，以角色的身份来回答问题，其他人以圆形或半圆形围在他的周围，依次进行提问。

＊ 环形剧场（Circular Drama）＊

将学生分为几个小组，每个组都饰演戏剧中与主角有关的一组角色。之后所有小组围成圆圈，由教师或者一位学生饰演主角，依次进入每个小组访问，与他们展开一段即兴表演，然后离开。表演完或未表演的组则可以暂时作为观众观看。

＊ 定格画面（Still-image）＊

或称为"定格"。学生运用身体构成一幅静止不动的画面，以表达一个时刻、一类人物、一种主题等。可由每个学生独立完成或一个小组共同完成。所完成的定格画面，可以是单独的一幅画面，也可以是两组之间产生对比的两幅画面，还可以是有逻辑关系的一连串画面。

＊ 专家的外衣（Mantle of the Expert）＊

将学生变成在特定情形中具有某一领域专业知识技能的专家，他们需要利用自己的专业知识完成一项任务。在这个范式中，组织者的权力和责任转移到组员中，每个人因为拥有了专家的身份而感受到被尊重，同时也能体会到不同职业者所具有的专业素养和理解力。

＊ 思路追踪（Thought Tracking）＊

当学生在扮演某个角色时，请他静止不动，教师轻拍学生的肩膀，学生说出这个角色此时此刻的想法；或者由另外一个学生轻拍角色肩膀，替他说出此时此刻的想法。

＊ 集体绘画（Collective Drawing）＊

根据一个主题，小组或集体绘制一张图画，来表达他们对故事或人物的理解，对问题的思考或观点。可以是单纯的图画，也可以是一个人物画像、一个故事场景、对一个地点的描绘或是一幅海报等。

＊ 集体雕塑（Group Sculpture）＊

由教师或学生选定某个重要画面，并讨论该画面中可能出现的人物和物品。由部分学生扮演这些人物及物品的"雕塑"，其他学生基于现阶段对故事情节及人物的理解，作为"雕塑家"去设计、摆放此刻人物和物品的位置与造型。这个过程需要学生回顾并反思这段故事中人物的状态和关系，通过艺术性的创作和表达，将复杂的情感和状态浓缩于一幅画面。

＊ 集体角色（Collective Role）＊

一组学生同时扮演一个角色并且以角色的身份展开对话或表演，任何人都可以发言；或者选出一个代表来扮演该角色，其他学生在旁边给予支持或低声给出建议。

＊ 良心巷（Conscience Alley）＊

一名学生扮演剧中正在面临着两难选择并且犹豫不定的人物。其他学生分成两列，面对面站立，形成一条"巷子"，中间的距离可以容纳一个人通过。这时剧中人站在巷子一头，缓慢从巷子通过。当他走过的时候，两侧的学生要对他说出他内心的想法、感受或对他该如何做给出建议，并且两列学生通常持完全相反的观点，以展现剧中人在两种选择间的犹豫。当剧中人走到巷子另一头，活动结束。

＊ 墙上角色（Role-on-the-wall）＊

选择故事中的一个重要人物，画出其人形轮廓并展示给大家，让学生根据自己从故事或戏剧活动中建立的对于该人物的理解，思考该人物有怎样的形象，并将他人描述该人物性格或行为的词汇或短语写到轮廓外。随着对剧情及人物的理解，对人物形象逐步进行丰富，比如思考人物自己是如何看待自己的，将人物形容自己的词汇或短语写在轮廓内。

＊ 墙壁的话（Walls Have Ears）＊

一般用于去理解处境困难的角色。请一位学生作为角色代表，其他学生站立并用身体围成四面墙，他们可以是相关人物角色也可以是角色自己，他们将以不同视角说出对于某件事情的不同想法。角色代表进入四面墙中，墙壁开始发声，每次一个人说话，角色在空间中可以选择人物状态，根据听到的墙壁声音做出反应调整。

＊ 流言四起（Gossip Circle）＊

参与者围坐成一圈，依次传播有关某个人物的传闻，这些传闻都是对于这个人物公开或者私下的评价或偏见。在传播这些谣言时要不断夸大其词。最后一个人的谣言变成公众对于这个人物的共识。这个范式可以帮助学生识别戏剧张力、矛盾冲突，理解公开和私下的不同，以设计和解释他人的行为。

＊ 仪式（Ritual）＊

"仪式"是一种社会和公共活动，也可以指仪式化的行为。在仪式化的行为中，行动或语言经常带有重复性，学生通过参与，可以融入不一样的群体文化或接受某种道德规范。

＊ 聚光灯（Spotlight）＊

让每个小组先准备一段表演，并选取这段表演中最重要的一部分，依次进行展示。在某一小组进行表演时，教师让其他小组暂停，集体观看该小组的表演。

＊ 心底话（Alter-ego）＊

一名学生饰演角色，其他人饰演角色的思想，替角色说出自己的想法。饰演角色的人不说话，但可以根据其他人说出的话变换姿态或动作（类似于双簧），最后可以请饰演角色的人来表达角色想法。

＊ 角色写作（Writing-in-role）＊

以角色身份写作，可以是一篇日记，也可以是一封家书或一封回信。需要在活动前有充分的故事或情境铺垫，让学生从中展开想象，推敲角色的处境或状况。

＊ 音效模拟（Soundtracking）＊

将学生分成若干组，每个组分配一个不同的场景。学生们可以用自然界真实的声音或是乐器制造出各组场景的音效。其中也可以包括不同人物间的对话。这一范式用来营造人物心情或者勾勒出某一场景的画面。

＊ 读者剧场（Reader's Theatre）＊

把故事改写为小短剧，通过让学生大声朗读短剧脚本的形式，有效地介绍一个故事。以此把故事中人物及其思想感情表现得淋漓尽致，使故事栩栩如生。这种朗读的形式可以创意地展现任何题材的文学作品。

＊ 接力角色（Tag Role）＊

在两人即兴表演中，其中一位表演者无法继续时，可以举手示意，请观看者接替自己的角色；在观看者中，如果有人想到了发展对话的方法，也可以主动换下正在表演的人并继续扮演他的角色。活动进行时，全体参与者作为观看者站成一个圆圈，两位表演者在圆圈中间表演。观看者中想接力角色的人需要走到圆圈中间，轻拍正在表演的人的肩膀，代替他继续表演，被换下的人回到圆圈即可。接力的人数和时长没有固定的限制，但每次接力只能替换一个人，并且在中间表演的须始终为两人。

* 生活圈子（Circle of Life）*

把一张纸分成五个区域，分别写上家、家庭成员、娱乐、每日日常四项，四项中间的圆内写上一个人物的名字及年龄（如下图）。学生们一起进行头脑风暴，将这个人物的相关信息填写在相应位置。然后学生分成四个小组，每组根据自己所在的区域，编一段本区域人物和中心人物之间的简短对话，以此来展示人物当时的生活状态。

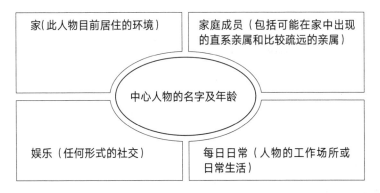

* 会议（Meetings）*

学生以角色身份参与会议，听取资讯，策划行动，集体做决定，讨论解决问题的策略。会议可以由教师或学生代表主持。会议可分为家庭会议、学校会议、案件审理会议、政府会议等。

* 见物知人（Objects of Character）*

教师将与情节或人物相关的物品收集在一个箱子里或书包里，逐一展示给学生看，让学生通过物品对故事展开想象，探究人物性格。尽量选择能够引发学生兴趣的物品。也可通过物品传递一些线索让学生们补充情节进行即兴创作。

＊ 新闻报道（Reportage）＊

运用新闻报道的常规形式和术语，去演绎事件的内容。学生以传媒的角度来报道事件，或置身情节之外，客观地描述事件，重点在于提供更多看待事件的角度。

＊ 论坛剧场（Forum Theatre）＊

演出具有争议性的戏剧情节，为了深入地探讨议题或解决矛盾，观众在感到不认同时可随时打断，走上舞台取代角色，按照自己的意见来进行即兴表演，目的在于尝试找出解决矛盾的最佳方法。

＊ 重要时刻（Marking the Moment）＊

当某种感觉涌现或领悟出现，学生利用多种形式来夸大表达，或者进一步去深入探索。这是对关键时刻的定格与强调，例如利用照片纪念生日，利用诗歌纪念死亡，利用雕塑纪念牺牲。

＊ 请你听我说（If I Were You）＊

类似"良心巷"。当戏剧中的角色正面临人生的重要关头或两难局面时，这个角色在排成两行的学生间走过，两边的学生分别提出意见和看法，可以是学生的自主性意见也可以直接利用戏剧中的人物台词。此范式可在学生提出建议和帮助的基础上增强戏剧张力。

＊ 流动塑像（Fluid Sculpture）＊

是一人一故事剧场（一种即兴剧场，着重观众与表演者之间的互动。观众于剧场上分享个人经验及感受，表演者在聆听后以形体、声音或话剧形式实时呈现，作为礼物回赠观众。在一场演出里，观众会欣赏到不同人士的故事被演绎，故事与故事之间往往存在着一种仿似互相对话的微妙关系）常用的范式。表演者们一次一人做一个定格塑像，其他表演者依次加入声音及动作到上一个已完成的动作上。通常用来外化人物内心多层次的情绪。

＊ 时光闪回（Flashback）＊

创造某一个重要人物的时光闪回场景，可以联系其过去来连接现在具有戏剧性时刻的场景。时光闪回的场景可以用于主角现在发生的事件中，或者某一重要事件中，也可用于其对过去经历的回忆中。运用时光闪回场景，可以帮助推断出对角色的深刻分析和当前其行为特征，帮助选择和认识主角过去经历的重要事件时刻，帮助提供对角色更具细节和更为复杂的延伸探索。

第一章　孝——缇萦救父

◎ 中华思想文化术语

[**孝**] 子女对父母的顺从与敬爱。就言行而论，"孝"包含以下三点要求：其一，要谨慎保护受之于父母的身体，以免伤病，令父母担忧。其二，不能违背父母的教导、要求，即便不能认同，也应顺从遵循。其三，应以高尚的德行，成就自己的声誉与功业，以彰显父母的教导。"孝"植根于子女内心对父母的亲爱与尊敬。儒家认为，"孝"是个人德行养成的基础，并将其作为维系和强化父子关系乃至君臣关系的根本。

[**直**] "直"的基本含义是正直。具体而言，人们对"直"有两种不同的理解：其一，言行符合道德或礼法的要求，不因贪图个人的私利而行背德违法之事，即是"直"。不过由于人们对德礼的理解不同，对"直"的具体表现的认识也有所差异，甚至存在矛盾。其二，依据实情行事，不为迎合他人的期待或需求而隐瞒实情，也是"直"。

◎ 剧本梗概

西汉时期，行医的淳于意有五个女儿。最小的女儿淳于缇萦性情耿直，常惹父亲生气，被家人批评"不孝"。一次，有人状告淳于意"治错了病，致人死亡"，官吏判淳于意"肉刑"[①]，要把他押解到长安去受刑[②]。缇萦假扮小乞丐一路照顾父亲，到长安后，又勇敢上诉、为父求情，最终让父亲免于"肉刑"。

---

① 当时的肉刑有脸上刺字、割去鼻子、砍去左足或右足等。
② 按照西汉法律，做过官的犯人要被押往京城长安（今西安），皇帝批准后才能执行"肉刑"。淳于意因为以前担任过太仓长（粮仓主管），所以也要遵守这条法律。

◎　**使用说明**

（1）	**[设计思路]**

本课程是通过"缇萦救父"的故事来探讨中华思想文化术语"孝"和"直"的含义。教案部分分为 3 个课时，没有完全贴合"缇萦救父"的故事情节，更多的是对于"孝"的含义进行扩展性讨论。教师首先让学生讨论他们所知的有关"孝道"的故事，分析故事中的含义以及可以称为"孝"的具体行为，借此可以了解学生对于"孝"的理解程度。孝文化是一个复杂的文化现象，从不同的视角来审视可以得出不同的结论。在当代，我们不能对其做简单的二元对立分析，而要从孝文化的历史与内涵中重新审视其当代价值，更要重视与学生生活息息相关的积极意义。教师要帮助学生意识到"孝"更多的是一种行为。接下来教师讲解"缇萦救父"的故事，此部分内容主要为进入剧本做准备。最后一个课时可做"论坛剧场"，将学生生活中的真实情况拿来做演练，教师帮助学生们共同讨论如何处理与长辈的矛盾，同时在扮演的过程中启发学生换位思考，让学生更加真切地理解父母。对于中华思想文化术语"直"的理解不作为本课程重点，在教案中有所涉及即可。

剧本围绕"缇萦救父"的故事，情节性强，场景分明，人物众多，适合班级演出；然而对于表演性要求较高，尤其是主人公缇萦贯穿始终，建议每幕的主角可选择不同学生扮演。此剧的戏剧性在于人物情感，所以教师帮助学生理解人物情绪至关重要。教师可以先组织学生进行剧本围读及分析，对于一些年龄跨度较大的角色要在形体及动作上帮助学生尽量达成形象。在演出时配合音乐及其他舞台效果来增强情节中的感人氛围。

（2）	**[课时安排]**

本课程教案每课时 45 分钟，共 3 课时，建议每次 1 课时。如学生人数较多，可适当增加课时。教案全部完成后还需要 8—10 课时进行舞台排练准备。

（3）	**[课程难度]**

本课程难度为 3 级。难点在于对于"孝"应如何表达的探讨，也就是"论坛剧场"的部分，需要教师掌握一定的"论坛剧场"技巧，以引导学生通过即兴表演来进行生活的演练。课程最后，教师一定要做总结，让学生对于"孝"的含义形成系统化的吸收。

一、教学目标

1. 主要术语：孝、直。2. 测评能力：独立思考能力、团队合作能力和创新能力。

二、背景知识

1. 缇萦为什么能救父成功？

"缇萦救父"的故事发生在西汉汉文帝统治时期。表面上看，汉文帝是为缇萦所感动，不仅免除了淳于意的肉刑，还借此废除了肉刑这一残酷的刑罚。但其实，这种偶然性是与汉文帝自身的经历以及当时的历史背景相关的。

汉文帝以节俭仁慈著称，并深知民间的疾苦，这也与他早年的经历有关。吕后专权时期，汉文帝刘恒的母亲，是汉高祖时代一个不受宠的妃子，为了避免受到吕后的迫害，随儿子刘恒去了代郡，这时的刘恒被封为代王。在治理代郡期间，母子深入民间了解和体验到普通民众的疾苦。

汉文帝即位时西汉不过才建立了二十多年，社会经济百废待兴，除了减免赋税，还需要大量的劳动力来恢复生产。这时候矛盾来了，像肉刑这样的刑罚让犯人的劳动能力缺失，泯灭他们做人的尊严，对于社会生产极为不利，也是极端不人道的做法，于是汉文帝决心进行刑律改革以助力社会生产。

他颁布诏令，大意是：当今的人犯了罪，应该先给予教化，不能一上来就使用酷刑。对他们施以重刑让他们肢体断裂，肌肤上刻字的刑罚让人终身残疾，痛苦不堪也不人道，我决定废除肉刑，用其他刑罚代替。让罪人知道自己犯错的轻重就可以了，不要逼迫他们铤而走险出逃，以待时日刑满免罪改过自新。

2. 文学史上的"缇萦救父"

（1）《史记·扁鹊仓公列传》

太仓公者，齐太仓长，临淄人也，姓淳于氏，名意。……文帝四年中，人上书言意，以刑罪当传西之长安。意有五女，随而泣。意怒，骂曰："生子不生男，缓急无可使者！"于是少女缇萦伤父之言，乃随父西。上书曰："妾父为吏，齐中称其廉平，今坐法当刑。妾切痛死者不可复生而刑者不可复续，虽欲改过自新，其道莫由，终不可得。妾愿入身为官婢，以赎父刑罪，使得改行自新也。"书闻，上悲其意，此岁中亦除肉刑法。

（2）班固《咏史》

三王德弥薄，惟后用肉刑。太苍令有罪，就递长安城。自恨身无子，困急独茕茕。小女痛父言，死者不可生。上书诣阙下，思古歌鸡鸣。忧心摧折裂，晨风扬激声。圣汉孝文帝，恻然感至情。百男何愦愦，不如一缇萦。

三、教学流程

（一）热身活动（20分钟）

板块目的：台词训练①。

1. 行走游戏

具体流程可以见《中国传统文化创新教学——戏剧化课堂实例（上册）》。②游戏的目的是让学生放松，活动四肢，彼此熟悉，建立融洽

---

① 在本书中，编者将戏剧表演技巧训练融入其中，包括台词训练、肢体训练、表现力训练、情感训练等。
② 本书中的部分游戏在上册中出现过，建议参考。

的戏剧教育课氛围。

2. 台词训练

（1）气息控制练习。双脚与肩同宽站立，双手叉腰，双目平视前方，脊柱直立，放松肩膀、脖子和面部表情。口鼻同时深深吸气，把气存于腹腔，舌尖轻放在上下牙齿的后方之间位置，发出"嘶"音，缓慢匀速将气息用尽。（控制气息的力量主要在腹部，通过吸气扩张腹部肌肉群，收缩时将气息慢慢送出。）

（2）发声位置练习。站姿同上，以腹式呼吸法为基础，深吸一口气，双唇轻合，轻提两侧笑肌，气息从鼻腔贯出，连续发出哼鸣声，至气息用尽。尝试改变声音的高低强弱。（发声尽量自然，腹腔、脊柱和腰部共同发力。气息与鼻腔震颤发出声音。）

（3）吐字归音练习。吐字归音是指舞台语言发音清晰、唇舌有力、收音完满、字正腔圆的技巧，也就是如何把每个字有头、有腹、有尾地交代清楚的方法。吐字归音技巧是舞台语言基本功训练中的重要环节，也是舞台台词外部体现手段之一。教师可以提前准备供训练用的字、词、句、段，以此帮助学生掌握韵母、声母和调值。

教学提示

南方的同学有时前后鼻音和 n、l 不分，北方的同学有时平翘舌不分和尾音下滑，需要针对这些问题进行个别的辅导和训练。用歌唱发声的"哼鸣"练习解决前后鼻音和 n、l 不分，用"四十四个字和词"等绕口令的段子解决平翘舌不分和不到位。

（二）主题活动（50 分钟）

板块目的：通过戏剧理解班固的《咏史》，通过故事探讨"孝"的含义。

1."孝"的"前世今生"

在上本节课前，教师可让学生做一个"与'孝'相关的地名调研"，即找出一个与"孝"相关的地名，并查阅资料，找出地名的由来。

举例：

> 北京有一个孝顺胡同，位于前门大街北段东侧，以鲜鱼口为界，分为南北孝顺胡同。据传明代时，胡同里有一位刘姓老人，因得到子孙的孝顺，竟活了108岁，被称为"老寿星"，为此有人在胡同里竖起一块汉白玉石碑，上书"孝顺大德"四个大字，以褒扬尊老重孝之人，时称"孝顺碑"，此后该胡同也被称为"孝顺碑胡同"，到了清代简称为"孝顺胡同"，1965年被改成了"晓顺胡同"。

上课时，先请三位同学分享他们做的地名文化小调研，然后引出中国传统美德——孝。尽量引导每位学生都发言，说说他们认为"什么是孝"。学生可能会提到"孝顺父母长辈，什么都听他们的，给他们吃好的、穿好的、住好的、用好的……总之，满足父母长辈一切需求"，此时教师先不要做评价，给学生们介绍"二十四孝"，特别介绍其中"卧冰求鲤"的故事。

> 元代的时候有人订正汇编了一本关于孝道的书，叫《二十四孝》，里面记录了二十四个从古至元代的感天动地的孝道故事，包括孝感动天、戏彩娱亲、鹿乳奉亲、百里负米、啮指痛心、芦衣顺母、亲尝汤药、拾葚异器、埋儿奉母、卖身葬父、刻木事亲、涌泉跃鲤、怀橘遗亲、扇枕温衾、行佣供母、闻雷泣墓、哭竹生笋、卧冰求鲤、扼虎救父、恣蚊饱血、尝粪忧心、乳姑不怠、涤亲溺器、弃官寻母。
>
> 其中"卧冰求鲤"讲的是晋朝的王祥早年丧母，继母朱氏并不

喜欢他，常在其父面前数说王祥的是非。王祥因而失去父亲的疼爱。

一年冬天，继母朱氏生病想吃鲤鱼。因天寒河水冰冻，无法捕捉，王祥便赤身卧于冰上。忽然间冰化开，从裂缝处跃出两条鲤鱼。王祥喜极，捉住鲤鱼回家供奉继母。

此处，从启发学生独立思考的能力入手，请学生分组讨论对"卧冰求鲤"这个故事的看法。在分组讨论过程中，教师可以走进组内，进行启发。学生们的思考点举例如下：

——这个故事有悖人情常理，继母本就不喜欢王祥，平日待他也不好，继母生病，以正常人性考虑是不会去"卧冰求鲤"的，故事本身就很牵强。

——这个故事违背人的正常生理极限，天寒地冻，王祥解开衣服卧在冰上，怕是等不来鱼，王祥自己先要冻伤或冻死了。

——"忽然间冰化开，从裂缝处跃出两条鲤鱼"带有神话色彩。

——"孝"应该建立在长辈与晚辈之间的平等关爱上。

——"孝"应该建立在长辈与晚辈之间的相互理解上。

……

分组讨论结束后，教师可以让每组派一名代表，进行观点分享。

2."缇萦救父"的故事

根据上一课学到的吐字归音技巧，教师请两位同学分别朗读班固的《咏史》，注意与呼吸结合：

> 三王德弥薄，惟后用肉刑。太苍令有罪，就递长安城。自恨身无子，困急独茕茕。小女痛父言，死者不可生。上书诣阙下，思古歌鸡鸣。忧心摧折裂，晨风扬激声。圣汉孝文帝，恻然感至情。百男何愦愦，不如一缇萦。

教师结合"缇萦救父"的故事讲解本诗：《咏史》先叙太仓令有罪，被押送到长安城。次写缇萦闻父言而沉痛，遂诣阙陈辞。然后写汉文帝生恻隐之心，下令废除肉刑。结尾是作者班固的感慨，赞扬缇萦胜过男儿。这首诗按时间先后依次道来，以叙事为主。

讲解后，教师把学生分为两组，一组呈现每句诗词所表达的画面，一组呈现每句诗词所传递的情感，由学生自己创作台词。

以表演"上书诣阙下，思古歌鸡鸣。忧心摧折裂，晨风扬激声"为例：缇萦上书汉文帝为父求情，希望能免除"肉刑"，"忧心摧折裂，晨风扬激声"里面提示了声效（心"裂"声，风"扬激声"），可以做舞台的综合性呈现。（如果教师在之前的讲解中已经描述过此场面的内容，可让学生分组负责，一组负责表演，一组负责台词。）

负责表演的小组，可以用戏剧教育的"集体雕塑"范式，即由组内的三位学生分别扮演上图中的缇萦、官员、门卫，其他学生基于对故事情节及人物的理解，作为"雕塑家"去设计、摆放此刻人物和物品的位置与造型。这个过程需要学生回顾反思这段故事中人物的状态和关系，通过艺术性的创作和表达，将复杂的情感和状态浓缩于一幅画面。负责分析人物情感、撰写台词的组，则可以为这幅画面中的缇萦、官员、门卫设计台词，例如：

缇萦：大人啊，我父亲以前做官吏时，齐地的人都说他清廉公平，如今犯法应当获罪受刑。但受过刑的人不能再长出新的肢体，即使想改过自新，也没办法了。我愿意舍身做官府中的女仆来赎父亲的罪过。

官员：小姑娘，你年纪这么小，就有这样的勇气和胆识。好吧，我愿意帮你向皇上申诉。

门卫：太好了，小姑娘终于能有机会达成心愿了。谁要是有这样的女儿，真是上辈子积福啊。

此处也可以使用戏剧教育的"音效模拟"范式，即把学生分成若干组，每个组分配《咏史》里不同的场景。学生们可以用自然界真实的声音或是乐器模拟出场景的音效。其中可以包括各个场景中不同人物间的对话。这一范式用来营造人物心情或者勾勒出某一场景的画面。

3."孝·敬·直"

教师把学生分成三组，每组讨论"孝、敬、直"三者的关系，从而引出"孝"的真正含义。

参考：

孝和敬

"敬亲"是指子女发自内心的尊敬。孔子强调孝不能仅仅停留在"养亲"和"无违"上，更重要的是要"敬亲"，这是儒家孝行的较高层次要求。孔子认为，对于父母，儿女仅是养还是不够的，如果对父母不能发自内心真诚地尊敬，那么赡养父母与饲养狗马有何区别呢？子女于父母不仅要赡养，而且要尊敬，要"敬爱而致恭"、敬而无违。所以所谓"敬亲"，即要求子女从内心出发对父母有真诚的尊敬之情，保证使父母在精神上得到欣慰，使他们心情愉快。

孝和直

"直"的基本含义是正直。具体而言，人们对"直"有两种不同的理解：其一，言行符合道德或礼法的要求，不因贪图个人的私利而行背德违法之事，即是"直"。不过由于人们对德礼的理解不同，对"直"的具体表现的认识会有差异，甚至存在矛盾。其二，依据实情行事，不为迎合他人的期待或需求而隐瞒实情，也是"直"。

在《论语》中，"孝"与"直"是相辅相成但又对立的。因为孔子认为，"直"不是无条件的，它不能违背"礼"（即"孝"），所以亲人犯了错，要为他们隐瞒。而在当今社会，我们要摒弃"孝"的这种消极的一面，如果父母等长辈做了违反社会公德的事，作为晚辈，肯定要劝说，而不是一味顺从或者隐瞒。当然，在与长辈沟通时，晚辈要注意沟通的技巧（如，语气委婉，请对方先阐述想法，不要急于反驳）。

教学提示

教师可以让每组表演一个情景短剧，内容是表现生活中常见的长辈违反社会公德的场景（比如父母接孩子放学时，把私家车停在人行道上；孩子明明身高已经到了 1.2 米，父母却让其坐公交车时逃票），请学生来劝说长辈。

最后，教师引出对"孝"的解释：

就言行而论，"孝"包含以下三点要求：其一，要谨慎保护受之于父母的身体，以免伤病，令父母担忧。其二，不能违背父母的教导、要求，即便不能认同，也应顺从遵循。其三，应以高尚的德行，成就自己的声誉与功业，以彰显父母的教导。"孝"植根于子女内心对父母的亲爱与尊敬。儒家认为，"孝"是个人德行养成的基础，并将其作为维系和强化父子关系乃至君臣关系的根本。

（三）综合活动（30 分钟）

板块目的：结合自身生活，讨论"孝"可以体现在哪些具体行动上。

此处可用戏剧教育范式"论坛剧场"：在演出具有争议性的戏剧情节时，为了深入探讨议题或解决矛盾，观众在感到不认同时可随时打断，走上舞台取代角色，按照自己的意见进行即兴表演，目的在于尝试找出解决矛盾的最佳方法。

教师让学生分组，展现在生活中曾经和父母发生矛盾的场面，并请学生讨论遇到此类问题应如何解决，提出解决方案的同学可替换主角进行尝试性的即兴表演，看是否可行。

学生与家长之间的矛盾最为集中地体现在如下几个方面：

——家长对孩子的学习期望值过高，让孩子感到太大压力；忽视孩子其他素质的提高，特别不注重孩子情绪、情感的变化。

——家庭不和睦，孩子与父母一方感情疏远，长期不说话，甚至产生反感。

——父母对孩子的交往，尤其是与异性同学的交往干涉较多，习惯于盘查对方的情况。

——家长对孩子过分关爱或者对孩子评价不妥，从而引发亲子矛盾。

——家长对孩子的行为进行干涉，比如限制外出和活动，家长往往是害怕孩子学坏了，但孩子认为自己要出去接触社会，增长见识。

——家长与孩子缺乏沟通，有的甚至是把双向沟通变为父母单向的训斥。

教师可以从以上几个常见矛盾入手，启发学生做"论坛剧场"。

（四）延伸活动（35分钟）

板块目的：启发学生换位思考，对"孝"进行扩展讨论。

请每位学生以父亲或者母亲（或者某位抚养自己的长辈）的口吻给自己写一封信，说说家人对自己的期望。

写作部分可以在课下进行，在课上，可请几位同学朗读写好的信，其他同学发表意见、进行讨论。

四、物资道具

1.纸、笔。2.《咏史》诗（用PPT展现或写在1开①的白纸上）。3.可做音效的日常物品（参考：可用摇晃或者滚动黄豆来制造出"雨声"的音效，可用摇晃帆布制造出"风声"的音效，可用抖动铁皮制造出"雷声"的音效）。

---

① 1开指787毫米×1092毫米。戏剧教育活动中需要用的白纸多指这个尺寸。本书中也会简称"大白纸"。

◎ 剧本

主要人物及角色描述

淳于缇萦：十五岁，淳于意的第五个女儿。耿直、勇敢、孝顺，有主见，有献身精神。

淳于意：五十岁，曾任太仓令（粮仓主管），因不适应官场、喜好医术而弃官从医。起初，听多了病人及家人对自己的称赞，听不进小女儿缇萦的真话；后来为缇萦的孝心与勇敢所感动，认识到自己的错误。

[第一幕]

[公元前 167 年，初春傍晚。舞台上有一张紫檀木卧榻铺着竹制席，榻面上放置着一张低矮红木嵌瓷方凳，上面摆放着果干。舞台后面是一张丝质屏风，画上一簇簇梅花开得正艳。舞台靠前的位置，六张红木方凳对称地摆在卧榻两侧，方凳下面铺着席子。五个十几岁的小女孩趴在桌上认真地绣着花样，一位梳着高高发髻的中年女性坐在卧榻上温柔地看着女孩们，缓缓地喝着茶。

淳于大姐：（将自己的绣样拿给娘亲看）娘亲，你看我绣的茱萸！

淳于夫人：（轻抚绣样）绣得真是栩栩如生！

[其他姐妹都凑上去欣赏，只有小妹淳于缇萦还在原地，专心绣着自己的花样。

淳于二姐：大姐，快教教我。我要绣出和这个一样的茱萸花。

淳于三姐：我也要！我也要！

淳于四姐：看到大姐绣的茱萸这么好看，我都不想继续绣自己原来那朵牡丹了。

淳于夫人：你们呀，教你们的时候不好好学，现在倒来缠着姐姐了。

淳于三姐：娘亲，这个花样我怎么也绣不好，您不让大姐教我，那您教教我们呗，我们不缠着大姐就只能缠着您了。

淳于夫人：我可经不起你们这帮小淘气鬼的折腾。

淳于三姐：这绣样可是给爹爹五十岁生日预备的，您就帮帮我们吧。

淳于夫人：能看到你们这么认真准备，你们爹爹必定很开心。

[淳于意背着药箱上场，悄悄站在淳于缇萦身后看着她认真绣花。

淳于意：（大声）我觉得缇萦绣的这枝早梅也别有一份意趣呀。

四姐妹：（争着帮淳于意取药箱）爹爹回来啦。

[缇萦没有凑上前，转身默默地帮爹爹倒了一杯茶，放在桌子上。

淳于意：（从桌子上拿起缇萦的绣样仔细端详）梅花品性高洁，不惧风雪。虽然你们都是女孩，但你们都要和这傲雪红梅一般才更有风采。

淳于夫人：你啊，就知道宠着缇萦。这孩子让你惯的，最近说话总没大没小……

四姐妹：（七嘴八舌）爹爹看我们绣得怎么样？

淳于意：不错，都不错。今天有人为了感谢我药到病除，送给我的肉脯（从怀里掏出肉脯），来，来，正好分给你们吃。

淳于大姐：爹爹是神医，这世上就没有您看不好的病人。

淳于二姐：爹爹何止是"药到病除"，简直是"起死回生"。有个人因为晕过去而被家人误以为已经故去了、险些要被下葬，不就是被爹爹针灸治好的吗？

淳于三姐：是啊是啊，还有邻居张二婶、李大叔……都是爹爹治好的，他们都说爹爹是"救命活神仙"呢。

淳于四姐：爹爹就是"活神仙"。上次有个小官来看病，爹爹不止是判断他患了热病，还说这是他在天气严寒时，在流水中洗浴受寒导致的。那个小官连连称奇，说自己确实在冬天曾掉入冰冷的河水中过。

[淳于意在一旁捻须而笑。

缇 萦：可是，爹爹也有治不好的人啊。那个富商李掌柜的妻子吴氏，爹爹给她治了一个月了，前几日却死了……

[淳于意脸色突变，其他姐妹纷纷开始指责缇萦。

淳于大姐：小妹，你怎么说话这么难听？

淳于二姐：就是，怎么能这样说自己的爹爹？爹爹平日还最宠爱你。

淳于三姐：那个吴氏，本来就病入膏肓了，就是神仙来也是救不活的。

淳于四姐：爹爹原来是不想为吴氏看病的，结果李掌柜非得硬拉他去……

淳于夫人：缇萦，你这孩子真不懂事。李掌柜这几天到处说，你爹爹是"庸医"，扬言要告你爹爹。家里人正心烦，你还要提这事。

淳于意：算啦，算啦。缇萦还小，不知道深浅。再说，我尽了医生的本分，并没有开错药，李掌柜就是去告，也告不赢。咱们不提啦。……对了，我今天遇上一件事，讲给你们听。

淳于大姐：爹爹遇到什么新鲜事了？

淳于意：今日出诊的路上，为父看到一个青年光着上身，躺在还结着冰的河面上。为父还以为他是喝醉了酒，就过去好意提醒他不要睡在冰面上。结果那青年告诉我，他这样做，是因为家中年迈的母亲想喝鲜鱼汤，他就想用自己的身体将冰化开，替母亲捕一条鱼。

淳于二姐：好孝顺的男儿！

淳于三姐：太让人感动了！

淳于四姐：我们一起去帮他吧。

淳于意：是啊。看到他，我就想起了你们：倘若有一天，父亲病重无力行动，而又特别想喝鲜鱼汤，你们愿意像这个青年一样为父卧冰求鱼吗？

四姐妹：那当然了，当然愿意。

[缇萦欲言又止。

淳于意：缇萦，你为什么不回答？为父最喜欢你，你一定也会毫不犹豫地这样做吧？

缇 萦：爹爹，女儿觉得这样的方法很愚蠢，女儿不愿意这样做。

淳于意：缇萦，平日里为父最疼你，你当真不愿意满足我的愿望吗？

缇 萦：女儿深爱着爹爹，但不愿意欺瞒爹爹，倘若假话能让爹爹快活，缇萦倒也愿意说一些好听恭维的话，可我想，爹爹是不愿意听到这些的吧。

四姐妹：缇萦，快住嘴，别惹爹爹生气。

淳于意：（生气）若你觉得这方法愚蠢，那提出这件事的为父自然更是愚不可及了。缇萦，你可真是我的"好"闺女！

淳于夫人：缇萦，你再三给你爹爹难堪，真是个不孝顺的孩子。赶紧回屋去反省！

[淳于意挥手示意缇萦离开，然后不小心将缇萦绣着梅花的绣样也扔了出去。

缇 萦：（悲痛）尽管爹爹这般对待女儿，可爹爹得知道，女儿真的爱您，甚至是愿意为您献出生命的，有的话虽然直白，但它不是虚假的谎言。

[缇萦鞠躬退下，小心地捡起自己的绣样。光线集中在缇萦的背影上。舞台前方，父亲和其他女儿继续欢乐地谈论着。

[第二幕]

[第二日。舞台左侧是一面墙，墙上贴着告示，众人正在围观。舞台右侧是淳于意家中卧室的内景，左侧一帮看客上场，左侧灯亮。

看客甲： 新贴的告示写的什么呀？

看客乙： 这你都看不懂？这是有人违法啦！

看客甲： 我自然晓得有人违法啦，从上面的官府大印就看得出来。可这写的是何人、因为何事就看不明白了。

看客乙： 这么简单都看不明白。

看客甲： 说的是谁，快告诉我们呗。

众看客： 快告诉我们呗。

看客乙： 我呀，斗大的字不识一个，只能猜猜了。哈哈哈！

众看客： 嗐！

看客丙： 那我给你们念念："告示：淳于意行医不当，致使李掌柜妻子吴氏身亡，枉杀人命，违医者本心。淳于意本人对此供认不讳，本府裁决即日起发往长安实施肉刑。"

看客甲： 肉刑啊。天老爷，这可了不得。

看客乙： 淳于大夫行医向来仁义，这次要倒大霉了。

看客甲： 谁让他得罪李掌柜，人家财大气粗，怕是早已经打点好了。

看客丙： 可惜这淳于家无一男丁，家里没有主心骨，恐怕此刻已经乱成一锅粥了。

[左侧灯暗，右侧灯亮，淳于夫人正同众女儿在客厅做绣活儿。

邻居男子：（急匆匆上场）淳于夫人不好了，淳于大夫正给人看病，就被人抓走了。说是被李掌柜告了。也不知怎的，官府审也不审，就直接判了，说是肉刑。因为淳于大夫以前当过官，所以要带到长安去行刑。

淳于夫人：（头晕）啊！

众姐妹： 娘亲，您怎么了？

淳于夫人：（哭泣）官府为什么会听信诬告啊！这下我们这些弱女子该怎么办啊！

[其他姐妹都陪母亲哭泣，缇萦先在角落里听着，看着前面慌乱成一团，走上前去。

缇　萦： 娘亲别慌。我们得想办法救救爹爹。

淳于夫人： 还能有什么办法？官府已经裁定了。

邻居男子： 是啊，听说明天一早就要押送上路了。

缇　萦： 就算现在想不出办法，去长安路途遥远，爹爹需要人照顾，我们可以先陪爹爹去长安。

淳于夫人： 不行，你们都是小孩子，万一路上遇上什么危险可怎么脱身啊？

淳于大姐： 小妹，我们自幼从未远离家门，这外面的世界多恐怖，到时候别说救爹爹，我们姐妹们都得搭进去。

淳于二姐： 对啊。我们还是求求邻居们，看哪位大哥能代我们陪爹爹去长安，暗中照顾。

淳于三姐： 就算我们陪爹爹到了长安，我们一是不认识达官显贵，二是手里没有上下打点的银两，也是白搭。

淳于四姐： 爹爹受刑后，肯定家里的生计受影响。现在我们还是一面等爹爹回来，一面赶紧把那些病人欠的诊金要回来，为以后的日子多盘算盘算。

缇　萦：（毅然地）爹爹正独自受苦，就这样等着于事无补，我不忍心看着爹爹独自挨着，你们不去，我自己去。

淳于夫人： 不妥，不妥，此事太过于凶险。

淳于大姐： 小妹，危险，听娘亲的话吧。

缇　萦： 娘亲，姐姐们，你们别怕，我扮成小乞丐，没人会认出我的。等到了长安，总会想到解救父亲的办法。

[缇萦转身回房间，开始打包行李。她将父亲的披风放进去，还有自己那个被父亲称赞过的绣样，然后冲出门外。

[第三幕]

[舞台右侧有一棵树，舞台中间有一块大石头，舞台左侧是一间亭子。三人从右侧上场，淳于意戴着枷锁艰难地走着，两个衙役很不耐烦，径直走到树下，嘴里不停催促着。缇萦打扮成一个小乞丐的样子，躲在大石头后观察着。

衙役乙： 快走，快走！怎么走得这么慢。

淳于意： 在下此前并没有这么长时间奔走过。能不能歇息歇息？

衙役乙： 看你这么弱不禁风，到了长安，一旦受刑岂不得连命都搭进去。

衙役甲： 误了到长安的时间，刑罚更重。快走吧。

淳于意： 水？能给我口水喝吗？

衙役甲： 带的水不多，我们哥儿俩都不够，哪还能分给你？忍忍吧，等到了驿站，给你水喝。

[淳于意晕倒，衙役把他抬到树下。

衙役乙： 你别装死啊，这还有一大段路要赶呢。

衙役甲： 怕是真晕过去了。不过，（摇了摇手里的水袋）我们带的水确实也不多了。

衙役乙： 不就赶了一天的路、没怎么吃东西、没怎么喝水嘛，这就晕过去了？哪个犯人不都是这样的待遇啊？我们哥儿俩也没对你怎么样。

缇　萦： （从石头后走出，假装路过）两位官爷是不是遇上麻烦了？

衙役甲： 小兄弟，这附近哪有水源？我们随身带的水不够了。

缇　萦： 顺着这条路往右百米左右有一片竹林，十分凉爽，正好适合歇凉，进林子后便能听到水声了。

衙役乙： 有乘凉的林子，我们快去歇会儿。

衙役甲： 可这人怎么办？带他过去怕是……

衙役乙： 把他留在这儿吧。等咱哥儿俩歇够了，再带水回来。先让这位小兄弟帮忙看着。（低声对衙役甲）他这小身板估计让他背走犯人他也背不动。

衙役甲： 我们还是小心为上，把犯人的链子和树锁一块，他想逃也逃不了。

衙役乙： 好主意！

缇　萦： 两位就放心去吧，有我小乞丐守着，这人跑不了的。

衙役乙： 他要是跑了，等他的估计就不是肉刑，直接是死刑了。哈哈哈，劳烦小兄弟了。

[两个衙役锁好淳于意后场。等着他们走远，缇萦连忙去扶父亲。

缇　萦： （轻声唤）爹爹，爹爹！

[淳于意没有回应，缇萦从包里拿出自己的水袋，给淳于意一点一点地喂水。淳于意咳嗽了两声。缇萦赶快收拾东西下场。衙役重上。

衙役乙： （环顾）小乞丐怕是等得不耐烦，先走了。

衙役甲： 犯人自己醒了，怕是没有大碍了。给他喝点水，歇息片刻，我们再去赶路。

[衙役乙把水袋给淳于意，淳于意抱起水袋猛喝了两口。

淳于意： 刚刚好像做了一个梦，梦里见到我的小女儿了。平日里我有些嫌弃她不会说贴心话，性子太直，怎么会梦到她呢。唉。

衙役乙： 你怕是晕糊涂了，没有什么小女孩，只有小乞丐。别感慨了，起来赶路吧。

[一行人往前走，天色渐暗，忽然乌云密布，狂风大起。缇萦紧紧跟在他们身后，她被大风吹倒，然后又站起来，艰难地往前爬。突然一道闪电，随后一声响雷，接着是漫天大雨。衙役带着淳于意躲在亭子下。缇萦不敢进亭子，远远地跟着，拿一件衣服顶在头上挡雨。淳于意体力不支，再次晕倒。

衙役乙： 这又怎么了？

衙役甲： 淋雨着凉了吗？这两天行程确实够累的。

衙役乙： （摸了摸淳于意的额头）怕是发烧了。

衙役甲： （看到了远处的缇萦）咦，那不是小乞丐吗？

衙役乙： （喊）小乞丐，快到这里避避雨吧！

[缇萦有点犹豫，但看看雨越下越大，还是走进亭子。她一眼就看到倒在地上的淳于意，急切地扑上去。

缇　萦： 这个人怎么了？

衙役甲： 淋雨发烧了。

衙役乙： 你怎么这么关心他？

缇　萦： 没……没有。

衙役乙： 还说没有……那你为什么一路跟着我们？

衙役甲： 说来也是很奇怪，路上总能碰到你。

缇　萦： 你们去长安，我也去长安，路上碰到有什么奇怪的。

衙役甲： 我们从未提及去长安之事，你怎么知道我们是去长安？

缇　萦： （慌乱）因为……因为……因为这条路就是去长安的。

衙役乙： （逼问）别废话了，你肯定有什么居心。快说，你和他有什么关系？

缇　萦： 萍水相逢，没什么关系。

衙役甲： 你要是再不说实话，我们可就将你送官了。官府那边可是会施刑的。

衙役乙： 我们就是官人，直接搜身，看看他究竟是什么人。

缇　萦： （求饶）官爷手下留情，缇萦本不想瞒二位官爷，但是路途凶险，我一个小女孩不敢暴露身份，只想偷偷照顾父亲。

衙役甲、乙： （齐声）你说他是你父亲？

缇　萦： 正是。

衙役甲、乙： （齐声）那你是要劫人了？

缇　萦： （忙摇头）不是，父亲此事有冤情，缇萦不想让父亲蒙受不白之冤，虽然想还父亲清白，可奈何闺中女儿不甚通晓人情世故，还未寻得解救办法。这一路上只是想偷偷照顾父亲。

衙役甲： 不让我们哥儿俩发现你，情有可原；为什么也不肯让你父亲知道你一直跟着呢？

缇　萦： 因为缇萦心直口快，不讨父亲喜欢，怕此次跟随反倒惹父亲不开心，这才不想让他发现。

衙役乙： （悄悄问衙役甲）还送官吗？

衙役甲： 送什么官，这孩子有如此孝心，放她一马吧。

衙役乙： （对缇萦）那你就继续照顾你父亲吧。咱们去长安，还有很长的路要走呢。放心，有我们哥儿俩在，一定不会让你父亲发觉。

缇　萦： （磕头）谢谢两位。

[两个衙役走到亭子边，有意把亭子中间位置留给父女俩。灯光集中在缇萦和父亲身上。缇萦从包里拿出披风给父亲披上，拿出毛巾给父亲擦汗，喂水给他喝。灯光变换，夜色渐深，两个衙役早已昏昏欲睡，缇萦仍旧照料着父亲。晨光初露，

衙役惊醒。缇萦收拾好东西准备拜别。

缇　萦： 感谢两位官爷，父亲的身体已经无碍了。以后还得多仰仗二位。

衙役乙： 你一晚上没睡？

缇　萦： 不碍事。

衙役甲： 难为你一片孝心。

缇　萦： 缇萦告退了。

[缇萦准备下场，衙役甲突然叫住她。

衙役甲： （小声）我告诉你一个救你父亲的法子：当今皇上是个仁慈的人，你若觉得父亲有冤屈，赶去宫门口，让守卫帮你递交一份诉状，运气好的话会有人处理这事的，到时候父亲也就有救了。

缇　萦： （激动）真的吗？

衙役甲： 这个得看你的造化，说不好。

缇　萦： 只要有万分之一的希望，缇萦也要去试试。感谢官爷指点！

[淳于意醒来，看到身上披着自己的披风。

淳于意： 我的披风？这是谁给我披上的？这是我最喜欢的一件披风，这上面还有缇萦不小心烫的窟窿。（突然想到了什么，轻唤）缇萦，缇萦！

衙役乙： 别喊了，快起来赶路。

淳于意： 是有一个小姑娘来过吗？

衙役甲： 一个痴心的小乞丐罢了。起来赶路吧。

[第四幕]

[宫殿门口，一个门卫在门口走来走去。缇萦衣着破旧，鼓起勇气上前。

缇　萦： 门卫大哥，小女淳于缇萦，是淳于意的小女儿。您能不能帮我递交一封求情状子？这封状子与家父性命相关，麻烦帮小女上呈。

门　卫： 状子里写的什么？

缇　萦： 小女的父亲现在是医生，因治疗的病人死亡，被家属状告"故意杀人"，现被判肉刑。父亲以前做官吏时，齐地的人都说他清廉公平，如今犯法应当获罪受刑。但受过刑的人不能再长出新的肢体，即使想改过自新，也没办法了。我愿意舍身做官府中的女仆来赎父亲的罪过。

门　卫： 你在宫里面有认识的人吗？

缇　萦： 小女久居闺阁，并不曾认识长安城的人。

门　卫： （态度大转）小姑娘，莫在这耗着了，不是什么状子都能往里面递的。

缇　萦： 家父蒙受冤屈，小女不能置之不理，求门卫大哥网开一面，想办法递交这封状子。

门　卫： 并非我铁石心肠，只是职能有限，你还是寻求别人帮忙吧。

[缇萦跪倒。

缇　萦： 倘若您能助我救出父亲，缇萦给您行三个大礼。

门　卫： 你这小姑娘怎么这么犟，此法不可行，你向别处打听吧。

缇　萦： 倘若您不帮忙，缇萦就长跪不起。

门　卫： 那你就跪着吧，跪多久都不会有人理你的。

[灯光变幻，天色渐暗。缇萦渐渐疲惫，但仍不肯起身。第二天，陆陆续续有人走过。

官员甲： （柔声）小姑娘，快回家去吧，这法子行不通的。

官员乙： 这就是那个为父求情的小姑娘啊。可是这样没用的，回去吧。

官员丙： 这宫门口可不是随便挡着的，怕时间长了你也要受牵连啊。

官员丁：这都两天一夜了，这小姑娘还有点韧劲。孝心可鉴，皇上知道了定会被感动。

[缇萦渐渐虚弱到晕倒，手里的信也落在地上。门卫被她打动，从地上捡起信，往宫里走去。灯光集中在晕倒的缇萦身上。一会儿，门卫和拿着圣旨的内官一起从后面走出。

内　官：奉天承运，皇帝诏曰：临淄淳于意被状告故意杀人。经查证，吴氏病情严重，淳于意医术有限，并非故意杀人。但吴氏已亡，身为医生，淳于意罪责难逃。朕感念其女淳于缇萦一片孝心，替父求情，故将"肉刑"用打板子代替，以此达到惩戒的目的。望淳于意以此为戒，改过自新。钦此。

[内官宣读结束下场。门卫想把缇萦扶起来，但她身体虚弱，只能半坐。

门　卫：小姑娘，快醒醒。你听到了吗？皇上下旨啦，免除了你父亲的"肉刑"。

缇　萦：我模模糊糊听到了。谢谢门卫大哥，一定是你帮我把状子呈给皇上了。

门　卫：是啊，你这片孝心，不仅感动了我，也感动了皇上。

[刚刚被打完板子、释放回家的淳于意跟跟跄跄地上场，走到缇萦身边，扶起她。

淳于意：（轻声）缇萦，起来回家了。

缇　萦：（激动）爹爹，爹爹无事了。

淳于意：皇上免去了重刑，现在无事了。

缇　萦：感谢皇上，我就知道父亲会没事的。

淳于意：你不在家中好好陪你母亲，竟这般抛头露面。

缇　萦：女儿救父心切，没想那么多。

淳于意：念在你一片孝心倒也不责怪你了。

[缇萦站起身但是没站稳，摔倒。

淳于意：是有哪里受伤吗？

缇　萦：无碍，草鞋磨穿了，可能脚被磨伤了。

[淳于意蹲下帮缇萦看脚上的伤口。

缇　萦：爹爹怕是忘记了一件事。

淳于意：什么事情？

缇　萦：爹爹的寿辰，应该就是今日了。今日可谓双喜临门，缇萦还为爹爹准备了贺礼。

[缇萦从怀中拿出了包裹着的白净的手帕，上面绣着一朵傲雪寒梅。淳于意呆住了，一把将缇萦抱入怀中。

淳于意：缇萦啊，缇萦。

缇　萦：爹爹，缇萦在这呢。

淳于意：走，爹爹背你回家。

[淳于意背起缇萦，艰难地下场。

[幕落。

◎ 排练说明

一、服化道建议清单

符合汉朝的人物服装。如果有条件，可以按照剧本中淳于意府中布景、家中装饰物来准备；如果条件不允许，也可以用普通桌椅代替家具等。

二、音乐清单

1.《加沃特舞曲》：较欢快，可用于第一幕开始时，以呈现出家庭中其乐融融的氛围。

2. *Born a Stranger*：钢琴曲，较悲伤，可用于第一幕淳于意生气时，表现淳于缇萦的心情。

3.《步履不停》（日本电影《步履不停》的主题曲，导演：是枝裕和）：可用于第三幕淳于意赶路时，体现路程的艰难。

4. *Buon Giorno Principessa*：温情悠扬，可用于第三幕淳于缇萦彻夜照顾生病的父亲时，体现女儿对于父亲的孝顺。

三、资料参考

电视剧《孝感动天》（导演：庄伟建）。

四、其他（走位、分镜图、灯光等）

1. 第一幕中，淳于意丢梅花绣样后，淳于缇萦舞台站位居于舞台右侧，和其余众人呈现一种距离感，此时灯光打在淳于缇萦身上，用灯光进行空间隔离。

2. 第三幕中，淳于意身负刑具上场，被押送赶路，此时灯光应呈现出日头很毒的环境氛围。

3. 第三幕中，淳于缇萦暗中照顾病重的父亲，并且彻夜未眠，此时灯光照在父女二人身上突出人物形象。待二人分别前，一束追光照在淳于缇萦身上显示出她与父亲渐行渐远。

4. 第四幕中，淳于缇萦宫门前晕倒，需要将光慢慢收束在她身上。淳于意背着疲惫的女儿离开时，需要在舞台上打出逆光，将父女的背影呈现给观众。

5. 剧中涉及众多次要角色，如淳于缇萦的姐妹、围观布告的看客、押解的衙役、宫门口的门卫、宫门口议论的官员……如若人员充足，可进行这些角色的分配；如演人数有限，这些角色可以由同一演员扮演，在服饰上做出区别即可。

（陆璐、张紫君）

第二章 爱民——怪人郑板桥

◎　**中华思想文化术语**

[**爱民**] 仁爱民众；爱护百姓。它不仅是治国者应该具有的对百姓的一种情怀，而且是治国理政必须遵循的重要原则。古人认为，治国者应该通过具体的政策、措施，使民众获利，安居乐业，免受痛苦和无端侵害。这也是治国者获得民众尊崇的前提或基础。"爱民"不仅是重要的政治理念，而且延伸到军事领域，成为兴兵作战的重要原则。依照这个原则，敌我双方的民众都应该受到爱护。它是中华"民本""仁义"思想的展现。

[**爱人为大**] 友爱他人、爱护他人最为重要。古人认为，天地之间，人最宝贵，所以"仁者爱人"。将"爱人"由道德情感层面推及到国家层面就体现为"爱民"。人民是国家的根本，决定着国家的安危与成败，所以统治者要把爱民、亲民、利民、顺应民心作为治国理政的最高原则。制定政策、法律，确立制度，都以保障人民的利益为出发点和最终目的。它不仅是儒家"仁政"思想的体现，也是法家制定法律、依法治国的重要理念，它彰显了中华民族崇高的人文情怀。

◎　**剧本梗概**　　以郑板桥的仕途经历为线索，选取了等待入仕、智审石头、得罪富户、开仓放粮、辞官回乡五个片段，体现了他清正爱民的品质以及不畏磨难、坚持自我的精神。

◎　**使用说明**

（1）	**［设计思路］**

　　剧本以郑板桥的仕途经历为素材，所选取的片段都是为了表现郑板桥的"爱民"思想。剧本仅作为参考资料，建议不要提前发给学生。教师应鼓励学生进行充分讨论，丰富剧情和角色，在课堂活动中创作台词，在原有剧本结构基础上生成学生共创版本。

　　教师在刚开始的教学中应注意了解学生的学情，如学生是否相互认识（如之前就认识，则可在教学中减少破冰活动），学生是否有过戏剧活动的经验（以此决定是否减少对戏剧教育范式的解释，或者决定是否在小组活动中设计更难的任务），经常出现什么样的课堂问题（如易出现小组矛盾，则可适当增加团队合作类游戏）等。

　　教师不需要布置课前作业，如课程间隔较久，可以请学生课后写"戏剧日记"或以小组为单位给学生布置课后任务，以达到复习目的。

（2）	**［课时安排］**

　　本系列教案分为 4 节课，每节课 90 分钟（含 2 课时），共 8 课时。教案结构按照连续上 2 课时设计，若每次只能上 1 课时，则需要匹配相应的热身活动和疏松活动，以形成完整的课程结构。建议班级人数 20 人以内，15 人为最佳，分组时组数控制在 5 组以内。如学生人数较多，某些活动时间可适当延长，相应增加课时。

（3）	**［课程难度］**

　　教案在每节课前均有课程难度说明。第三节课和第四节课难度最大，教案中涉及对郑板桥的诗作《竹石》和《逃荒行》的学习。诗歌学习不是本章的重点，所以对这两首诗，教师可引导学生自主学习，并与戏剧表演相结合。例如，教师先把任务分解，分配小组任务让学生为了完成表演任务而去自主查找诗句的背景资料，理解诗句含义；学生在相互观看表演中直观地了解古诗的内容，在课后再温习、背诵古诗，达到进一步理解与掌握的目的，以此完成学习闭环。

第 一 节 课

课程难度：1级（3级为最难）│ 对应剧本：第一幕

一、教学目标

1.熟悉戏剧课堂的上课氛围，约定戏剧课堂的规则。2.测评能力：合作能力和反应能力。

二、背景知识

郑燮（1693—1765），清代书法家、画家。字克柔，号板桥。江苏兴化人。康熙秀才、雍正举人、乾隆进士。曾任山东范县、潍县县令。做官期间，不肯逢迎上司，颇能关心人民疾苦。饥荒年岁，曾因擅自开仓赈济、拨款救灾，获罪罢官。后来长期在扬州以卖画为生。受石涛、八大山人影响较深，又发挥了自己的独创精神，为"扬州八怪"（扬州八怪是清康熙中期至乾隆末年活跃于扬州地区的一批风格相近的书画家总称，美术史上也常称其为"扬州画派"。在中国画史上说法不一，较为公认的说法是包括以下八人：金农、郑燮、黄慎、李鱓、李方膺、汪士慎、罗聘、高翔）之一。他的画以竹、石、兰蕙为最工，作品很多，画风极大地影响了清代的画坛。代表画作有《修竹新篁图》《清光留照图》《兰竹芳馨图》《甘谷菊泉图》等，另有文集《郑板桥文集》。

三、教学流程

（一）热身活动（30分钟）

板块目的：制定课堂规则，营造课堂氛围。

1.建立围圈的整体意识

教师：所有人请围成一个圈子站（坐）好。我们以后都会围圈上课。每次开始之前，我都会确保每个人要站（坐）在圆圈上。我们是一个团队，一个整体，这是我们的圆圈，要保证它是完整的，如果你要离开这个圈子，去拿东西也好、要上洗手间也好，请先让我知道，我们所有人都会等你。

2.约定鼓励方式

教师：希望在这个课堂上，我们共同遵守一个原则，就是相互尊重。什么叫相互尊重呢？（这里可以邀请学生来思考回答。）它意味着我们要相互支持、相互聆听、相互帮助。活动的整个过程，都需要我们尊重活动规则，尊重他人的想法，更多的是要相互鼓励。

我们来约定：在集体展示的时候，如果团队或某个人做得很棒的时候，请其他人给他们热烈的掌声。如果你想悄悄地鼓励他人或鼓励自己，可以用轻轻拍对方或者自己肩膀的方式，因为如果发出声音就会破坏课堂纪律了。当然，如果我们做错了，我们也要有一个道歉的方式：脚交叉、鞠躬、拍左肩。这种道歉的方式，同时也是在鼓励自己从错误中汲取经验，毕竟我们都是从错误中不断学习、不断成长的。

3.名字游戏

围成圆圈后，每个人大声报自己的名字，并设计一个最能够代表自己的动作。其他人一起重复他的名字和动作。（提示：请参加者尽量地记住更多同学的名字。）接下来，教师再请大家重复别人的名字和动作，不过这次是请每人重复自己右边的同学的名字和动作。之后，教师给学生 30 秒的时间去认识一下左右的同学，再去做重复别人名字和动作的游戏。

教师请大家思考这样的问题：在这个过程中，当重复右边同学的名字的时候，很多人表现出慌乱的神情，这是为什么？因为我们没有很好地聆听对方的介绍。所以在戏剧课堂上，每个人的观点都很重要，在别人表演或发表观点的时候，我们要学会认真倾听。这个过程是相互的，当我们表达观点时，也会得到别人同样的尊重。

（二）主题活动（30 分钟）

1. 诗句呈现

此处可以运用戏剧教育的"定格画面"范式，即：学生运用身体构成一幅静止不动的画面，以表达一个时刻、一类人物、一种主题等。

教师先用 PPT 的方式向学生展示郑板桥的画及诗作：

竹石

咬定青山不放松，立根原在破岩中。

千磨万击还坚劲，任尔东西南北风。

教师把学生分为四组，每组派代表抽取四句中的一句，分组表演分到的诗歌内容，每组由一位同学念抽中的诗句，其他人表演。准备时间为 5 分钟。

在学生分组讨论如何表演时，教师可以到每组去倾听。对迟迟找不到感觉的小组，教师可以启发他们从诗句中找到可视化的事物与动作，如"咬定""立根"，然后再考虑如何充分利用肢体语言去演绎。

准备完毕后，四个组轮流展示。大家面对面站立（这样表演时彼此可以看到），按照诗句顺序轮流表演。上一组表演后保持定格状态，下一组直接开始。最终呈现的是一个连贯的诗句画面。

教师请学生发言，交流对以下问题的看法：

——你觉得作者在这首诗中想借着竹子表达什么？（借物喻人。）

——作者在坚持着什么呢？（在后面的第四节课中对此问题有所呼应。）

2. 走进科举

教师询问学生：根据你对科举考试的了解，你觉得科举考试难吗？难在哪里？[①]

教师可根据学生的回答进行补充：

科举是通过分科考试选用官吏的制度。隋文帝统一中国后，废除以门第、品级为主的选人制度。元明以后，考试内容以"四书""五经"中的文句命题，答题是写一篇文章，格式为八股文，观点需以《四书章句集注》等为依据。

考虑到郑板桥所生活的朝代，教师还可以分享清代科举考试的相关资料，比如：

清代士人在应科举以求功名的路上，要经过考取生员（秀才）、考取举人和考取进士这三个步骤。在这一过程中，要经过多次考试。仅最后一个步骤"考取进士"，就包括会试、复试和殿试。（1）会试。清代会试于春季在京师贡院举行，试期多在三月，所以也称春试（春闱）。（2）复试。经会试取中的贡士，接着要参加复试。清初贡士

---

① 如果参加本节课教学的学生为初三学生，一般是学过与科举相关的课文的，比如《范进中举》。

本不进行复试，康熙五十一年因发生科场案，会试后进行了复试。雍正、乾隆两朝，复试间行之，至嘉庆初始成为定制，地点在皇宫保和殿。（3）殿试。殿试于会试放榜一个月后举行，乾隆二十六年定为四月廿一日举行，廿五日传胪（公布名次），著为定制。

3. 郑板桥的科举之路

教师询问学生：郑板桥二十岁左右考取生员（秀才）、四十岁考取举人。你猜测这二十年间郑板桥有过怎样的人生经历。（如：卖画为生，结婚生子等。）

教师展示郑板桥从考取秀才到考取进士的大事记，可用 PPT 的方式请学生观看。

公元 1713 年

康熙五十二年（1713），二十岁左右考取秀才。

公元 1716 年

康熙五十五年（1716），娶妻徐夫人。是年秋郑板桥首次赴北京，于漱云轩手书小楷欧阳修《秋声赋》。

公元 1725 年

雍正三年（1725），出游江西，于庐山结识无方上人和满洲士人保禄。出游北京，与禅宗尊宿及其门羽林诸子弟交游，放言高论，臧否人物，因而得狂名。在京期间，结识了康熙皇子、慎郡王允禧，即紫琼崖主人。下半年回到扬州。

公元 1727 年

雍正五年（1727），读书于扬州天宁寺，手写"四书"各一部。

公元 1731 年

雍正九年（1731），郑板桥三十九岁，徐夫人病殁。郑板桥在扬州期间，结识了许多画友，金农、黄慎等都与他过往甚密，对他的创作思想乃至性格都有极大的影响。

公元1732年

雍正十年（1732），郑板桥四十岁，是年秋，赴南京参加乡试，中举人，作《得南捷音》诗。为求深造，赴镇江焦山读书。现焦山别峰庵有郑板桥手书木刻对联"室雅何须大，花香不在多"。

公元1736年

乾隆元年（1736），在北京，参加礼部会试，中贡士；五月，于太和殿前丹墀参加殿试，中二甲第八十八名进士，为赐进士出身。特作《秋葵石笋图》并题诗曰"我亦终葵称进士，相随丹桂状元郎"，喜悦之情溢于言表。

在四十四岁这年，郑板桥虽然终于中了进士，但现实并不能如他所愿，他被告知并无职位的空缺，不得不滞留在京等待。

教师用"抱抱游戏"将学生分为四组，请学生抽取郑板桥人生经历的信息，分组演绎角色。

——信息1：回乡探望女儿的郑板桥面对女儿的挽留不忍拒绝。

——信息2：郑板桥被友人劝说花钱财运作以求获得官职。

——信息3：在京开销过重，乳娘告诉郑板桥身上盘缠不多了。

——信息4：郑板桥的好友金农前来辞别，说决定放弃仕途，回家卖画为生，求得逍遥自在。

4."请你听我说"范式

"请你听我说"是戏剧教育中常用的范式之一：戏剧中的一个角色正面临人生的重要关头或两难的局面，这个角色在排成两行的学生间走过，两边的学生分别提出意见和看法，可以是学生的自主性意见也可以直接利用戏剧中的人物台词。

这里教师指导学生用"请你听我说"来还原郑板桥中进士后的心理活动。

郑板桥面临人生的十字路口。他的内心有两个声音，一个声音让他放弃仕途之路，和朋友金农一样回家乡以卖画为生，过闲云野鹤的生活；一个声音让他不要放弃，只有走上仕途，才有能力造福百姓，实现抱负。

教师选一个信念感较强的学生扮演郑板桥，请其他学生排成两行，当他（"郑板桥"）走到谁面前，谁就用最真诚的语言把要劝说的话说出来；当他走过时，说话的人也不要立刻停下来，而要使自己的声音由大到小。学生们支撑自己的观点的理由可能如下：

——放弃仕途：我不屑于像其他人一样用银子去打通仕途之路，所以永远也没有当官的可能，不如早点放弃；

——坚持下去：官场不会这么黑暗，总有一天，朝廷会明白我报效国家的决心，我也会有做一方父母官、造福一方百姓的机会；

——放弃仕途：即使是有机会当个芝麻小官，也得巴结上司、违背本心，还不如像我的其他朋友一样，不受朝廷拘束，过自由自在的生活；

——坚持下去：我一心要走仕途，终于历经三朝，中了进士，如果放弃，就前功尽弃了；

——放弃仕途：回到家乡，可以过普通人的生活，享受家庭的温暖，有几亩闲田谋生，还可以画自己想画的画；

——坚持下去：我们郑家原本也是书香门第，如今人丁稀落，家族还希望靠我光宗耀祖；

……

完成以上过程后，教师采访扮演郑板桥的学生的感受，询问他如果他是郑板桥，他会选择坚持还是放弃。回答坚持或放弃皆可，请他分享原因。分享之后，教师提示学生们：刚刚是这位同学作为郑板桥的选择，无论他选择坚持还是放弃，都很好。每个人都有选择自己人生的权利，没有对错。

（三）疏松活动（30分钟）

教师询问学生：为何郑板桥如此坚持？或许是因为之前发生的某一些事支持着他，让他坚持着一直走下去。

此处使用戏剧教育的范式"时光闪回"。将学生分成四或五人一组，请学生思考让郑板桥坚持的这件事是什么，然后与小组成员讨论并通过定格画面的方式呈现出来。请每组呈现并解读画面。

四、物资道具

1.写有郑板桥《竹石》诗及画作的PPT。2.有郑板桥大事记（见教学流程）的PPT。

第二节课

课程难度：2级（3级为最难）│对应剧本：第二幕

一、教学目标

测评能力：表达能力、想象力和批判性思维能力。

二、背景知识

资料：郑板桥二十岁左右考取秀才，四十岁考取举人，四十四岁考取进士，五十岁才当上山东范县的县令。

三、教学流程

（一）热身活动（15分钟）

1.行走游戏

游戏规则：教师请学生在空间中行走，尽可能充满整个空间。然后让学生按照教师的指令做动作，比如听到"停"，学生就停下，听到"走"再走起来。当学生在"停"的状态时，教师可以发出"跳 × 次"的指令，比如"跳三次"，这样与"走""停"口令结合，练习学生的反应能力。

教师可以逐步增加游戏的难度，比如加入"拍手"的口令，要求所有人同时完成，整个空间只听到一个拍手的声音。也可以加入"翻转口令"，即要求学生做与口令相反的动作，比如发出"跳"的口令，实际意味着学生要做"拍手"的动作，反之，教师说"拍手"的口令意味着学生做"跳"的动作。

（二）主题活动（55分钟）

1."故事棒"范式

运用戏剧教育的范式"故事棒"，把体验历史的地点集中到范县县衙，时间为郑板桥上任的一天上午。

教师：请大家围成一个圈。在这个圈子中，将会上演一个故事。在讲故事的过程中，任何一个人都可以随时进到圈子中央进行表演，当我说"Whoosh！ Whoosh！"（Whoosh [wʊʃ] 拟声词，呼的一声，嗖的一声，描述物体飞速行进发出的声音），进来的人就像风一样地快速回到圈子。提醒两件事：角色不变，演员可以变，即在 Whoosh 前后提到的同一个角色可以由不同的人扮演。我们甚至可以扮演太阳或门，不局限于人的表演。

谁先进圈子中央谁就先演，这是我们的原则。因为我们每一轮都有同样的角色出现，所以如果你们几乎同时进圈，就有一个人先让一下，下一轮再演。我也非常期待能够看到同学间表现出相互谦让的精神。

以下为教师剧本，其中画框（[ ]）的即为学生可以演的角色，教师可以在讲述时用重音或者重复来强调该角色并暗示学生到圆圈中间表演。

[郑板桥]经历了二十多年科举之路，苦苦等待，终于赢来了一个机会，就是去山东一个小县城范县担任县令。这一天上午，他牵着[毛驴]走进范县县城，毛驴驮着他沉甸甸的[书和字画]。郑板桥来到县衙[门]前，发现众多[百姓]和[乡绅]都在县衙门口欢迎他。其中两位百姓代表走上前去说出他们的希望和祝福……两位乡绅前

来送礼，但郑板桥拒绝了。[两位衙役]前来迎接。郑板桥走进县衙，交代衙役的第一件事就是把衙门的围墙砸了一个大洞。郑板桥向围观的百姓解释这么做的原因……

接下来可以使用戏剧教育的"接力角色"范式，先请一位同学扮演郑板桥，说出自己"把衙门的围墙砸了一个大洞"的原因（或者可以扩展为郑板桥上任后如何做好父母官的计划），然后请大家陆续扮演郑板桥，下一个扮演者轻拍上一个扮演者的肩膀，即表示"接力"成功。

2. "坐针毡"范式

戏剧教育的"坐针毡"范式是指由一位学生或教师扮演戏剧中的角色，其他人以戏外人的身份对他进行提问采访，以此了解故事背景、心理活动、行动原因、人物关系等。被采访者可以被称为"坐针毡者"。

在此处，可以设置情景：在范县县衙外，一个乡绅故意撞倒了卖粥的老汉。但乡绅拒不承认，反倒说是地上的大青石绊倒了老汉。

由教师扮演乡绅，坐在教室中间的一把椅子上，以角色的身份来回答问题，同学们以圆形或半圆形围在教师的身边并依次进行提问。

如果参加本节课的学生熟悉戏剧教育课，此处还可以运用另一范式——"思路追踪"。即如果你觉得乡绅撒谎了，可以请扮演乡绅的教师重演当时的动作，对乡绅进行思路追踪。

3. 重回"故事棒"范式

用"故事棒"范式呈现郑板桥"智审石头"的故事。

以下为教师剧本：

一天傍晚，县衙外的街道非常热闹，[小贩们]吆喝售卖着各种各样的商品——[食物]、[铁器]、[布料]等。[郑板桥]坐轿（两人抬轿子）回县衙。[轿子]非常朴素，并且处处躲让[百姓]。百姓也下意识地也在躲轿子。Whoosh！ Whoosh！

轿子和百姓相互躲避的画面被在街上溜达的 [乡绅甲] 和 [乡绅乙] 看到。乡绅甲很不满意郑板桥退回了他送的礼，说想要给郑板桥一个下马威。Whoosh！ Whoosh！

卖粥的 [老汉] 正在招揽生意，正准备避让郑板桥的轿子。乡绅甲故意绊了老汉一脚，老汉摔在路边，[粥罐] 也被砸在大青石上，粥都洒了出来。乡绅撞倒老汉不承认，并嫁祸给了 [大青石]。郑板桥走出轿子，看到这一切，令带大青石回县衙好好审问。Whoosh！ Whoosh！

在县衙大堂上，乡绅巧舌如簧，说大青石是罪魁祸首。郑板桥先是表示同意，说要审问大青石。Whoosh！ Whoosh！

郑板桥一拍惊堂木，严肃地说："好个可恶的石头，你竟然把老汉的粥罐砸破，你可知罪？"大青石没有回应。郑板桥命令衙役打大青石四十大板。二次审问，大青石依旧没有回应；三次审问，依旧没有回应。Whoosh！ Whoosh！

不知不觉，就过了两三个时辰，乡绅甲和乡绅乙有点困了，但还不得不打起精神。乡绅甲一边打哈欠一边对郑板桥说："大青石不会说话，也不会动弹，怎么打也不会招供的。"郑板桥再拍惊堂木，生气地说："你们明知道大青石不会说话、不会走动，所以分明是嫁祸大青石、欺骗官差。欺官，好比欺父母。今天绝不轻饶你们。来人，各打四十大板。"乡绅甲和乡绅乙赶紧求饶，围观的百姓纷纷叫好。Whoosh！ Whoosh！

4. 郑板桥的选择

教师提问学生：乡绅求饶后，郑板桥会如何处置乡绅？学生也许会回答：坚持打他们四十大板，给他们一个教训；让他们向老汉道歉；让他们赔钱给老汉。

教师告诉学生剧本里的方案：郑板桥令衙役把大竹筐取来，对乡绅说，如果不想吃皮肉之苦，就放一串赎罪钱进去。两个乡绅赶紧扔钱进去。郑板桥将竹筐里的钱交给老人。

请学生为郑板桥的判案设计一段心理独白。参考：

这次审问石头是假，让那些乡绅亲口承认他们诬陷石头是真。只有这样，他们才能心服口服。正好也可以借这个机会，给穷苦的卖粥老汉筹到钱财，最起码这几个月，老人不用这么辛苦了。

（三）疏松活动（20 分钟）

此处可以融入"批判性思维"的训练。批判性思维技能包括阐释、分析、评价、推理、解释和自我调控六种能力，这些能力常常综合运用于证据、概念、方法、标准和语境的解释。

教师鼓励学生分组讨论，如何创新解读郑板桥"智审石头"这个故事。教师引导学生对故事中感兴趣的内容做出个性化的反应，对故事内容和表达方式提出自己的看法、疑问和评价。

四、物资道具

"坐针毡"范式所用的椅子。

第三节课

课程难度：3级（3级为最难）｜对应剧本：第三幕、第四幕

一、教学目标

1. 主要术语：爱民。2. 测评能力：反应力和感受力。

二、背景知识

乾隆十一年（1746），郑板桥时年五十四岁，当时他由山东范县县令改任潍县县令。上任的路上，他见到大批的百姓逃荒，饿殍遍野，死伤无数，有感于饥民外出逃生的惨相，写了《逃荒行》。

逃荒行

十日卖一儿，五日卖一妇。来日剩一身，茫茫即长路。

长路迂以远，关山杂豺虎。天荒虎不饥，旰人饲岩阻。

豺狼白昼出，诸村乱击鼓。嗟予皮发焦，骨断折腰膂。

见人目先瞪，得食咽反吐。不堪充虎饿，虎亦弃不取。

道旁见遗婴，怜拾置担釜。卖尽自家儿，反为他人抚。

路妇有同伴，怜而与之乳。咽咽怀中声，咿咿口中语。

似欲呼爷娘，言笑令人楚。千里山海关，万里辽阳戍。

严城啮夜星，村镫照秋浒。长桥浮水面，风号浪偏怒。

欲渡不敢撄，桥滑足无屦。前牵复后曳，一跌不复举。

过桥歇古庙，聒耳闻乡语。妇人叙亲姻，男儿说门户。

欢言夜不眠，似欲忘愁苦。未明复起行，霞光影踽踽。

边墙渐以南，黄沙浩无宇。或云薛白衣，征辽从此去。

或云隋炀皇，高丽拜雄武。初到若凤经，艰辛更谈古。

幸遇新主人，区脱与眠处。长犁开古迹，春田耕细雨。

字牧马牛羊，斜阳谷量数。身安心转悲，天南渺何许。

万事不可言，临风泪如注。

三、教学流程

（一）热身活动（20分钟）

板块目的：理解人物关系，在戏剧中理解诗句元素。

1."官兵说"游戏

教师：在古代，普通百姓最害怕谁？

学生：地主……官兵……

教师：当遇到灾荒时，如果官府不体恤百姓、继续征税征粮，那么百姓最怕的就是官兵。现在我们玩一个叫作"官兵说"的游戏。当我说道"官兵说……"，大家作为百姓，就要立刻按所说的去做，因为如果不听官兵的，后果就会很严重。

教师可以提出各种要求，让学生去做动作，例如：

——官兵说：请立刻擦地板！

——官兵说：请立刻上交你们家的粮食！

——官兵说：请左手捏右耳朵！

——官兵说：请立刻单脚走路！

——官兵说：请立刻帮我洗衣服！

通过这个游戏，学生们发现"官兵"让"百姓"做了很多没有意义的而且"百姓"并不情愿去做的事情。这里的"官兵说"只是个游戏，游戏结束，"官兵"的命令就没人听了，但在古代，百姓们不得不一直听从官兵的命令，因为没有其他选择。

2."猜诗意"游戏

搜刮、卖、收拾、过关、捡起、过桥、倾诉

教师说出以上动词，告诉学生们这些词来自郑板桥的诗作《逃荒行》，不过是翻译成了现代汉语。请大家用动作去感受这些词语。

教师说一个词，先请一位学生为这个词设计一个动作，其他学生跟着做动作；教师再说一个词，学生们不断地添加动作。全部词语说过之后，学生们从头到尾集体把词语念一遍并做三遍动作。

请学生思考：从刚才这些来自《逃荒行》的动作推测，这首诗描述的是什么样的内容？谁有可能是做这些动作的人？

（二）主题活动（50分钟）

板块目的：建立戏剧空间，开展小组合作表演；深度体验人物的内心情感，增强同理心。

教师需要提前布置教室，把教室分成四块区域，把相应的纸条①留在区域上（可以贴在地上）。

1."环形剧场"范式

用"抱抱游戏"把学生分为三人一组。教师请学生在空间中随意行走，尽可能充满整个空间。然后让学生按照教师喊的数字抱在一起，比如听到"二"，就两个人抱在一起。教师先喊两次"二"的口令，再喊

---

① 字条上分别写有"戒备森严的关口""豺狼虎豹经常出现的小路""浮在水面的长桥""废弃的古庙"。

"三"，喊"三"前要求学生不可以同之前抱过的同学抱在一起。

分好组后，教师请各组分别选择贴有纸条的不同区域，每个区域可有多个小组，注意纸条的内容，每组根据纸条提示还原这个地方的样子。具体做法：可以用道具去布置，也可以根据纸条信息而扮演在这个地点的古代人物。

地点及还原建议如下：

（1）地点 1：戒备森严的关口

朝廷为了阻止人口流动，派官兵在此镇守，除特殊原因外，百姓一律禁止过关。学生们可以表演把守关口的官兵阻止百姓通过的场景。

（2）地点 2：豺狼虎豹经常出现的小路

学生们可以分别扮演在路中吼叫的虎豹豺狼，以制造恐怖的气氛。

（3）地点 3：浮在水面的长桥

长桥在风中摇摆，已经很不稳固了。学生们可以用布料摆动的方式制造河水波涛汹涌的效果，也可以表演在长桥上摇摇晃晃行走的百姓。

（4）地点 4：废弃的古庙

学生们可以表演在古庙中歇脚的逃荒百姓，他们又饥又渴，在四处透风的寺庙内瑟瑟发抖。

以上使用的即为戏剧教育范式之一的"环形剧场"：将学生分为几个小组，每个组都饰演戏剧中与主角有关的一组角色。之后所有小组围成圆圈，由教师或者一位学生饰演主角，依次进入每个小组访问，与他们进行一段即兴表演，然后离开。表演完或未表演的组则可以暂时作为观众观看。

2."教师入戏"范式

每个地点留一组学生，请其他学生围圈集合，告诉学生接下来要扮演逃荒的百姓。教师扮演逃荒队伍的领头人，要带大家一起去逃荒。

教师提示：我们逃荒的目的地是关东。这次的逃荒将会非常艰难，官府为了控制人口流动，将大路封了，我们要走的是偏僻的小路，可能路上会遇到各种危险，所以今晚我们要偷偷出发。你们准备好了吗？

教师带领逃荒者依次走过不同的地点。

（1）地点1：戒备森严的关口

看到逃荒者，把守关口的士兵说："不准过去！现在朝廷为了控制人员的流失，已经下令禁止过关。"教师引导扮演逃荒者的学生即兴回答。

对话的结果，可能是逃荒者被赶回去，也可能士兵被感动，偷偷地放逃荒者过关。

（2）地点2：豺狼虎豹经常出现的小路

教师："大家小心！这是一条非常危险的小路，经常有豺狼虎豹出没，我们随时可能有生命危险。听！好像有婴儿哭声……这里有一个被抛弃的婴儿。我们要不要救这个弃婴？"学生决定救还是不救，并说出理由。

（3）地点3：浮在水面的长桥

教师："风太大了，桥滑得连下足的地方都没有，如果跌倒，就会掉下去。我们该怎么办？"请学生找到不同的办法（如互相搀扶，相互帮助结伴过桥）。

（4）地点4：废弃的古庙

教师引导学生和古庙内同样是逃荒的人对话，比如："离开家乡，真的能找到更好的生活场所吗？""如果那里和家乡一样贫穷，你们是继续走下去还是回去呢？为什么？"

在交流后，教师可以引导学生想象这样的画面：逃荒的人，有些人去了关东，后来侥幸找到了收容他们的村子，有简陋的房子可以居住，可以给当地的财主放牛放羊，同时开垦荒地，以维持生活。但他们时时会想念家乡：何时才能返回自己的家乡呢？想到这里，就不由得悲痛万分，痛哭流涕。（请学生们根据以上场景做集体雕塑。）

（二）疏松活动（20分钟）

1. 复盘总结

请所有的学生重新围成一个圈子，教师询问：请问在这次的旅程中，你感受到的都有什么？哪些是最触动你的？

2. 诗句对照

教师给每组发一张写有《逃荒行》诗句的纸条，请大家集体朗读，并分小组讨论：刚才我们表演的，都是这首诗中描写的内容，你认为本诗的作者和逃荒者有关系吗？

3. 中华思想文化术语"爱民"

《逃荒行》的作者是郑板桥，他见到大批的百姓逃荒，饿殍遍野，死伤无数，有感于饥民外出逃生的惨相，写了这首《逃荒行》。请大家设想郑板桥当时的心情（自责，难过，心疼，无奈），并为郑板桥看到逃荒者时的心境设计一段独白。

从学生们设计的独白中，引导出中华思想文化术语"爱民"：

> 仁爱民众；爱护百姓。它不仅是治国者应该具有的对百姓的一种情怀，而且是治国理政必须遵循的重要原则。它是中华"民本""仁义"思想的展现。

教师提示大家，在第二节课中，郑板桥"智审石头"体现的也是爱民思想。

四、物资道具

1. 写有《逃荒行》诗句以及写有不同地点的纸条。2. 布置空间的道具，如长长的布条（制造波涛的视觉效果）。3. "教师入戏"用的道具（如帽子等）。

第四节课

课程难度：3 级（3 级为最难） ｜ 对应剧本：第四幕、第五幕

一、教学目标

1. 主要术语：爱人为大。2. 分析郑板桥的内心斗争，理解他最终是如何下了"开仓放粮"的决定的。

二、教学流程

（一）热身活动（15 分钟）

1."抢粮食"游戏（初级）

教师请学生们扮演饥饿的百姓，现在的目标是努力得到食物。根据参加课程的学生人数分为四人或者五人一组，同时把空间划分出五或六条抢粮食的跑道，规定跑道起点与终点，在跑道终点位置放置"馒头"（可用瓶子、纸团等来代替）。第一轮比拼速度，四人或者五人一组接力跑，只有最后一个接力人可以拿"馒头"回来。看哪一组先拿到"馒头"返回终点。每组可以根据自己组别的特点商量方案。

2."抢粮食"游戏（高级）

设计一个障碍物（比如长条凳子，要注意安全），规定要拿到"馒头"就先要穿过这个障碍物。

每组选出一位成员作为看守粮食的人，如果"抢粮食"成功，则看守的人就会被处罚（比如游戏结束后，要表演节目），要想不被处罚，看守人或者要守住粮食或者要抓住其中一个来抢粮食的人。

游戏结束后，请学生们分享感受，比如采访跑回来的百姓看到同伴被抓住时有什么样的感受，采访没有跑回来的百姓有什么感受。

（二）主题活动（55 分钟）

板块目的：通过戏剧走进故事，集体合作表演。

1. 用 5W 分析《逃荒行》

如果要把《逃荒行》讲述的内容搬到戏剧舞台，我们要问五方面的问题，即 5W：

——What：（故事）是什么？故事传达的信息是什么？我们想向观众传递什么？

——Where：（故事）是在哪里发生的？

——When：（故事）是何时发生的？故事的背景是什么？原始文本如何与戏剧中的时间和空间（新的背景）相对应？

——Who：（故事）主人公是谁？里面有哪些人物？他们是如何被描绘的？他们之间的关系如何？他们与受众的关系又是怎样的？

——Why：为什么我们要把这个故事搬上舞台？

请学生带着这 5W 重新解读《逃荒行》。

2. "故事棒"范式

教师提示：我们围成一个完整的圈子。这个圈是一个故事圈，你们在圈子里可以即兴演绎我所讲述的故事，也就是当我说到某些角色或东西时，你们随时可以进入圈子中间表演。你们甚至可以扮演太阳或门。当我说"Whoosh！ Whoosh！"的时候，圈中的演员就需要回到原来的位置上。大家要遵循"先到先得"的原则，如果你和别的同学同时走进圈子，就相互谦让。不用着急，同一个角色会有很多次表演的机会。

以下为教师剧本：

秋日，山东潍县境内，伴着没日没夜的 [倾盆大雨]，[白浪河] 浑浊翻腾，[大堤] 拐弯处被冲垮，[洪水] 汹涌地扑向田野、村庄。一座座 [院墙] 倒塌，远处传来 [村民们] 的哭嚎声。Whoosh！Whoosh！

因为洪灾，房子没了，财产没了，[李老汉] 和孙女 [小叶子] 不得不离开家乡。他们走啊走啊，小叶子实在走不动了，李老汉拉起小叶子鼓励她继续走，因为再不走会有危险。（此处，让扮演李老汉和小叶子的同学保持定格状态。）这时，县令 [郑板桥] 在路上看到了李老汉和小叶子，告诉他们县城内设有粥厂，可以去那里。Whoosh！ Whoosh！

并不是人人都像郑板桥一样，在为灾民想出路。比如粮庄老板 [丁得天]，就正在和 [师爷] 一起祷告这场灾难来得更猛烈一些，因为他们暗自屯了很多粮食，准备高价卖出。这时，[仆人] 传来消息，说县令郑板桥发布了通知，要求富户们开粥厂做慈善，而且粮食价格不能有任何涨幅。丁得天非常生气。Whoosh！ Whoosh！

郑板桥拿着 [捐款箱] 宣布发起修葺城墙的工程，请富户捐钱。[三个地主] 被 [衙役] 请捐，并签了很多借粮条。Whoosh！Whoosh！

连年灾害，第二年，田地还是颗粒无收。道路两旁，处处可见饿死的 [灾民]。[百姓们] 跪在县衙门前请求帮助。三个地主向郑板桥告状说一些村民借粮到期不还，有违大清律法，依律当罚。

衙役传来消息，郑板桥请求朝廷允许开仓放粮还没有得到回复。

Whoosh！ Whoosh！

3."良心巷"范式

教师选出一名学生扮演郑板桥，其他的学生站成两队，一队代表支持他开仓放粮的声音，一队是代表反对的声音。中间留下仅仅一个人能通过的空间。请扮演郑板桥的学生从一头走向另一头，经过谁身边，谁来说出自己的观点，以表达支持或者反对。观点参考：

——支持：爱人为大，如果连百姓的生存问题都解决不了，我还能算得上什么父母官；

——反对：我已经尽到了我所有的义务，连自己的钱都捐出去了，其他我就无能为力了；

——支持：向朝廷请求开仓放粮，迟迟没有结果，人命关天，不能再等了；

——反对：我已经向朝廷请求放粮了，我是朝廷任命的官员，必须要有朝廷的命令，才能开仓；

——支持：造福百姓，是我多年苦读与追求仕途的最终目的，不能为了保全自己而忘掉初心；

——反对：擅自开仓放粮，轻则被罢官，重则要掉脑袋的，我家里孩子尚年幼，如果失去父亲，他该怎么办？

……

结束后，教师请扮演郑板桥的学生分享自己刚才的内心感受。

4.讨论思考

郑板桥最后还是做出开仓放粮的决定，由此引出中华思想文化术语"爱人为大"：

友爱他人、爱护他人最为重要。古人认为，天地之间，人最宝贵，所以"仁者爱人"。将"爱人"由道德情感层面推及到国家层面就体现为"爱民"。人民是国家的根本，决定着国家的安危与成败，所以统治者要把爱民、亲民、利民、顺应民心作为治国理政的最高原则。制定政策、法律，确立制度，都以保障人民的利益为出发点和最终目的。它不仅是儒家"仁政"思想的体现，也是法家制定法律、依法治国的重要理念，它彰显了中华民族崇高的人文情怀。

（三）疏松活动（20 分钟）

板块目的：对应剧本内容，感受人物的状态，生发原创台词。

1.送别

用"教师入戏"的范式，由教师扮演辞官后的郑板桥，学生们扮演来送行的百姓。

教师告诉学生：我一会儿会走出教室，再进来的时候会戴上这顶帽子，就表示在饰演郑板桥了。你们扮演百姓，请你们在我走出教室后，一起商量为他送行的方案，包括想说什么话，各自手里拿什么东西，自己扮演的角色的年龄、经历、与郑板桥有什么样的联系，等等。等我进来，先从一个等待的定格开始，再慢慢展开你们的表演，说出你们的台词。（相关人物和台词可以参见后面的剧本，同时也鼓励学生们创作出新的人物、新的台词。）

2.品诗句，道人生

教师请学生在空间中走起来，五人抱成为一组，然后一起再看郑板桥《竹石》诗：

咬定青山不放松，立根原在破岩中。

千磨万击还坚劲，任尔东西南北风。

每组成员讨论本课程中第一节课提出的问题："郑板桥在坚持着什么？"（如：爱民的思想、为官的初心。）随后每组派代表分享答案。

三、物资道具

1."抢粮食"游戏用的"馒头"（可用瓶子、纸团等来代替）和障碍物（如长条凳子）。2."教师入戏"用的道具（如帽子等）。3.写有《竹石》诗的 PPT。

◎ 剧本

主要人物及角色描述

郑板桥：清代书法家、画家，"扬州八怪"之一。性格洒脱率真，五十岁才当上县令，坚持"达则兼济天下，穷则独善其身"的处事原则，不与贪官污吏同流合污，清正廉洁、爱人为大。

金　农：清代书画家，"扬州八怪"之首。喜欢游历，一生未做官。博学多才，天性散淡。比郑板桥年长六岁，是郑板桥的好友。

丁得天：山东潍县[①]富豪代表人物，恃强凌弱，欺压百姓。

[第一幕][②]

[乾隆元年（1736）五月，京城一家客栈中，郑板桥和好友金农正在下棋。

郑板桥：金兄，你今天怎么心不在焉的？已经下错了好几步啦。再这样下去，恐怕这一局很快就要结束喽。

金　农：老弟，你还问我，你难道不知道今天是发榜的日子？你二十岁时就中了秀才，但直到四十岁才考中举人，今年来京城参加考试，等的不就是今天的结果？

郑板桥：金兄说的是。我早上已经让书童去看榜了。不过和你下棋下得上瘾，就一时把这事抛之脑后了。呵呵。

金　农：如果老弟真的能中进士，有机会做官，不知当如何啊？

郑板桥：金兄还不了解我？虽然我家祖上是书香门第，但到我出生时，已经是家徒四壁。三岁时母亲去世，继母待我很好，但也很快撒手人寰。我是由祖母的侍婢也就是我的乳母费氏抚养长大，尝遍了贫苦人家的艰辛。若我为官，定当清正廉洁，勤政爱民。

金　农：唔，我相信老弟定会如此。只是还得提醒你，即使中了进士，也不一定立刻就有官做。中进士只是说明有了做官的资格。新进士需入京候补官缺，书法优秀者入翰林院庶常馆学习，三年后再考试，成绩优秀的才可以授予官职。有的进士甚至会在京城苦等数年……

郑板桥：唉，真是"一枝桂影功名小，十载征途发达迟"啊。不管它了，能否中进士还不知道呢。来，来，来，我们继续下棋。下完这盘棋，我把之前那幅《秋葵石笋图》画完，正想向金兄讨教技法。

[书童上场，嘴里喊着："中了！中了！"

书　童：中了！中了先生！先生中了！

郑板桥：什么中了？

书　童：先生，您中榜了！

郑板桥：中榜了？此话当真？！

书　童：先生您看：江南扬州兴化县郑燮，二甲第八十八名。

金　农：恭喜老弟！贺喜老弟！

郑板桥：（吩咐书童）快把我那幅没有画完的《秋葵石笋图》拿来。此时正宜一鼓作气，将它完成，而且我有了一首绝好的题诗。

---

① 郑板桥五十岁时任山东范县县令，后任山东潍县县令并在这里做了七年知县。
② 可以为每一幕加上标题，以便于学生理解，比如在本剧本中，可以这样命名："第一幕 等待入仕""第二幕 智审石头""第三幕 得罪富户""第四幕 开仓放粮""第五幕 辞官回乡"。

[书童拿来画作，郑板桥提笔画完，又题上诗。

金　农：（一边看诗，一边念诵）"牡丹富贵号花王——芍药调和宰相祥——我亦终葵称进士——相随丹桂状元郎。"好诗，好诗！

郑板桥：我是康熙年中的秀才，雍正年中的举人，现在已经是乾隆年……真是"康熙雍正乾隆，秀才举人进士"，个中辛酸，一言难表。

金　农：希望从此以后，仕途顺利。对了，我此番前来，除了陪老弟一起等发榜的消息，还有就是要与老弟道别啦。

郑板桥：金兄临帝京不久，至今燕然未勒，怎就马放南山了？

金　农：宦海浮沉，尔虞我诈者盛，则治国安邦者衰，非我所愿也。倒不如诗酒相伴来得快活！

郑板桥：这……

金　农：我原自属闲人，又何必等君恩赐。板桥老弟，就此别过！

郑板桥：人各有志。保重！

[金农下场，乳母贲氏上场。

乳　母：儿啊。

郑板桥：乳母何事？

乳　母：我儿能中进士是好事，不过，刚才我也听到你的朋友提到，中了进士还要等很多年，才能做官。咱家也没有"走门子"的银子，与其在京城苦等，还不如早日回家……

郑板桥：乳母，您养育板桥多年，板桥一直希望能挣个前程，有能力奉养您老人家。哪能现在就放弃？

乳　母：回到兴化，不求显达，至少有阖家相伴啊！真的要在京城等待，那还要经过多少磨难啊。

郑板桥：乳母，您看外面的竹子，经历了风吹雨打依旧挺拔，从未惧怕过任何磨难。我也会像竹子一样，迟早能成才的。

[灯光打在屋外的竹子上，郑板桥和乳母下场。

[第二幕]

▌| 第一场

[乾隆七年（1742），郑板桥离开北京去山东范县（今属河南）出任七品知县。这一年，他已经五十岁了。

某天傍晚，范县县衙旁的商业街，很多小贩在街边做生意，有卖针线的，有卖煎饼油条的，有修桶的，有补锅的，卖狗皮膏药的，有卖粥的……小贩们纷纷开始叫卖，非常热闹。

小贩甲：你听说了吗，新来的县太爷把县衙墙上凿了几个大洞，说是要换换风气。

小贩乙：这葫芦里卖的是什么药啊？

小贩丙：别的县太爷上任，都带着美貌的小姜。这位听说带来的是乳母 [①] ……

小贩丁：我二大爷的小舅子的三小子，在县衙里当差。听他说，县太爷是他的乳母养大的，所以来上任也带这位乳母来了。倒是个知恩图报的孝子呢。

[郑板桥从舞台右侧上，坐着小轿（两人抬轿子）。轿子非常朴素，并且处处躲让，让百姓先行，百姓下意识地也在躲轿子。相互躲避的画面被三个在街上溜达的乡

---

① 1737 年郑板桥的乳母去世，1742 年郑板桥去范县任职，此处写他携乳母上任是艺术虚构。

绅看到。

瘦财主： 奇怪了，这是谁家的轿子？

胖财主： 这还用问，看行头，这是县衙的轿子。

瘦财主： 不对啊，县衙的轿子竟然在让人，这太奇怪了。

胖财主： 那里面坐着的是谁？

董地主： 除了新任县令还有谁？

胖财主： 这新县令卖的是什么关子？前几任县太爷阵势可大了，之前都是人躲轿，现在是轿躲人。

董地主： 我前几日托人往县衙送的银子都被退回来了……白花花的银子都不要。

瘦财主： 早就听说新县令郑板桥画竹画得好，我前几日携重金登门求画，见都不见，竟敢让我吃闭门羹。

胖财主： 之前听说郑板桥是个"怪人"，真是不假。

董地主： 真想给他点颜色看看。

胖财主： 我有一个主意。

[三人窃窃私语，然后分别下台，重新拿道具上场。

胖财主：（假装是郑板桥的帮手，用手里的棍子驱赶行人和小贩）县太爷来了！迎接县太爷，快不要挡道！

[卖粥的小贩（老汉）被棍子绊了一脚，摔在路边，粥罐也砸在地上。

瘦财主：（一脚踢向地上的老汉）你这老头，故意捣乱！

董地主：（帮腔）敢挡县太爷的路，好大的胆子！

郑板桥：（闻声出轿）这是出了什么事？

瘦财主： 禀告老爷，您上任这么久，小的一直都没机会拜访，今天特来您回衙的路上迎候，可是这老头却故意捣乱。

郑板桥：（不理瘦财主，扶起老汉）老人家，您没事吧？

老　汉： 是他们故意把我绊倒的。

瘦财主： 老头，你说话注意点。

董地主： 可不是我推的。

胖财主： 啊，那个（用手势暗示其他人）……小人刚才看见了，这老汉确实是被一个缺德鬼绊倒的。

瘦财主： 对！（指着地上的一块大青石）缺德鬼不是别人，正是这个大青石。请老爷明断。

[其他乡绅都哈哈大笑。

郑板桥：（故作糊涂）既然大青石是罪魁祸首，那好，今天我就要审审它。来人啊，把这块大青石和这几位证人全部都带进衙门。

[两个衙役上场，搬走石头。三位乡绅跟着下场。

▌| 第二场

[县衙内。老汉和三位乡绅站在大青石的两旁，郑板桥在堂上就坐，两班衙役肃立。

郑板桥： 升堂。

众衙役： 威——武——

郑板桥：（一拍惊堂木）堂下大青石，你竟然把老汉的粥罐砸破，你可知罪？

[三位乡绅窃笑。

郑板桥：（二拍惊堂木）好个可恶的石头，居然不说话！你把老汉的粥罐砸破，究竟认不认罪？

[三位乡绅笑出了声。

郑板桥：（三拍惊堂木）大胆！你这块大青石，竟然不认罪！来人，给我重打二十大板。

[衙役们一头雾水，又不得不听令，于是抢起棍棒开始"打"石头。二十板很快打完。

郑板桥：大青石，现在你可认罪？（拍惊堂木）好哇，竟然还不认罪！岂有此理，岂有此理！来人，给我再打四十大板。

董地主：（忍不住上前）县太爷执法如山，赏罚分明，可是，这块哑巴石头，就算问上三年，打上一百下，也不会说话啊。

郑板桥：那它可会走动呢？

胖财主：哈哈，天生的死物，当然不会走动啦。

郑板桥：既然它既不会说话，也不会走路，怎么会欺负老汉，砸他的粥罐呢？

瘦财主：这……

郑板桥：你们三人分明知道道理，却还嫁祸于它、欺骗本官。欺官，好比欺父母。今天绝不轻饶。来人，这三人各打四十大板。

三乡绅：（下跪，同声）大人饶命啊！以后再也不敢了！

郑板桥：（对衙役）把大竹筐取来。你们三个如果不想吃皮肉之苦，就在大竹筐里放一串赎罪钱进去。

[三人赶紧掏钱扔进竹筐。

郑板桥：下次再无事生非，就不是赎罪钱能解决的了。

三乡绅：不敢了，不敢了！

郑板桥：（对老汉）老汉，这些钱你且收下，算是对你那些被打翻的粥的补偿。

老　汉：谢谢青天大老爷！

郑板桥：应该的。（对衙役）送这位老汉回家。

老　汉：（一边走一边念叨）这真是郑青天啊。

[第三幕]

旁白：在范县做了四年县令后，郑板桥调任潍县县令。上任不久，就遇上了连年大灾害。先是海水倒灌，庄稼不收，后来一年又遇大旱，旱过了次年又成大涝。一连串的灾难，让百姓饿殍无数，苦不堪言。

[秋日，潍县富户丁得天的大宅门口，逃荒的百姓陆续上场。

小叶子：爷爷，我实在太饿了，我走不动了。

李老汉：再坚持一下，孩子。前面这家像是有钱人家，我们求好心的老爷太太给口吃的。

[宅门打开，丁得天和他的管家一起走了出来。

丁得天：这场灾难来得好。我提前屯了不少粮食，这次可要发财了。

丁管家：老爷真是神机妙算，米价已经翻到十几番了，现在加价出售正是时候。

丁得天：不出几年，我让潍县土地、商铺都姓"丁"！哈哈哈！

[李老汉和孙女小叶子胆怯地上前。

李老汉：老爷，可怜可怜我和孙女吧……

丁管家：哪里来的穷鬼？滚！快滚！

[仆人上场。

仆　人：老爷，这是衙门传来的通知，说是各位富户都有。

丁管家：（打开通知）"乡绅告谕：邑中大户，开厂煮粥，轮饲之。尽封积粟之家，责其平粜。"

丁得天：（立刻变脸）好你个郑板桥，不止坏我财路，还要我做慈善！（欲伸手撕掉通知）

丁管家：老爷息怒。既然是县令的意思，我们也得做做样子。可以拿陈米周济，应付了事。

丁得天：哼！（生气下场，管家跟随而下）

[郑板桥、师爷和两位衙役拿着捐助箱，从观众席位上。

郑板桥：（对观众）各位乡绅，今白浪河发难，城墙毁塌一千四百余尺。本县想请各位乡绅共同完成这次修缮工作，我先自捐六十尺城墙修缮钱。

师　爷：大人，城里好多富裕人家，在您的感召下，打开粮仓煮粥救济饥民，使饥民轮流得以饮食。还有那些囤积居奇的粮商，因为害怕被查封，也不得不平价出售粮食了。

衙役甲：那些富户们不过是因此减少一点点收入，他们哪知大人为减轻百姓负担，主动"捐廉代输"，拿出了自己一年的"养廉银"，有千两之多，代百姓交赋税。大人才是真正为百姓着想啊。

衙役乙：是啊，我家老娘跟我说，要多跟郑大人学。她让我把她平日靠纺织卖布积攒的钱也捐出去，给那些灾民。

郑板桥：老人家真是明事理。我是一方父母官，自然要做到"爱人为大"。我们还要兴修加固潍城县城，这样，既拉动了经济，让百姓有活儿干，又让他们有了工钱可糊口渡过难关。

[郑板桥看到蜷缩在舞台一角的李老汉和他的孙女小叶子。

郑板桥：（对两位衙役）快把这两位灾民扶到最近的粥厂去。

[两位衙役扶李老汉和小叶子下场。

师　爷：老爷，您已向朝廷据实禀报灾情，请求赈济，至今怎么还没有回复啊？

郑板桥：是啊，百姓等不得啊。我再写一封奏折，你派人加急送出吧。

[第四幕]

[县衙内，郑板桥坐在桌旁看卷宗，师爷在旁边侍奉。屋外风声大作。

师　爷：大人，夜深了，您回家休息一下吧。您都几日没合眼了。

郑板桥：百姓流离失所，迟迟等不来朝廷赈灾的批复，我哪里睡得着啊。就连大风吹动门外竹林，听起来都像是百姓的疾苦声啊。

[舞台灯光渐暗，郑板桥不知不觉睡着了。舞台前方投下一束光，显示是他梦中的场景。

画外音（朗诵郑板桥的《逃荒行》片段）：

    十日卖一儿，五日卖一妇。来日剩一身，茫茫即长路。

    长路迂以远，关山杂豺虎。天荒虎不饥，旰人饲岩阻。

    …………

    严城啮夜星，村镫照秋浒。长桥浮水面，风号浪偏怒。

    欲渡不敢撄，桥滑足无屦。前牵复后曳，一跌不复举。

[梦中的场景：李老汉和小叶子互相搀扶着行路，躲过猛兽，冒着狂风暴雨，走上一座长桥。因为脚底太滑，小叶子险些失足，李老汉赶紧抓住她。场景定格。屋外雷声、雨声大作，郑板桥在雷声中惊醒。衙役甲、衙役乙、衙役丙依次上场。

衙役甲：报！大人，百姓在外面跪着请粮。

衙役乙：城中几个富户也等在外面请求大人处理去年灾民的借券。

衙役丙：（一路奔跑）报！大人，大人……

郑板桥：有什么消息？

衙役丙：大人，新增加的灾民数量太多，救灾粥铺已经供给不上了。

郑板桥：去粮行问了吗？有没有新到的粮食？

衙役丙：问了，粮行无粮。

郑板桥：莱州那边来请赈的回复吗？

衙役甲：还没有消息。

郑板桥：（焦灼地）层层审批，直到皇上批复，再层层下达，百姓等不起啊。

百姓甲：大人，给我们口吃的吧，我家小孙女快饿死啦。

百姓乙：奶奶，奶奶，我饿，我饿。

百姓丙：老天爷啊，谁能救救我们啊。

丁得天：郑大人，我要告这些刁民，去年灾荒向我家赊米，到期不还，有违大清律法，依律当罚。

富户甲：郑大人，去年的饥民借券已经到期，何时还粮？

富户乙：郑大人，请为小人主持公道。借债还钱，天经地义。

百姓丁：大人，我们家已经断粮多日了，哪里有粮还啊。

百姓戊：大人，为我们穷人作主啊。

郑板桥：来人！

众衙役：在！

郑板桥：传令下去，开仓放粮！

师　爷：大人，万万不可啊，私自开仓放粮，可是违背大清律法啊。

郑板桥：人命关天，事不宜迟！一切后果有我承担！传令，放粮！

众衙役：是！

[第五幕]

旁白：郑板桥抚民救灾，惹恼了上司，遭到打击报复，当地富豪也趁机排挤他。乾隆十七年（1752），他愤然辞官，准备回故乡江苏兴化定居。

[两名读书人上场。

读书人甲：今天是郑大人离开我们潍县的日子。张兄，你也是特意早早等在路边，为大人送行吗？

读书人乙：是啊。郑大人在潍县当了七年县令，却有五年连连水旱、蝗灾。是他陪我们一起抗灾、救民。为政清廉，爱民如子，更是留下了"衙斋卧听萧萧竹，疑是民间疾苦声。些小吾曹州县吏，一枝一叶总关情"的好诗。

读书人甲：咱们这里的萝卜好吃。有贪官向郑大人索贿，郑大人就送了他一车萝卜，还提诗写道："东北人参凤阳梨，难及潍县萝卜皮。今日厚礼送钦差，能驱魔道兼顺气。"

读书人乙：听说，郑大人为官多年，全部财产居然只有一匹骡子和一大堆书。以至女儿出嫁这样的大事，他也不得不以诗画相赠。

读书人甲：真是"一肩明月，两袖清风"。听说，郑大人还有一个儿子，他五十二岁才得了这个儿子，异常疼惜，因为在老家教养，所以多次写信给家中的堂弟郑墨，嘱托堂弟帮助教育自己的儿子。他给儿子抄录了四首诗，请堂弟教儿子唱、读，并要儿子唱给长辈们听。你猜是哪四首？

读书人乙：是哪四首？

读书人甲: 这四首诗分别是: "二月卖新丝,五月粜新谷。医得眼前疮,剜却心头肉。""锄禾日当午,汗滴禾下土。谁知盘中餐,粒粒皆辛苦。""昨日入城市,归来泪满巾。遍身罗绮者,不是养蚕人。""九九八十一,穷汉受罪毕。才得放脚眠,蚊虫蝎蚤出。"

[郑板桥上场,只带了家人,雇了三头毛驴。后面百姓们集结跟随,人人啜泣。

李老汉: 大人,我是您救过的灾民。您看,这是我的孙女小叶子。当年,我俩都快饿死了,是您开仓放粮,救了我们的命。小叶子,快给恩公磕头。

小叶子: (下跪磕头)谢谢郑大人!

郑板桥: 快起来,快起来!这是我这个父母官该做的。

百姓甲: 大人,您还记得我吗?当年我的继子不但不赡养我,还诬告我。您查明真相,秉公处理,令那小子悔过。现在我能安度晚年,全是靠您啊。

郑板桥: 大嫂,那就好啊。希望您和继子能和睦相处,生亲不如养亲啊。

百姓乙: 大人,您还记得我吗?我当年被冤枉入狱,您当县令后,把入狱的所有案件都挨个复查,发现了我的冤屈,给我平反。这几年,咱们县再也没有冤民了。

郑板桥: 好,好。我已经给后任的县令留下了书信,建议他厚爱平民百姓、孤寡弱者,严惩作奸犯科、侵犯百姓之徒。

读书人甲: 大人,您当县令,遇到贫寒的求告者,就先请他喝碗热粥,然后再问来意。为了保全一座无主的孤坟,您甘愿买下一块没人肯要的荒地。这些,百姓们都看在眼里,记在心上了。

郑板桥: 我出身贫寒,特别理解贫苦人家的艰辛。这几年,对县民的关切,虽已尽心竭力,但仍感惶恐未足。可惜不能再继续留在潍县了。

读书人乙: 大人,哪个县官离任时不是拿着大包小包,金银财宝。只有您,行李只用一头毛驴驮就够了。

郑板桥: 呵呵,"乌纱掷去不为官,囊橐萧萧两袖寒"。我这剩下的两头毛驴啊,一头我自己骑,一头让人骑着前边领路,我心里还装着咱们潍县百姓们的情谊,就够了。(挥手告别)山高路远,不必相送了!

[众人挥手。

[幕落。

◎　**排练说明**

一、服化道建议清单

郑板桥：清代男子便服、清代官服各一套。可为灰色、蓝色。

金农：清代男子便服。

乳母：清代老妇人便服。

百姓：服装可选择偏暗的颜色。

乡绅、富户：服装可选择偏亮的颜色。

衙役：清代衙役服装，每人手里均有木棒。

粥罐：可用纸制作成封闭的圆形，里面放一些碎纸（"粥罐"被打破时，里面的纸洒落代表粥洒了）。

河流：两块 3 米长、0.5 米宽的轻质材料布料（模拟湍急的河流）。

轿子：可参考古代轿子进行制作（见下图）；也可以两名"轿夫"用两根竹竿来代表轿子，"郑板桥"站在两根竹竿中间。

其他道具：毛笔，宣纸，大米袋子，筹款箱，扇子，鼓，大青石，桌子，椅子，惊堂木。

备注：以上服化道指南仅作为服务于舞台效果的色彩、形式的启发，具体服饰选择可查阅参考相关历史资料。

二、音乐清单

1. 第三幕：旁白伴随暴雨音效（可通过"觅知网"等网站搜索相关音效：https://www.51miz.com/sound/）。逃难灾民上场后，音效减弱。

2. 第四幕：开场时使用风吹竹林的音效。梦境中的场景伴随狂风暴雨的音效。"郑板桥惊醒"一段，可使用雷声音效。

3. 第五幕：可使用民族音乐《江河水》（笛子独奏）。

三、资料参考

1.《怪人郑板桥》（许凤仪著，山西人民出版社 1984 年版）。

2.《郑板桥传》（韩红著，北京联合出版公司 2013 版）。

3.《翰墨风骨郑板桥》（荣宏君著，百花文艺出版社 2019 年版）。

（李婧菡）

第三章　智——智取生辰纲

◎ **中华思想文化术语**

[**智**]"智"的基本含义是聪明、智慧，本作"知"。"智"的意义主要体现在对是非、利害做出明晰的认知与判断。"智"既是对外在的人与事的认知，也包括对自身的反省。儒家主张，应恰当地发挥"智"的作用，使人们不为复杂的现实因素所迷惑，从而做出符合道德、礼法的选择。而对"智"的过度依赖，则会导致以智巧、欺诈的手段行事，因此道家对于"智"持警惕、批评的态度。

[**义**]"义"的基本含义是合理、恰当，引申而有两重含义：其一，指人行事的合理依据与标准；其二，指在道德意识的判断与引导下，调节言行使之符合一定的标准，以获得合理的安处。宋代学者用"理"或"天理"的概念来解释"义"，认为"义"就是"天理"所规定的合理的标准，同时要求言行符合"天理"。

[**载舟覆舟**]水既能载船航行，也能使船倾覆。水比喻百姓，舟比喻统治者。"载舟覆舟"所昭示的是民心向背的重要性：人民才是决定政权存亡、国家兴衰的根本力量。这与"民惟邦本""顺天应人"的政治思想是相通的。自古以来它对执政者有积极的警示作用，提醒他们尊重民情民意，执政为民，居安思危。

◎ **剧本梗概** 北宋末年，大名府梁中书为了给权臣蔡京庆生，搜刮民脂民膏，收敛了十万贯金银珠宝（因是编队运送的成套寿礼，故称"生辰纲"），并差武艺高强的杨志押送至东京汴梁。杨志为保生辰纲顺利押送，一路急行，防范甚严，导致随行押送人员苦不堪言。听闻运送消息的晁盖、吴用、阮氏三兄弟等好汉扮作枣贩子在黄泥冈埋伏，并设计在酒中下蒙汗药迷倒了押送队伍，劫走了这笔不义之财。

◎　**使用说明**

（1）	**[设计思路]** 　　本系列课程以小说《水浒传》中"智取生辰纲"的情节为主线，体现中华思想文化术语"智"。同时，教师可以结合《水浒传》，延伸与本课程中涉及的好汉晁盖、吴用、阮氏三兄弟等人相关的故事，将"义""载舟覆舟"等术语融入课程中。在教学过程中，剧本仅作为参考资料，不建议提前发给学生。教师应鼓励学生进行充分讨论，丰富剧情和角色，从而形成适合班级实际情况且学生喜欢的剧目。 　　学生可阅读小说《水浒传》，了解其语言特色，作为学习准备。本系列教案从剧本的第一幕开始切入。因《智取生辰纲》是人民教育出版社部编版语文教材九年级上册中的课文，教师应在教学前，提前了解学生是否学过此课文，根据不同情况布置前置性作业[①]。
（2）	**[课时安排]** 　　本系列教案分为 4 节课，每节课 90 分钟（含 2 课时），共 8 课时。教案结构按照连续上 2 课时设计，若每次只能上 1 课时，则需要匹配相应的热身活动和疏松活动，以形成完整的课程结构。如学生人数较多，可适当增加课时。
（3）	**[课程难度]** 　　本系列课程的第一节课与第二节课难度为 1 级，第三、第四节课难度为 2 级。在第三节课中运用了戏剧教育的范式"仪式"，考虑到本系列课程的教学对象为初中生，教师可以引导学生与现实结合，拓展课程内容，如入团仪式、青春仪式。

---

① 作业可以根据教学的需求安排在课前、课中或者课后。课前作业属于前置性作业，侧重于学生自主学习，重在体验和感悟。课中作业和课后作业是侧重于巩固基础知识、基本技能的基础性作业。

第 一 节 课

课程难度：1级（3级为最难） | **对应剧本：第一幕第一场**

一、教学目标

1. 主要术语：智。2. 测评能力：合作沟通能力，对戏剧情境的理解能力，声音与身体的表达能力。

二、背景知识

1.《水浒传》

《水浒传》是明代长篇小说。它的作者，明人说法不一，有说该小说是施耐庵和他的学生罗贯中合作的。《水浒传》是我国文学史上第一部描写农民起义全过程的长篇小说，并非一人一时之作，而是在民间口头传说、艺人讲说演唱的基础上，由文人加工编撰而成。全书前半部写"官逼民反"，好汉林冲、鲁智深等一个个被"逼上梁山"，在宋江上山后，写了几场反土豪、打官军的战争；后半部写宋江被招安，攻辽、打方腊，最后以悲剧结局。作者对起义英雄予以充分的肯定和热情的讴歌，对封建阶级的黑暗势力则尽情揭露，包括最基层的郑屠户、西门庆等到上层的梁中书、高廉之流地方长官，以及他们的靠山蔡京、高俅，作者将他们写得丑恶不堪，与梁山英雄形成鲜明的对比。

2."智取生辰纲"

"智取生辰纲"节选自《水浒传》第十六回："杨志押送金银担 吴用智取生辰纲"。第十六回在全书中的地位十分重要：在此之前，小 说主要描写了鲁智深、林冲等个别英雄人物的抗争。而"智取生辰纲" 则是起义农民的集体行动，是梁山泊英雄聚义的开始。

三、教学流程

（一）热身活动（15分钟）

板块目的：使参加本系列课程的学生相互了解、消除紧张。

可以组织学生做以下游戏，以达到热身的目的。如果参加课程的学 生人数较多，或者时间有限，也可以选择其中的部分游戏。

1. 名字游戏

参与者站成圆圈，依次向其他人介绍自己的姓名，说出名字的同时要 做一个能代表自己的肢体动作（代表的内容不限，比如代表性格的、代表 爱好的、代表名字的），其他人共同重复他的名字并模仿他刚才所做的动作。

2. 传接球游戏

准备好一个篮球，请参与者站成圆圈。由教师开始，把球扔给圆圈 中另外的一个人，同时叫出他的名字。接到球的人再扔给另一个人并说 出他的名字。以此类推，直到每个人都已经接到过球。

3."猫抓老鼠"游戏

由一位志愿者扮演猫，另外一位志愿者扮演老鼠。请其他同学在圆 圈状态下分散站开，相互之间保持一个人可以通过的距离。其他同学扮 演的是柱子。

游戏规则：如果老鼠站在你面前，那你就会成为新的老鼠，之前的老鼠就站在你的位置上变成柱子。如果猫抓到老鼠（身体有触碰，即为"抓到"），猫随即变成老鼠，老鼠随即变成猫，开始新一轮的"猫抓老鼠"。

（二）主题活动（60分钟）

板块目的：培养学生团队合作的精神。

首先是制定规则，可参考本书《爱民——怪人郑板桥》的第一节课。

1.团队游戏

（1）信号传递：参与者站成圆圈，手拉手，做出"人浪"或其他一些动作，拉着手的人要传递他所得到的信号。

（2）流动的圆圈：参与者站成圆圈，由一个人开始，带领手拉手的队伍开始向中间移动，可以走向各种方向，可以穿过拉手的空隙，最终将这个圆"拧成"一个"绳扣"，直到无法再拧。之后再以同样的方式解开这个"绳扣"回到圆圈状态。

（3）解扣游戏：先用"抱抱游戏"（可参考本书《爱民——怪人郑板桥》的第三节课）的方式形成六或七人一组。每个组员肩并肩，组成一个圆圈，伸出双手，任意拉住和自己的肩膀没有接触的其他组员的手，形成一个"绳扣"。在听到教师"开始"的指令后，组员们尝试在移动身体但不松手的情况下解开这个"绳扣"，最终让小组回到圆圈的状态。在这个活动中，教师请学生们在整个过程中不要发出声音，体会用其他方式"交流"。

以上游戏结束后，教师请参与者站成一个圆圈，从以下角度激发学生们思考："我们如何玩好这个游戏？""当不能发声时，要完成游戏的难点有哪些？""我们在团队中如何工作？"

2. 构建时代背景

教师先请学生们分享自己了解的小说《水浒传》的内容，包括人物和情节。然后，教师讲解水浒好汉生活的时代——宋徽宗统治时期的历史社会状况。

宋徽宗赵佶（1082—1135），号宣和主人，宋朝第八位皇帝。宋徽宗即位之后启用新法，但是宋徽宗重用的蔡京等打着新法的旗号，无恶不作，政治形势一落千丈。宋徽宗过分追求奢侈生活，在南方采办"花石纲"，在汴京修建"艮岳"。在宋徽宗集团的腐朽统治下，农民起义风起云涌，梁山起义和方腊起义先后爆发，北宋统治危机四伏。

《水浒传》中有一首描绘当时社会生活的诗《王孙摇》："赤日炎炎似火烧，野田禾稻半枯焦。农夫心内如汤煮，公子王孙把扇摇。"教师可以把诗句写在黑板上，或者用PPT的方式呈现。如果条件允许，也可以考虑播放歌曲《王孙摇》（陈知、游园惊梦演唱）。

教师将学生分为四个大组，每个组以"定格画面"的形式表演《王孙摇》中的一句。在其中一组表演时，其他组的学生为其中对比性的意象（炎炎赤日、枯焦稻禾，摇扇的公子王孙、忧虑的农夫）拟一句台词。

3. 介绍杨志

杨志，绰号青面兽，杨家将后人，武举出身，曾任殿帅府制使，因失陷花石纲丢官。后在东京谋求复职不果，穷困卖刀，杀死泼皮牛二，被刺配大名府，得到梁中书的赏识，提拔为管军提辖使。杨志在"智取生辰纲"中是反面人物，但在这之后也上了梁山，成为一百零八将之一。

本系列课程以中华思想文化术语"智"为核心，不仅指夺取生辰纲的好汉们的"智"，也指杨志表现出的"智"。教师请两位学生分别扮演梁中书和杨志，根据剧本进行对话：

梁中书：下月我命你将十万贯生辰纲，运送至东京汴梁蔡太师处。我会让大名府派十辆车，拨十个厢禁军押车。车上插一把黄旗，写上"献贺太师生辰纲"。每辆车子，再派个兵卒跟着。怎么样？

杨　志：这……这样做恐怕不行。您还是派别的精细的人去吧。

梁中书：你为什么这样推托？

杨　志：小人不是推托。因为小人听闻去年生辰纲被劫，至今没下落；今年盗贼特别多，此去东京，又都是强盗出没的险路，我们这样大张旗鼓地经过，他们怎么可能不闻风赶来抢劫呢！

梁中书：那就再多派一些人。

杨　志：就是派一万个人也不顶用。这些人看到强盗来了，肯定就吓跑了。

梁中书：照你这么说，这些生辰纲就没办法送到东京了？

杨　志：如果恩相依从小人，按小人的办法去做，小人就敢去送。

梁中书：什么办法？

杨　志：我们把礼物装成货物的样子，用十几个担子来挑。至于押送的兵卒，也扮作挑夫。我扮作货商。这样连夜悄悄地去东京。

梁中书：唔……这个法子不错。那就依你吧。另外，夫人也有一担礼物要送到蔡府，怕你不认识府里的路，所以派夫人乳母的丈夫、老都管随你一起去。

杨　志：恩相，这事太难办了，小人还是不能去。

梁中书：你怎么又找借口推托？刚才不是都依你了吗？

杨　志：老都管是夫人信得过的人，如果他跟小人发生争执，小人该怎么办？小人担心争执起来，误了大事。

梁中书：这个你放心，我会让老都管听你安排。

杨　志：如果是这样，那小人就领命去押送生辰纲。如果发生疏忽，小人愿意承担罪责。

表演后，请学生们回答，在这段对话中，有哪些语句表现了杨志的"智"。（参考：杨志久在江湖，知道押运生辰纲的凶险，刚一接受任务，就多次推托，推辞不掉时，才做了精心的安排：首先要求扮作普通的行商客人，悄悄赶路，避免大张旗鼓，引人注意；随后又要求梁中书给自己提调众人的权力，防止内部不和，被"贼人"钻了空子。）

（三）疏松活动（15分钟）

这里可以运用戏剧教育范式之一的"教师入戏"，由教师扮演杨志，向江湖好友求助，求助台词：

各位兄弟，实不相瞒，我今天约大家出来喝酒，是心中有一事难解。梁大人要我押送生辰纲去东京汴梁，让我左右为难：要是不答应，梁大人收留、提拔我，于我有恩，我应该报答他，忠心于他；可我要是答应了，这实在是个危险的差事，没准我这条命也会断送其中了！我该怎么办啊？

学生们扮演杨志的江湖好友，可以为他出主意。例如：

——化装出行，掩人耳目；

——白天赶路，晚上休息（以防有人趁晨光或暮色偷袭）；

——遇到身份不明的人，要提高警惕；

——只喝自己带的酒水，不轻易接受别人给的食物；

——路上不能耽误行程，宁愿苦点、累点，也要早日赶到京城；

——尽量走偏僻的小路，不引人注意；

——准备好足够的武器；

……

四、物资道具

1. 篮球。2. 写有《王孙摇》诗句的 PPT 或白纸，相关歌曲音频及播放设备（录音机或手机）。3. "教师入戏"所用道具（如帽子等）。

第二节课

课程难度：1级（3级为最难）｜对应剧本：第一幕第二场

一、教学目标

1. 主要术语：载舟覆舟。2. 测评能力：戏剧情境理解能力，情绪理解和表达能力，对声音、动作、空间等元素的安排使用能力。

二、背景知识

生辰纲：北宋末年宋徽宗赵佶任用奸相和宦官，最有名的六人被称"北宋六贼"，他们结党营私，鱼肉百姓。其中"六贼"之首——官至太师的宰相蔡京为了邀宠，搜集奇花异石，更主持开办了应奉局、造作局，造作局中每天役使的工匠数千人，所用物料更是从民间无偿榨取。他们不只是在山河湖泊中搜取珍奇，更是直接到百姓家中直接无偿征取。虽然都是无偿征取，但是他们仍然向国库支取大量钱款，这些钱款基本也都落入私人口袋。搜取的这些东西，会以每十船组成一纲运往汴梁（开封），因此得名花石纲。生辰纲是梁中书送给岳父蔡京的寿礼，取名来源于花石纲。

三、教学流程

（一）热身活动（15分钟）

板块目的：锻炼学生的反应力和即兴表演能力。

1.行走练习

"行走练习"也称"行走游戏"。练习中，教师会分别下达不同的动作口令——"走""停""跳""蹲"。学生按照口令执行，如：当教师喊"走"时，学生开始自由行走；当教师喊"停"时，请学生立刻停住。

重要规则：自己走自己的，不允许交流；行走的学生要布满整个空间，感觉到大家像水一样注入这个空间；行走是无规律的，可以随时变换方向；这是每个人的个人空间，行走练习帮助大家将注意力集中在自己身上，找到放松的状态。

当学生熟悉这个游戏后，教师可发出与执行动作相反的口令："走"代表停，"停"代表走；"快"代表慢，"慢"代表快；"跳"代表蹲，"蹲"代表跳。

2."即兴表演"练习

教师请学生站成一个圆圈，第一个学生进入圆圈中间，说出"我是……"，然后做出与表述的内容相关的动作并且保持定格状态。第二个学生在前面学生表演设定的场景下，以同样的方式扩展定格画面的内容，仍以"我是……"开头。接着是第三个学生、第四个学生。四人为一轮。一轮完成后，解散画面，开始新的一轮。例如：

——第一个学生：我是一棵树。（伸开双臂，摆出并保持树的姿势。）

——第二个学生：我是树下的小兔子。（走到第一个学生的旁边蹲下，摆出并保持小兔子吃草的姿势。）

——第三个学生：我是藏在树后的大灰狼。（走到第一个学生身后，摆出窥伺小兔子的大灰狼的姿势。）

——第四个学生：我是发现大灰狼的猎人。（走到第三个学生身后，摆出拿猎枪瞄准大灰狼的姿势。）

（二）主题活动（60分钟）

板块目的：使学生能够理解时代背景，并通过戏剧体验规定情境。

1.构建规定情境

教师带领学生（可以采用提问的方式）回顾上节课的内容，尤其是宋徽宗统治时期的历史社会状况。

教师告诉大家：现在我们回到了"智取生辰纲"发生的那一年。今天，大名府管辖下的知县们收到来自知府梁中书的一封密令，密令内容是："下月大名府急需一大批金银珠宝和钱财来聚成十万贯生辰纲，送给京城的蔡太师，现要求各地方官在本月内，凑齐固定的金额，如不按时上交，或上交金额不足，后果自负。"

这里可使用戏剧教育范式之一的"良心巷"，教师请一位学生扮演一名收到密令的知县，请他走过其他学生搭起的"良心巷"，体会下级官员此时的心情。（关于"良心巷"的做法，可以参考本书《爱民——怪人郑板桥》的第四节课。）

本环节结束后，教师把学生分成四组，请各组讨论：假设这位知县刚上任不久，家境贫寒，之前还立志做个清官，他该如何应对梁大人的秘密指令？每个小组提供一至三个解决方案，并要说出方案背后的原因。在各组进行分享之后，教师再次告诉学生：这位知县最终没有办法，只好下令在当地提高百姓税收，同时默许手下的兵丁去抢夺百姓家里的奇珍异宝。

2. "环形剧场"范式

"环形剧场"是戏剧教育范式之一，是将学生分为几个小组，每个组都饰演戏剧中与主角有关的一组角色。之后所有小组围成圆圈，由教师或者学生饰演主角，依次进入每个小组访问，与他们进行一段即兴表演，然后离开。表演完或未表演的组则可以暂时作为观众观看。

在这里，教师首先选择两位学生分别扮演知县手下的兵丁甲和兵丁乙。其他学生分成四个组，分别扮演以下不同的家庭。（教师事先把家庭的信息写在纸条上，发给各组。）

——李掌柜一家，李掌柜开着一间小脂粉铺，家里有三个女儿，老婆已经去世。

——张秀才一家，张秀才本来家境不错，但为了买喜欢的石头，已经把家产都搭了进去，如今守着家里的老母亲和自己一生收集来的奇石过活。

——阮大郎一家，阮家世代靠捕鱼为生，家里兄弟七人，个个擅长水性，原来靠着一身本领可以勉强度日，但在官府重税之下，日子越来越艰难。

——陶农户一家，家里本有妻子儿女和老父亲。这一年，天旱歉收，地租和赋税却不减，陶农户的儿子生病后因无钱医治而去世。

每组自己围成一个圈，即自己的家，然后兵丁甲和兵丁乙准备奉令去这四户人家敛财。教师提示他俩要先制订行动计划，例如进了百姓家中，要说什么、做什么，怎么才能达到目的。教师特别提醒：如果兵丁甲和兵丁乙不能完成敛财的金额，自己也会受到处罚。

兵丁甲和兵丁乙分别"进入"四个家庭，与不同家庭对话，完成表演。对表演的内容，教师不做干涉。如有表演中台词和动作出色的，教师可及时进行鼓励。表演结束后，教师请学生们围成一个大圆圈，进行讨论：百姓和兵丁在这种情况下，各自有怎样的感受？如果这样的行为持续几年，百姓的生活会有怎样的变化？

从以上的讨论中，教师引出中华思想文化术语"载舟覆舟"：

> 水既能载船航行，也能使船倾覆。水比喻百姓，舟比喻统治者。

"载舟覆舟"所昭示的是民心向背的重要性：人民才是决定政权存亡、国家兴衰的根本力量。这与"民惟邦本""顺天应人"的政治思想是相通的。自古以来它对执政者有积极的警示作用，提醒他们尊重民情民意，执政为民，居安思危。

（三）疏松活动（15分钟）

板块目的：加深对"载舟覆舟"的认识。

教师请学生们围成一个圆圈，对本节课的内容进行回顾，然后请学生们列举自己所知道的"载舟覆舟"的例子，如陈胜吴广起义、李自成起义。如果学生们已经接触过哲学术语"矛盾"，教师也可以从辩证的角度讲解"载舟覆舟"反映出的矛盾统一性，矛盾的双方在一定条件下可以相互转化。

四、物资道具

1.写有梁大人的秘密指令的书信。2.写有百姓家庭信息的纸条。

第三节课

课程难度：2级（3级为最难）｜对应剧本：第二幕

一、教学目标

1. 主要术语：义。2. 测评能力：理解人物的能力，对人物的塑造能力，对肢体、声音、情绪等表演元素的运用能力。

二、背景知识

据史家考证研究，在宋徽宗宣和年间，确有宋江其人及其领导的梁山泊起义，但不像《水浒传》所写的有一百零八将，也没有那么多生动的戏剧性场面。宋江起义的导火线是朝廷为解决财政困难，宣布将整个梁山泊①八百里水域全部收为"公有"，规定百姓凡入湖捕鱼、采藕、割蒲，都要依船只大小课以重税，若有违规犯禁者，则以盗贼论处。贫苦的农民与渔民交不起重税，长期积压在胸中的对社会现实的不满终于像火山一样爆发了。他们在宋江等人的领导下，铤而走险，凭借梁山泊易守难攻的地形，阻杀前来镇压的官兵。

---

① 文献中也作梁山泺，一说位于原山东寿张县境内（今山东梁山北、东平县西北和河南台前东南），由梁山、青龙山、凤凰山、龟山四主峰和虎头峰、雪山峰、郝山峰、小黄山等七支脉组成。

三、教学流程

（一）热身活动（10分钟）

板块目的：锻炼学生的肢体运用能力和反应力。

1."五只青蛙跳"游戏

请学生站成一个圆圈，教师指定一个学生开头，请他说"一只青蛙跳"并跳跃一下，该同学右边的两个同学接着说"两只青蛙跳"并各自跳两下。以此类推，一直到"五只青蛙跳"，然后继续从下一人开始"一只青蛙跳"。圆圈上的人都说过后，逆序再来一轮。数字说错或跳跃次数有误的被淘汰。

2."竞赛一二三"游戏

学生们先站成一个圆圈，然后相邻的两人面对面，形成两人一组。两人轮流说"一、二、三"并不断循环，加快速度。熟悉之后，教师喊"停止"，并为每一个口令设计一个动作，例如"一"是跳，"二"是拍手，"三"是挥手。在教师喊"开始"后，每组的两个人轮流说"一、二、三"并加上设计的动作，速度越来越快，先说错的人淘汰，没有错的人和其他组的获胜者组成新的组。这样不断淘汰，决出胜负。

（二）主题活动（75分钟）

板块目的：使学生理解剧中人物的个性，学会揣摩人物的心理。

1.通过"绰号"认识水浒英雄 ①

下面就通过"绰号"认识一下水浒英雄。

古代的绰号中含有丰富的文化内涵。绰号有自己所起和他人命名两

---

① 为避免学生们在学习了这一环节后，互相起绰号，建议教师以"古代的绰号"为讲解重点，也可以提醒学生，绰号可以细分为两种：一种是善意的昵称，是亲友等使用的称谓，更加体现出亲昵、亲密的感情。另外一种则是恶意的侮辱性绰号，喊别人侮辱性绰号是一种不尊重人的表现，侵犯了别人的人格尊严，会引起被喊绰号者的反感。

种形式，一般而言，自己所起，蕴含丰富；他人命名，嬉笑怒骂、诙谐幽默。

教师事先准备好写有水浒英雄绰号的字条（如：托塔天王、智多星、花和尚、豹子头、霹雳火、美髯公、黑旋风、笑面虎、母夜叉、拼命三郎），把学生分成五组，每个组从字条中抽取一个，根据抽到的字条进行讨论：你们认为这个绰号是什么意思？绰号的主人可能是怎样的人？

然后请每个小组派出两人，一人用戏剧教育范式中的"定格画面"表演小组抽到的人物，另外一人作为讲述者，代表小组公布讨论结果。

在学生们表演完毕后，教师拿出事先准备好的人物资料，揭示"谜底"，如：

——托塔天王晁盖，本是山东济州郓城县东溪村的富户。对岸的西溪村为了驱鬼，造了一座宝塔镇守，结果鬼被赶到了东溪村。晁盖大怒，把宝塔抢到了东溪村，因此得了"托塔天王"的绰号。

——智多星吴用，原本是山东济州郓城县东溪村私塾先生，通晓文韬武略，足智多谋，与晁盖自幼结交，帮他智取了大名府梁中书给蔡京献寿的十万贯生辰纲，因此上梁山。

——花和尚鲁智深，原本是渭州经略府提辖，因打抱不平，三拳打死恶霸镇关西，为了躲避官府缉捕便出家做了和尚。出家期间，因为定力不够被寺里的其他弟子引诱而破了戒律，大闹了五台山。之后去了东京相国寺，因为身上有纹身而被人叫作"花和尚"。

……

2. 分析人物心理

因剧本剧情所限，在第二幕中涉及的水浒英雄刘唐、公孙胜、白胜是略写，所以我们主要分析以下几位的心理。

（1）晁盖

晁盖是"智取生辰纲"的灵魂人物，剧本第二幕中出现的水浒英雄都是投奔他而来的。晁盖武功超群，神武过人，平生仗义疏财，为人义薄云天，专爱结交天下好汉，闻名江湖。

晁盖，戴敦邦绘

晁盖的"义"一条是暗线，一条是明线。暗线是其他几位好汉心甘情愿地来投靠他、辅助他，说明他有"义"的名声；明线是刘唐用生辰纲是"不义之财"来说服他去劫。

要了解晁盖的性格，可以从他"托塔天王"绰号的由来排演一出短剧。

（2）吴用

吴用的绰号是"智多星"。他的"智"在剧本第二幕中体现在分析应该找哪些人去劫生辰纲以及如何说服阮氏三兄弟上。

教师先不让学生看剧本，由教师概述剧情发展：要劫取生辰纲，必须请阮氏三兄弟入伙。吴用请缨前往阮氏三兄弟家。

教师请学生做准备练习：两人一组，分别扮演甲和乙，甲双手握紧，乙要说服他打开双手，但只能用"是""否""也许"三个词，甲可以与之对话，但同样也只能用这三个词。练习结束后，教师请学生们根据刚才的情形进行讨论：刚才哪些组中的"乙"成功了？并请成功的学生分享在说服对方的过程中用了怎样的方法或者做了哪些事。

下面进行表演练习：两人一组，一人饰演吴用，另一人饰演阮氏三兄弟中的代表。吴用要说服阮氏三兄弟参加劫取生辰纲的行动，但阮氏三兄弟的代表如果认为吴用所说的没有打动自己，可以表示不同意。练习结束后，教师请学生们根据刚才的情形进行讨论：刚才哪些组中的吴用成功了？并请成功的学生分享在说服对方的过程中用了怎样的方法或者做了哪些事。

最后做深入练习：教师在每一轮中都添加一个阮氏三兄弟"不入伙"的原因，这些原因是吴用在劝说阮氏三兄弟之前也考虑到的，扮演吴用的学生根据这个原因设计对话。扮演阮氏三兄弟代表的学生可以根据自己的理解进行即兴表演。

——第一轮：三兄弟武艺高强，并不缺钱，也并不想冒险抢劫；

——第二轮：三兄弟都有家室，不愿离开自己的村子；

——第三轮：三兄弟不敢触犯法律，想过安稳的日子；

——第四轮：三兄弟不信任本次行动的团队；

——第五轮：三兄弟如果知道生辰纲的消息，宁愿自己单干、独享；

……

深入练习后，教师请学生们讨论：考虑到这些不同的条件，吴用说话的方式会有什么不同？他会加入哪些以前没有说的话？你们认为吴用提前对这些原因做出预判并想出对策是否有必要？

（3）阮氏三兄弟

在《水浒传》中，阮氏三兄弟性格各异：阮小二在三个兄弟中居长，性格比较沉稳，这与他个人已经有了家室有关。阮小五好赌，个性凶悍。阮小七则是最为心直口快的一个，按照吴用的话说"七郎只是性快"。

在剧本第二幕第二场中，可以看出吴用不断地投石问路，阮氏三兄弟是一步步地跟进。吴用

阮小七，戴敦邦绘

的投石问路可见他的"智"，而三兄弟的回答则可见他们的"义"，如：

若是有识我们的，水里水里去，火里火里去！

这个使不得：既是仗义疏财的好男子，我们却去坏他的道路，会被江湖好汉笑话的。

真是晁保正找我们，我们一定舍得性命去做。

这可端得好！这腔热血，只卖与识货的！

教师可把学生分为四人一组，一人饰演吴用，三人饰演阮氏三兄弟，根据刚才对吴用的劝说策略所做的分析，以及阮氏三兄弟的个性，设计排演一段"吴用成功说服阮氏三兄弟入伙"的短剧。要求短剧时间控制在3分钟以内，以定格画面开始，以定格画面结束。尝试以不同动作和语气展现人物不同的个性特征。排演之后互相观看及互相点评。

3."仪式"范式

第二幕第三场开头即为几位好汉为劫取生辰纲一事发誓。这里教师可以讲解戏剧教育范式的"仪式"，即：在仪式化的行为中，行动或语言经常带有重复性，学生通过参与，可以融入不一样的群体文化或接受某种道德规范。

教师让学生们讨论：你知道哪些仪式（例如升旗仪式、婚礼、结拜等）？你认为仪式有怎样的特征？

请学生分小组为晁盖和他的朋友们设计一段宣誓词，表明他们要做这件事的目的、决心等。然后设计一个相关的宣誓仪式表演——小组成员扮演晁盖和他的朋友们。分享时全体成员参加并进行表演。

（三）疏松活动（5分钟）

板块目的：使学生放松心情，回顾本节课所学，进一步熟悉剧本中的人物。

教师请学生们在活动场地自由行走，他们可以和遇到的同学打招呼，并以简单的方式介绍今天课上所提到的水浒英雄。

四、物资道具

1.写有水浒英雄绰号的字条。2.写有水浒英雄简介的 PPT（也可以配上人物画像）。

第四节课

课程难度：2级（3级为最难） ｜ 对应剧本：第三幕

一、教学目标

1. 主要术语：智。2. 测评能力：对事件的理解分析能力，对空间、人物等元素的安排使用能力，对问题的多角度思考能力。

二、教学流程

（一）热身活动（10分钟）

板块目的：锻炼学生的团队合作能力和空间安排能力。

形状游戏：把学生分为六至八人一组，在教师展示某个形状（如圆形、方形、三角形、星星形、笑脸形、北斗七星形等）的卡片后，每组成员在组内组成这个形状。如何组成，彼此之间不能用语言商量。

（二）主题活动（70分钟）

板块目的：使学生能够理解故事的情节。

1. 熟悉故事

教师运用"故事棒"这一范式，带领学生围成圆圈，然后熟悉"智取生辰纲"的经典情节。以下为教师剧本，其中画框（[　]）的即为学生可以演的角色，教师可以在讲述时用重音或者重复来强调该角色并暗示学生到圆圈中间表演。①

　　此时正是五月半天气，虽是晴明得好，只是酷热难行。[杨志]这一行人每日赶路。那[十个厢禁军]，担子又重，无有一个稍轻；天气热了行不得，见着林子便要去歇息。[杨志]赶着催促要行，如若停住，轻则痛骂，重则[藤条]便打。[老都管]劝说：提辖，你也别怪他们。中午实在是太热了，我们先在[黄泥冈]歇歇吧。[杨志]说：都管，您不知道，这黄泥冈是强盗出没的地方，哪里敢在这里歇脚呢。[一个军汉]把[老都管]拉到一边说：老都管，你看他，分明不把您放在眼里。再说，这青天白日的，哪里有什么强盗，他分明是吓唬我们。[老都管]被[众人]说动，执意要在这里歇息。[杨志]只好同意了。Whoosh！ Whoosh！

　　这时，有七人推着[车子]也上了[黄泥冈]。[杨志]近前一看，[晁盖等七人]假扮推车的商人正在乘凉。[杨志]问道："你们是干什么的？"[晁盖]道："我们是贩卖枣子到东京去的。"[杨志]这才放下心来。Whoosh！ Whoosh！

　　此时[白胜]挑着一担酒桶走上冈来，他走到松林边上，放下酒担乘凉。[众军汉]见[白胜]是卖酒的，便说："我们又热又渴，何不买些酒吃，也解暑气。"[杨志]听了训斥道："你们知道什么，全不知路途上艰险，多少[好汉]给[蒙汗药]麻翻了。"[众军汉]只好作罢。Whoosh！ Whoosh！

　　[晁盖等七人]出来说："口渴得很，卖给我们一桶酒喝。"[白胜]说："好，五贯钱一桶。只是没有碗，就用两把[瓢]舀着喝吧！"[众人]一边吃枣，一边喝酒。[刘唐]到另外一桶舀了半瓢酒，

---

① 这一环节，可以用日本配乐大师梅林茂的 *The Gold Pavilion* 作为背景音乐。

非说要[白胜]饶给他，端着跑进[松林]里去了，[白胜]跟着追了进去。[刘唐]和[白胜]到树林里，把酒倒掉，从衣袋里掏出纸包，把蒙汗药倒在瓢里。[两人]走出松林。Whoosh！Whoosh！

[白胜]假装是从松林里拿回了瓢，把瓢扔回酒桶，还在酒桶里搅了两下。[众军汉]见卖枣子的喝了酒也没事，都说："我们也买一桶吧！实在太热太渴了。"[老都管]也来劝[杨志]。[杨志]说："既然老都管说了，就去买了喝吧！"[众军汉]凑了五贯钱买酒，也端给[老都管]和[杨志]都喝了。Whoosh！Whoosh！

顷刻间，[杨志]等人个个头重脚轻，先后软倒了。[晁盖等七人]马上把[枣子]倒在地上，把[十一担生辰纲]装进车里推走了。Whoosh！Whoosh！

2. 分析人物心理

在黄泥冈上，军汉们非常想休息，但是杨志不同意。教师请一个学生扮演杨志，一个学生扮演老都管，另外两个学生扮演押送生辰纲的军汉，其他学生充当导演。请导演们用"集体雕塑"的范式，指导杨志、老都管和军汉完成可以代表他们的心情和关系的一组动作。动作定格时，采取"思路追踪"的范式，请导演们一一进入画面，以手轻拍人物的肩膀，说出这个人物的心理活动。

以上表演结束后，请学生们归纳总结：当时军汉们的心情是怎样的？杨志又是怎样想的？从哪些方面可以看出杨志的"智"与"不智"？

参考：

——杨志宁可逼迫军汉冒酷热前行而落得怨声载道，也要保全生辰纲，无非是怕有人在晨光或暮色中偷袭。

——即使在光天化日下，杨志也尽量减少中途休息，唯恐军汉们心生懒怠，一旦有情况难以应敌。

——杨志"催促"一行人在山中僻路行走，表明他选择了连强盗也不愿行走的艰难路径，以此来保护生辰纲。

——杨志在黄泥冈提醒军汉们此地险要，发现刘唐他们几人时顿生疑心，唯恐白胜酒中有蒙汗药……

杨志既不乏智，那么他的"智"最终输给晁盖等人的"智"的原因何在呢？这一关键症结就在杨志内部分化，而晁盖内部团结一心。

3."智取生辰纲"的"智"

教师请学生们分成四组，给每组发白纸和笔，请学生们讨论"智取生辰纲"的"智"，然后每组派一人分享本组观点。

参考：

——智用天时。杨志押送生辰纲正赶上酷热的季节。暑热加上一路疲惫使杨志的随从几乎没有还击之力。而晁盖、吴用等人却早已等候在此，以逸代劳，可以说已掌握了智取的首要有利因素。

——智用地利。晁盖等人选择了山冈和树林作为劫取生辰纲的最佳地点，自然有其中原因。黄泥冈可以作为掩护，松林既可引诱急欲避暑歇息的杨志一行人进入，又可模糊敌人的视线，使他们看不清松林内的真切情况。

——智用矛盾。同样通过仔细的观察和分析，晁盖等人发现了杨志一行人内部的矛盾并且利用了这一矛盾。杨志担心生辰纲出事，推迟每天动身时间，让军汉们担着百余斤担子在烈日下行走，还时常用藤条鞭打他们，唯恐在休息时会发生意外，军汉们早已怒忿在胸。老都管同样对杨志有强烈不满，杨志一行内部矛盾已达激化。矛盾致使内部分裂，给了晁盖等人可乘之机。

——智用计谋。前面所有"智"的最终实现靠的就是"半瓢酒"。在双方众目睽睽之下，晁盖等人喝的是美酒，而杨志等人得的是药酒。刘唐与白胜的表演天衣无缝，不能不说是吴用的计谋用到了家。通过故事体会术语的多层次涵义，了解"智"的两面性。

（三）疏松活动（10分钟）

对"智"的深入思考："智"的意义主要体现在对是非、利害做出明晰的认知与判断。儒家主张，应恰当地发挥"智"的作用，使人们不为复杂的现实因素所迷惑，从而做出符合道德、礼法的选择。而对"智"的过度依赖，则会导致以智巧、欺诈的手段行事，因此道家对于"智"持警惕、批评的态度。

教师可以请学生在课前查阅资料，找到儒家和道家对"智"的不同观点，可以选出对立的观点，在课上把学生分成两组，进行模拟辩论，以培养辩证性思维。

儒家观点：孔子认为，"知、仁、勇三者，天下之达德也"。孟子认为，"是非之心，智之端也"。

道家观点：老子认为，"以智治国，国之贼；不以智治国，国之福"。

四、物资道具

1.画有各式形状图片的卡片。2.音频，即日本配乐大师梅林茂的 *The Gold Pavilion*；播放设备（录音机或手机）。3.1开（787毫米 ×1092毫米）大小的白纸，彩笔。

◎ **剧本**

主要人物及角色描述[1]

杨 志： 得到梁中书的赏识，提拔为管军提辖使。精明强干，急功近利，粗暴蛮横。

晁 盖： 东溪村保正，本乡财主。神武过人，仗义疏财，好结交天下好汉，具有领袖气质，是"智取生辰纲"行动的发起者。

吴 用： 自幼与晁盖相熟，本在财主家任私塾先生，后与晁盖一起谋划行动，成为军师。沉着冷静，机智多谋，知人善用，善于招揽贤才。

阮氏三兄弟： 阮小二、阮小五、阮小七，本是石碣村渔民，因生计困难，受吴用之邀，加入劫取生辰纲的行列。三人武艺胆识都有过人之处。

[**第一幕**]

▌│ **第一场**

[舞台以中间为界限，分左右两个区域：一个区域是百姓 [三五人] 在辛苦地锄地；另一个区域是梁中书和蔡夫人正在摆家宴，喝酒吃肉，身边各有一名丫鬟扇扇子。

众百姓： （擦汗）赤日炎炎似火烧，野田禾稻半枯焦。农夫心内如汤煮，公子王孙把扇摇。[2]

蔡夫人： 相公，你从一介书生到今天的统帅，可还记得这功名富贵从哪里来？

梁中书： 夫人，我怎么能忘记呢！多亏你父亲、我的岳父、当今蔡太师一路提携，我才有了今天，自当感激不尽。

蔡夫人： 相公既然知道我父亲的恩德，却怎么忘了他老人家的生辰？

梁中书： 下官怎么可能忘！太师是六月十五日生辰，我正在采办价值十万贯的金银珠宝，准备派人送到东京汴梁，为岳父贺寿。

蔡夫人： 去年我们送去贺寿的珠宝，在半路上被人劫了，今年可要选个牢靠的人去押送啊。

梁中书： 夫人不必挂心，我近日新收了一个勇武忠心的人，这次准备派他去。杨志！

杨 志： （上场，跪拜）在！

梁中书： 我准备派你去东京汴梁，你可去得？

杨 志： 恩相差遣，不敢不从！

梁中书： 好，下月我命你将十万贯生辰纲，运送至东京汴梁蔡太师处。我会让大名府派十辆车，拨十个厢禁军[3]押车。车上插一把黄旗，写上"献贺太师生辰纲"。每辆车子，再派个兵卒跟着。怎么样？

杨 志： 这……这样做恐怕不行。您还是派别的精细的人去吧。

梁中书： 你为什么这样推托？

杨 志： 小人不是推托。因为小人听闻去年生辰纲被劫，至今没下落；今年盗贼特别多，此去东京，又都是强盗出没的险路，我们这样大张旗鼓地经过，他们怎

---

① 下文对人物身份及性格的描述，均指"智取生辰纲"时。

② 此诗摘自《水浒传》，是作者创作的一首七言绝句，也有人认为是元代民歌。该诗从不同的侧面渲染出了天气的炎热，既为后文中杨志等人口渴买酒吃埋下伏笔，同时也预示着北宋王朝阶级矛盾的日益激化。

③ 厢禁军是地方武装，除了承担相应的守备、训练任务外，还要服差役。

么可能不闻风赶来抢劫呢！

梁中书：那就再多派一些人。

杨　志：就是派一万个人也不顶用。这些人看到强盗来了，肯定就吓跑了。

梁中书：照你这么说，这些生辰纲就没办法送到东京了？

杨　志：如果恩相依从小人，按小人的办法去做，小人就敢去送。

梁中书：什么办法？

杨　志：我们把礼物装成货物的样子，用十几个担子来挑。至于押送的兵卒，也扮作挑夫。我扮作货商。这样连夜悄悄地去东京。

梁中书：唔……这个法子不错。那就依你吧。另外，夫人也有一担礼物要送到蔡府，怕你不认识府里的路，所以派夫人乳母的丈夫、老都管随你一起去。

杨　志：恩相，这事太难办了，小人还是不能去。

梁中书：你怎么又找借口推托？刚才不是都依你了吗？

杨　志：老都管是夫人信得过的人，如果他跟小人发生争执，小人该怎么办？小人担心争执起来，误了大事。

梁中书：这个你放心，我会让老都管听你安排。

杨　志：如果是这样，那小人就领命去押送生辰纲。如果发生疏忽，小人愿意承担罪责。

[梁中书、蔡夫人、杨志和丫鬟下场。

▋▏第二场

[舞台仍是分左右两个区域：一个区域为百姓 [三五人] 在辛苦地锄地；另一个区域为普通店铺，掌柜的正在打算盘、整理账簿，两个兵丁上场。

兵丁甲：李掌柜！我们兄弟来为梁大人采办珠宝，快把你这铺子里值钱的东西都拿出来吧！

李掌柜：官爷，我们是做小买卖的，哪有能让大人看上的东西啊。

兵丁乙：那就把明年的税钱提前交了吧。

李掌柜：官爷，这下半年的税钱，按说都是到年底才交，您上个月就让我们交清了。怎么明年的税也要提前收呢？

兵丁甲：李掌柜，你也太不懂事了。你拿不出值钱的东西，当然得提前交税来抵！

李掌柜：官爷，我们是小本生意，没有多余的钱啊。

兵丁乙：（看见柜台旁的一件首饰，抢了过来）哎，你这个老东西，敢私藏珠宝！

李掌柜：（试图要回首饰）这是我靠积攒下来的钱给家里小女儿打造的头花。她已经盼了好几年了。官爷，您可不能拿走啊！

[旁边锄地的百姓走到李掌柜附近，小声议论。

农民甲：这都是梁大人要给他老岳父送生辰纲闹的。别说珠宝了，就是哪家有精巧别致的石头或者花木，也会被官爷们抢去，说是也要献给蔡太师。

农民乙：这哪里是"生辰纲"，分明是"造孽纲"！

农民丙：听说有的人家被征的花木高大，搬运起来不方便，当官的就让把人家的房子拆掉。还有的官爷趁机去被征花石的人家敲诈勒索，搞得人家卖儿卖女，到处逃难。

兵丁甲：你们这些刁民，胡说什么！你们的东西，能放到梁大人给蔡太师的生辰纲里，那是全家几辈子修来的福气。

兵丁乙：（又从店里搜罗了一些绸缎）走，别跟他们废话！咱们赶紧去下一家！

[两个兵丁挥动手中的杖棍，将手无寸铁的百姓打倒在地，百姓起身反抗，又是一棍，定格。

[第二幕]

▎| 第一场

[晁盖家中。刘唐、晁盖、吴用三人谈话。

刘　唐：保正哥哥[①]，小弟姓刘名唐。早就听闻哥哥仗义疏财、结交天下好汉的大名，今天特地来投奔，而且要送给哥哥一个天大的好消息。

晁　盖：什么消息？

刘　唐：小弟打听到北京大名府梁中书搜刮了十万贯金银珠宝，要送到东京给他的岳父蔡太师庆生辰。小弟想这是不义之财，我们何不去取了，散给百姓？如果哥哥也有这样的想法，小弟愿意助一臂之力。

晁　盖：太好了！这笔不义之财，件件都是搜刮的民脂民膏。我们取它，也是天意。具体怎么做，咱们得好好筹划。吴先生，你是"智多星"，有什么主意？

吴　用：此事虽好，只是既不宜声张，不能让太多人知道，又得要人手，人少做不得。如今只有保正、刘兄和小生我三人，实在难办。

晁　盖：你看几人可做得？

吴　用：须得七八个好汉方可！（眉头一皱，计上心来）有了！我倒是识得三个好汉，他们义胆包身，武艺出众，敢赴汤蹈火，同死同生。如果能拉这三人入伙，咱们这件事就有底了。

晁　盖：这三个人姓什么叫什么？住在哪里？

吴　用：这三人是弟兄三个，住在济州梁山泊边石碣村，日常以打鱼为生。本身姓阮。弟兄三人：一个唤作立地太岁阮小二，一个唤作短命二郎阮小五，一个唤作活阎罗阮小七。

晁　盖：我也听说过这阮家三兄弟的名字。石碣村离我们这里不远，那就找人请他们过来？

吴　用：派人去请他们，他们是不肯来的。还是我亲自走一趟，劝他们入伙吧。

晁　盖：好，那就辛苦先生了。

▎| 第二场

[石碣村，阮小二家。门口晒着渔网、摆着鱼篮等渔具。吴用上。

吴　用：二哥在家吗？

阮小二：（走出来，戴一顶破头巾，赤脚）吴先生，什么风把你吹来了？

吴　用：好久不见！不瞒你说，两年前与你们分别以后，我便到一个大财主家里做私塾先生，如今他要十数尾金色大鲤鱼来办宴席，要重十四五斤的，因此特地来找你们兄弟！

阮小二：（笑）吴先生，不如先到家里吃三杯，慢慢说！

[二人携手走进屋里，阮小五和阮小七在屋里，见吴用后连忙打招呼。

阮小五：吴先生，方才你说想找什么样的大鲤鱼？

吴　用：十几条重十四五斤的大鲤鱼。这可是不好找，这一带恐怕只有你们兄弟这里有了吧！

阮小七：哎，若是以前，要三五十条也有，莫说十几斤，再多的我们兄弟也包办得。

---

① 古时农村每十户为一保，设保长；每五十户为一大保，设大保长；每十大保为都保，设保正，可管五百户三千人左右。

可是如今，要重十斤的也没有。

吴　用：小生多有银两在此，随便算价钱。

阮小七：不关银两，是真没处讨去！

阮小二：实不相瞒，这般大鱼只有梁山水泊里有，我这石碣湖狭小，存不下这样的大鱼。

吴　用：这里和梁山泊这么近，又水脉相通，如何不去打些？

阮小五：您有所不知，这梁山泊曾经是我们的衣食饭碗，如今却被一伙人抢占，不让我们去打鱼。

阮小二：那伙强盗为首的叫王伦，是个落地的举人，仗着有些武艺，聚集了七五百人，打家劫舍，抢掠来往客人，如今把住了水泊，绝了我们的饭碗。真是一言难尽。

吴　用：那官府为什么不来捉他们？

阮小五：如今的官府只会祸害百姓，他们要下乡来办案，先把百姓家的猪羊鸡鹅吃个干净，百姓还要拿盘缠打发他们。

阮小七：他们要来，吓得大家叫苦连天，还不如那伙强盗！

阮小五：山上那些人知道我们不肯报官捉人，更是天不怕地不怕。

吴　用：既然如此，你们为什么不去投奔那王伦？

阮小二：王伦那人心胸狭窄，容不得人，若是去了定被欺负。

阮小七：我们兄弟三人，本事又不是不如别人，就是没人识得，只能在此营生！

吴　用：若是有识你们的，你们可愿意投奔？

阮小七：若是有识我们的，水里水里去，火里火里去！

吴　用：（心里窃喜）此间郓城县东溪村的晁盖晁保正，你们可曾认得？

阮小五：莫不是叫作"托塔天王"①的晁盖？

吴　用：正是此人。

阮小七：闻名却不曾相会。

吴　用：这样仗义疏财的好男子，为什么没有和他结识呢？

阮小二：我们虽然相隔不远，但我们弟兄几个也没有去过东溪村，所以不曾见过。

吴　用：我也是在晁保正庄上附近教书。最近，我打听到他有一个发财的路子，特地来和你们商议，咱们一起把他的财路拦截了，怎么样？

阮小五：这个使不得：既是仗义疏财的好男子，我们却去坏他的道路，会被江湖好汉笑话的。

吴　用：刚才我是试探你们。你们果真是讲义气的好汉。实话跟你们说，我如今就是在晁保正庄上住。晁保正听闻了你们三个的大名，特地让我来请你们的。

阮小二：我们弟兄三个真真实实地没有半点假！真是晁保正找我们，我们一定舍得性命去做。

[阮小五和阮小七点头。

吴　用：我要说的这件事非同小可：当今蔡太师是六月十五日生辰，他的女婿是北京大名府梁中书，即日起押送十万贯金珠宝贝与他丈人庆生辰。有一个好汉，姓刘名唐，特来报知。如今晁保正想请你们三人前去商议，聚几个好汉去劫取这一笔不义之财。不知你们心意如何？

阮小二：这可端得好！这腔热血，只卖与识货的！

阮小七：五哥，我说什么来的！一世的指望，今日还了心愿！

阮小五：我们几时去？

---

① 晁盖本是东溪村的富户。对岸的西溪村为了驱鬼，造了一座宝塔镇守，结果鬼被赶到了东溪村。晁盖大怒，把宝塔抢到了东溪村，因此得了"托塔天王"的绰号。

吴　用：明日五更便启程，到晁天王庄上去！

阮氏兄弟：好！

▌ 第三场

[晁盖家中。刘唐、晁盖、吴用、阮氏三兄弟聚在一起发誓。

众　人：梁中书在北京害民，诈得钱物，却把去东京与蔡太师庆生辰。此一等正是不义之财。我等六人中，但有私意者，天诛地灭。神明鉴察。

[一名仆人和打扮成道士的公孙胜上场。仆人进门去向晁盖禀报，公孙胜站在门外。

仆　人：保正，门前有个道士要见您一面。

晁　盖：道士？那一定是想化斋粮。我这里有事，没时间见他，你多给他一些斋粮。

仆　人：小人给了，但他不要，非得要面见保正。说他听闻保正是个义士，特求一见。小人和几个庄客拦阻，结果他把庄客都打了。

晁　盖：哦？那我出去看看。（出门）

公孙胜：这莫不是托塔天王晁盖晁保正？

晁　盖：正是在下。先生是要化斋粮，还是要什么？

公孙胜：贫道不为酒食钱米而来，特地来寻保正，是有句话要说。

晁　盖：请问先生高姓？贵乡何处？

公孙胜：贫道复姓公孙，单讳一个胜字。蓟州人氏，自幼乡中好习枪棒，学成武艺多般。久闻晁保正大名，无缘不曾拜识。今有十万贯金珠宝贝，专送与保正作见面礼。不知保正是否接受？

晁　盖：先生所言，莫非是指北地生辰纲吗？

公孙胜：保正怎么知道的？

[吴用听到两人对话，从屋里出来。

吴　用：江湖上久闻公孙先生的大名，快进来，一起商议大事。（拉公孙胜入内，与众人相见。）

公孙胜：原来大家正在商议劫取生辰纲一事。我已打听到生辰纲会从黄泥冈大路上来。黄泥冈东十里安乐村的白日鼠白胜，也曾来投我，我们此行可在他家安身。

晁　盖：好。吴先生，我们此次是软取还是硬取？

吴　用：我有一条计策，（招呼众人低头俯身）如此如此。

晁　盖：妙啊！果真是智多星、赛诸葛。我们就这么办！

[第三幕]

[黄泥冈上，军汉们都作脚夫打扮，分别挑了装有生辰纲的担子，老都管和杨志扮作商人。正是正午，军汉们热得汗流浃背。

军汉甲：这个杨提辖，那么多车马不用，为何要我等这样打扮，还要亲自挑担？

杨　志：你知道什么！用车马大张旗鼓，这不等于告诉强匪来劫？

军汉乙：那这大热天的，也该趁着五更天凉早行，干吗非要赶到快中午，是成心要热死人啊！

杨　志：这一带强盗出没，谁敢在半夜五更走？只能日里赶路！快走快走！

军汉丙：杨提辖，这中午的太阳晒得不行，我们歇歇吧！

杨　志：别唧唧歪歪的！这事可不是你们自己的事，说歇就歇！梁大人叫我们押送生辰纲，需得完完整整地送到，哪容你们这般矫情！真是白吃了那么多俸禄！

军汉丁：你是不挑担子，走得当然轻省，却不顾我们！

杨　志：（拿起藤条抽打）走不走！走不走！要歇也要过了这黄泥冈再说！

老都管：提辖，你也别怪他们。中午实在是太热了，我们先在这里歇歇吧。

杨　志：都管，您不知道，这黄泥冈是强盗出没的地方，哪里敢在这里歇脚呢。

军汉甲：（把老都管拉到一边）老都管，你看他，分明不把您放在眼里。再说，这青天白日的，哪里有什么强盗，他分明是吓唬我们。

军汉乙：就是。您平时在府里是何等尊贵，连老爷和夫人都得敬着您。杨提辖就是想逞能，显示他的威风。他不把我们当人，对您也是呼来喝去，一点也不体恤。

老都管：（被众人说动）提辖，四川、两广我也曾去过，现在是太平盛世，哪来的强盗？就依我，在这里歇会儿吧。

[杨志刚想反驳，忽然一指对面的松树林。

杨　志：你们看，那边松林里贼头贼脑的，不就是强盗？！

[七个打扮成商贩样子的推车人上场，车上装着篓子。他们分别是晁盖、吴用、刘唐、公孙胜和阮氏三兄弟。

杨　志：你们是什么人？

七　人：你是什么人？

杨　志：你们莫不是强盗？

晁　盖：你真是是非颠倒。我们是做小本生意的商贩，都是正经商家。你看着才像是强盗。

杨　志：那你们是从哪里来？

吴　用：我们兄弟七人，是濠州人，贩枣子上东京去，路过这里。听说这里黄泥冈上经常有贼人打劫客商。反正我们只有枣子，也不怕打劫。我们想在这里歇息一会儿再赶路。

杨　志：原来如此。我刚才看你们探头探脑，以为是歹徒。

阮小二：这是我们自家树上的大枣，我看您几位也是买卖人，来几颗枣子尝尝，不要钱！（掀开篓子的盖，故意让杨志看到里面全是枣子）

军汉甲：好鲜好大的枣子！

军汉乙：（伸手去拿）多谢多谢！

阮小二：客气啥，都是赶路人，相互照应！

杨　志：（打掉军汉手里的枣子）既然是一般的生意人，怎么好拿人的枣子。放回去！你们要歇便歇一会儿去，别在这里闹！

[杨志赶着军汉们到一旁休息。白胜扮作卖酒人，挑着一副担桶上场，边走边唱。

白　胜：赤日炎炎似火烧，野田禾稻半枯焦。农夫心内如汤煮，公子王孙把扇摇。

军汉甲：（拦住白胜）你那桶里是什么东西？

白　胜：是白酒。

军汉乙：挑往哪里去？

白　胜：挑到村里去卖。

军汉丙：多少钱一桶？

白　胜：五贯足钱。

军汉丁：（问杨志）提辖，我们又热又渴，何不买些吃，解解暑气！

杨　志：你们又要干吗？胡乱买酒吃，好大的胆子！（抬手要打）

军汉甲：我们自己凑钱买，干你何事，也来打人！

杨　志：你们只顾贪嘴，不晓得这路途上强盗的勾当，多少好汉都被蒙汗药麻翻了！

白　胜：（作生气状）你这客官说话好没道理！说谁酒里有蒙汗药！你们想吃，我还不卖了呢！

[白胜挑起担子要走。晁盖假意上前阻拦。

晁　盖：小哥，别生气。我们相信你这酒没有问题，既然他们疑心，不如卖我们吃！

白　胜：（故作赌气地）不卖不卖！

阮小七：你咋不讲道理，我们又没说你啥！反正你也要拿到村里卖，多少钱我们给你便是！

白　胜：本来卖一桶不要紧，只是被他们说的不好了！再说我这也没碗瓢舀着吃。

吴　用：你这人太认真，他们说什么就说去呗。

阮小五：就是就是。你看，我们自己有瓢。

[阮小五从推车上拿出一个瓢，七人拿出枣子，就着鲜枣用瓢轮流喝酒。一旁的军汉们眼巴巴地看着，直咽口水。

晁　盖：卖酒的，这桶酒我们喝完了。刚才我们急着喝，还没有问价钱。

白　胜：五贯足钱。他们刚才问价钱，你们没听见吗？

刘　唐：哎呀！这么贵啊！早知道就不喝了。现在后悔也晚了，这样吧，你再多给我们一瓢。

白　胜：不能多给。就是五贯，少一文也不行。

[刘唐悄悄锨开了另外一个桶，用瓢舀了一大瓢。白胜急忙要去夺。两人追着跑下。一会儿又跑了回来，白胜手里拿着瓢。

白　胜：（把瓢里的酒重新倒到酒桶里）你们这帮人真是无赖！快把酒钱给我。

晁　盖：给你五贯。真是个小气鬼！

[白胜整理酒桶，作势要走。

军汉甲：（拉着老都管）老爷爷，您跟提辖说一声，让我们买酒喝吧。那些卖枣子的已经把一桶喝光了，也没有什么事。我们又热又渴，这冈子上也没有讨水喝的地方。

老都管：（跟杨志商量）提辖，那些卖枣子的都吃了一桶也没事，想必酒是干净的。我们吃一点润润喉也好！

杨　志：也罢，刚才盯着他们看呢，应该没有大碍。

军汉甲：（拦住白胜）卖酒的，剩下的这一桶卖给我们吧！

白　胜：你们不是嫌我这酒里有蒙汗药吗？当心中了我的道儿！

军汉乙：出门在外，不得不多个小心。既然他们没事，我们也买一桶罢了。

晁　盖：（假意帮忙）你这卖酒的，真不知好歹。他们买了酒去，这大热的天，你也省得往村里赶了。

白　胜：好吧好吧，五贯不饶钱啊！

众军汉：（拿出凑的钱）不要紧，不要紧！多谢，多谢！

[众军汉分酒，也分给了老都管和杨志。

军汉甲：哎呀！爽！

军汉乙：真是解渴！

军汉丙：杨提辖，你也别绷着了，来一点吧，没事！

杨　志：（有点犹豫）也好。

晁　盖：来来来，我们这里有几包枣子，送给你们吃。

[白胜挑着空桶哼着山歌下场。众军汉一面大口喝酒，一面吃着枣子。

军汉甲：（走到公孙胜身边，想表示感谢）哎呀，真是谢谢你们的……

公孙胜：（一挥手）倒——

[军汉甲倒了下去，其他军汉一惊。

杨　志：（拿起藤条，努力想站起来）你们——

公孙胜：再倒——

[杨志和军汉们接二连三，一个个头重脚轻，都倒在了地上。那七人不说话，推

出卖枣的小车，把枣子丢下，换上了生辰纲走了。七人一边离开一边议论。

阮小二： 吴先生真不愧是智多星，提了两桶没事的酒，叫他们不起疑心，却把药下在瓢里！

吴　用： 刚才白胜倒了蒙汗药回来，看到那提辖在酒桶前，还真怕被他发现了！

公孙胜： 哎！发现不了！谁能想到你就在他眼前下药呢！

刘　唐： 这就叫"智取生辰纲"。

阮小七： 哼，平日里这些当官的吃百姓的、喝百姓的，还想着害百姓，这次也叫他们尝尝厉害！

晁　盖： 说得好！兄弟们，此次我们劫富济贫，回去给百姓分了这笔不义之财，余下的我们也喝酒吃肉！走！

［幕落。

◎ 排练说明

一、服化道建议清单

1. 主要人物服装

梁中书：宋代官员服装。

杨志：武师短打服装（第一幕）、行军短打服装（第三幕）。

晁盖、刘唐：武师短打服装（第二幕）、商贩服装（第三幕）。

吴用：书生服装（第二幕）、商贩服装（第三幕）。

阮氏三兄弟：渔民或村民服装（第二幕）、商贩服装（第三幕）。

公孙胜：道士服装（第二幕）、商贩服装（第三幕）。

白胜：商贩服装。

2. 主要道具

家用桌椅，渔网、渔篮等渔具，瓷碗、瓷碟等餐具，扁担若干，酒桶两个，小车一个，大筐若干。

二、音乐清单

1. 第一幕第一场：《王孙摇》（陈知、游园惊梦演唱）。

2. 第一幕第二场：电影《水浒传之英雄本色》背景音乐《忧虑》（胡伟立作曲）。

3. 第二幕第三场：1998年版电视剧《水浒传》背景音乐《晁盖出征》（赵季平作曲）。

4. 第三幕结尾：《生辰纲》（吴兴国[①]作曲）。

三、资料参考

1. 《水浒传》（施耐庵著，人民文学出版社2018年版）。

2. 《水浒传》（电视剧第11集，导演张绍林，1998年版）。

四、其他（走位、分镜图、灯光等）

1. 第一幕：建议2—3课时初排，4课时精排，全剧串排4—6课时。其中第一场建议用两个不同空间，展现这两组人的对比 —— 舞台空间以中间为界限，分左右两个区域，观众面对着的左边是三五个农民百姓，辛苦地干活；右边区域是梁中书和蔡夫人家宴，喝酒吃饭，丫鬟给他们扇着扇子。突出两个区域的视觉形象对比，具体的农民动作、家宴座次等，可以由学生独立创编完成。

2. 第二幕：建议2—3课时初排，4课时精排。其中第三场开头突出的是仪式感与氛围，展现人物的豪情。仪式的具体行动，如何喝酒、叩拜等，可以让学生先根据理解和相关资料，进行自主设计创造，调整之后可以运用到舞台表演中。调度的设计也可以让学生参与，根据不同表达重点，采取不同的构图和走向，重要的是学会对舞台空间的合理安排。

3. 第三幕：建议3—4课时初排，5—6课时精排。本幕情节、场景连贯，无需分场。为了让舞台展现更加清晰，整体设计上可以把舞台空间分为左、中、右三个部分，观众面对着的左边是杨志和军汉们的驻扎地，右边是晁盖等卖枣人的休息处，在设计上呈现出各自为营的效果。中间的区域，可以是卖酒人的"地盘"，他把酒缸放在中间，这样杨志和吴用等人，都会到中间来舀酒，展现出中间"交火"的样子。要注意的是，白胜看似不偏不袒，但实则大

---

① 吴兴国，中国台湾演员、剧作家、导演、教授、舞蹈家。2007年，创作了新编京剧《水浒108 —— 上梁山》。2011年，执导了《水浒108》续篇《水浒108 —— 忠义堂》。2014年，执导了《水浒108》终篇《水浒108之终极英雄 —— 荡寇志》。

部分的动作与戏份，都在晁盖一方即右侧发生，因此观众自然会感受到故事的线索与发展的趋势，更有助于展现最后"智取生辰纲"成功后的喜悦。另外在这一幕中，刘唐的动作幅度大，同时表现了关键情节，因此他的走位设计可以更靠近观众席，让观众能够更清晰地看到演员的动作和意图。

（李笑卓）

第四章　尽忠报国——词坛飞将辛弃疾

◎　　中华思想文化术语

[尽忠报国] 竭尽忠诚，报效国家。亦作"精忠报国"。唐初编撰的《周书》《北史》已见"尽忠报国"一语。这一词语还与南宋抗金名将岳飞（1103—1142）相关联。元人所修《宋史》记载了岳飞后背刺有"尽忠报国"四字，但未说明何人所刺，至清代始有岳母刺字的说法，遂演绎为岳飞遵母命而尽忠报国、至死不渝的故事。它蕴含了忠孝合一的儒家理念，至今仍是中国人爱国精神的典型表达。

[豪放派] 宋词两大流派之一。内容多写家国大事、人生情怀，其特点是境界壮阔宏大，气象豪迈雄放，常常运用诗文创作手法及典故，而且不拘音律。最先用"豪放"评词的是苏轼，南宋人已明确将苏轼、辛弃疾作为豪放词的代表。北宋范仲淹《渔家傲》词开豪放之先，经苏轼大力创作"壮词"而成一派词风。中原沦陷后，南宋政权偏安江南，不以收复失地为意，许多词人报国无望，因而逐渐形成慷慨悲壮的词风，产生了豪放派领袖辛弃疾及陈与义、叶梦得、朱敦儒、张元干、张孝祥、陆游、陈亮、刘过等一大批杰出词人。他们抒发报国情怀，将个体的命运与家国命运紧密联系在一起，进一步拓宽了词的表现领域，丰富了词的表现手法，大大提升了词在文学史上的地位。豪放派词人虽以豪放为主体风格，却也不乏清秀婉约之作，故不可一概而论。有些词作出现议论和用典过多、音律不精或过于散文化，也是毋庸讳言的。

[悲慨] 悲伤愤慨。慨，感慨、愤慨。是晚唐诗人司空图所概括的诗歌的二十四种风格之一。主要指诗作中所表现出的悲剧性情结。当诗人命途多舛或身处困境，或面对壮阔景观或大的事件而自觉力量渺小，会产生忧愁、悲哀、感伤、激愤的情绪，投射到诗歌创作中则形成"悲慨"风格。这一术语看似近于西方文学理论的"悲剧"范畴，实质上受道家思想影响较大，而最后往往或趋于无奈或趋于旷达。

◎　　**剧本梗概**　　南宋官员、将领、文学家辛弃疾，出生在被金人占领的北方地区，很早就体会到了国破家亡的屈辱，一生以北伐金国、收复故土为己任，却屡遭贬黜、壮志难酬，直至晚年抑郁而终。剧中选取了辛弃疾少年、青年、中年和老年四个不同的人生阶段，展现了他传奇而又悲凉的一生。

◎　使用说明

(1)	[设计思路]
	本系列课程以南宋著名抗金将领、豪放派词人辛弃疾生平的故事为主线，通过辛弃疾一生的境遇来阐释中华思想文化术语"尽忠报国"（"豪放派"及"悲慨"不是本课程的重点，学生了解即可）。同时，通过辛弃疾在少年、青年、中年和老年四段人生不同阶段的心境来体现出他空有一腔热情和雄才大略但报国无门的愤懑以及晚年壮志未酬的悲凉。 　　本教案和剧本都是根据辛弃疾跌宕起伏的人生经历为线索设计。教师也可以带学生一起查阅资料，丰富剧本情节。
(2)	[课时安排]
	本系列教案分为 4 节课，每节课 90 分钟（含 2 课时），共 8 课时。教案结构按照连续上 2 课时设计，若每次只能上 1 课时，则需要匹配相应的热身活动和疏松活动，以形成完整的课程结构。如学生人数较多，可适当增加课时。在教案完成后还需要 8—10 课时的剧目排练时间。
(3)	[课程难度]
	本课程难度较高，为 1—3 级中的 3 级。课程中的难点包括历史背景、中华思想文化术语理解、辛弃疾词作赏析。建议教师在课前熟悉教案内容，同时也要求学生课前查阅与辛弃疾生平及词作相关的资料，以便能够为课堂活动扫清障碍。

第 一 节 课

课程难度：3 级 │ 对应剧本：第一幕

一、教学目标

1. 主要术语：尽忠报国。2. 测评能力：合作能力、表现力和创造力。

二、背景知识

1. 靖康之变

靖康之变是指靖康二年（1127）金朝南下攻取北宋首都东京，掳走徽、钦二帝。又称靖康之乱、靖康之难、靖康之祸。大量赵氏皇族、后宫妃嫔与贵卿、朝臣等共三千余人北上金国，京城中公私积蓄为之一空。靖康之变导致了北宋的灭亡。南宋大将岳飞在《满江红》中提到："靖康耻，犹未雪，臣子恨，何时灭。"

2. 绍兴和议

南宋绍兴十一年（1141）十一月，宋与金书面达成《绍兴和议》，宋高宗赵构生父徽宗的灵柩和生母韦氏本人被送回南宋。宋高宗以向金国纳贡称臣为代价，换回了东南半壁江山的统治权。杀害岳飞，是金国提出的条件之一。十二月末除夕夜，赵构和奸臣秦桧以"莫须有"的罪名杀岳飞与其子岳云、部将张宪于临安（今杭州）。

3.金朝在北方的统治

在金初战争的年代中，金军进入中原大肆烧杀劫夺，城市和农村遭到严重破坏。当时北宋都城东京，黄河南北，两河、京东和淮南之地，农村被烧毁，田野荒芜。金朝统治者强行把女真族的习俗加在汉人头上，下令髡发①，禁民汉服，稍有反抗，即被斩首。统治者以对待奴隶的办法对待北方人民，视民如草芥。

三、教学流程

（一）热身活动（10分钟）

板块目的：创造安全愉快的环境让学生消除紧张感，培养学生的团队协作能力。

教师将学生分成若干组，每组三人。在活动场地画一条起点线和一条终点线。每组学生各分得两张报纸，将本组的一张报纸铺在起点线上。当教师喊"开始"时，每组学生都站在自己组的报纸上，然后把另一张报纸铺在自己组面前（两张报纸必须紧挨着），再一起挪到另一张报纸上。以此类推，直到终点线。在整个前进过程中，所有组员都要踩在报纸上，而且两张报纸必须始终要有接触。先到终点线的组获胜。

（二）主题活动（60分钟）

板块目的：使学生了解时代背景，从而体会辛弃疾的祖父辛赞的心境。

---

① 髡发，其大意是指剃除头上部分头发，将余发披散、结辫的一种发式。但亦有不剃发而完全辫发和完全剃光头发的发式存在，笼统都可称为髡发。在取得了辽、北宋地区的统治权后，作为胜利者的女真人命令被征服者们遵从自己的民族习俗，髡发易服。其立意缘由，可能是对中原汉文化强大的同化力量的一种警惕，防止女真人进入汉地后逐渐汉化最终丧失统治地位，同时还可以通过髡发以消磨被征服者的民族精神，并方便通过发式划分宋金阵营。

1. 时代背景

这里运用戏剧教育范式之一的"定格画面"。教师把学生分成五组，每组完成一幅画面，展示北方沦陷区百姓的悲惨生活。画面涉及的内容可参考：

——房屋被烧毁、住在临时搭建的帐篷里的贫苦人；

——在金兵的押解下从街上走过的战俘；

——被拉去府衙当奴隶的壮年，不得不与年老的父母分离；

——不肯剃发的汉族读书人，马上要被拉去砍头；

——因反抗金兵的欺辱而被杀的年轻夫妇。

2. 辛赞心理分析

辛弃疾的祖父辛赞中过进士，原本是有机会在宋朝为官，但金军占领山东后，辛氏家族人口众多，来不及逃亡，只能留在沦陷区。此时金人来劝诱他在金朝做官，他应该怎么办？

这里运用戏剧教育范式之一的"良心巷"。教师选出一名学生扮演辛弃疾的祖父辛赞。其他学生站成两列，形成一条狭窄的小巷。让扮演辛赞的学生从小巷穿过。当他从不同的学生身边走过时，两边的学生依次给他一句建议或忠告，例如：

——不能答应，"忠臣不事二君"，气节要紧；

——不得不答应，否则全族人的性命堪忧，要忍辱负重；

——不要答应，金人看中的是辛家的名望和势力，将来会把辛家作为他们的走狗；

——先答应下来，暗中积蓄力量，等待合适的机会抗金；

……

在小巷的尽头，辛赞要说出自己最终的选择。教师不要对学生的选择做评判，让他选择后说出自己的理由。然后教师说出历史上辛赞的选择：同意在金朝为官①，一来是为了保全族人性命，二来是为了寻找机会，积蓄实力，等待南宋军队打来之时就起兵响应。

3. 少年辛弃疾的性格分析

在第一幕中，与少年辛弃疾相关的内容，一是他与祖父的对话，二是他舞剑反抗完颜千户。教师可以请学生选择其中一个情节，运用戏剧教育范式之一的"思路追踪"进行教学。

如选择辛弃疾与祖父的对话，则由两个学生分别扮演辛赞和辛弃疾，其他同学选择站在辛赞或是辛弃疾身后。当教师宣布开始时，两边学生可以依次抒发自己作为这两个角色此时的心境，出来讲话的学生用手轻拍自己选择的角色肩头，然后说出自己作为这个人物的内心独白。

如选择辛弃疾舞剑反抗完颜千户，则由一个学生扮演辛弃疾，此时他手按宝剑，怒发冲冠，忍不住想一剑刺穿完颜千户，但又想到屋内的金兵以及祖父的处境，处在犹豫之中。当教师宣布开始时，其他学生可以依次用手轻拍"辛弃疾"的肩头，然后说出辛弃疾此时的内心独白。

通过以上的教学，教师引导学生们概括出少年辛弃疾的性格：聪颖、机智、嫉恶如仇、胸怀大志。

4. 中华思想文化术语"尽忠报国"

"尽忠报国"与南宋抗金名将岳飞相关联。元人所修《宋史》记载了岳飞后背刺有"尽忠报国"四字，但未说明何人所刺。岳飞死于1142年，辛弃疾生于1140年，两人虽然没有见过面，但血管里都澎湃着"尽忠报国"这一精神和信念。

---

① 山东之地，自金占领以后，先后受挞懒（即完颜昌）和伪齐的统治，《绍兴和议》签署后，南宋正式承认金对该地的统治。辛赞未任伪齐官吏，却出仕金朝，并且一直做到金朝南京开封府的知府。

"尽忠报国"蕴含了忠孝合一的儒家理念,至今仍是中国人爱国精神的典型表达。教师可请学生们列举中国历史上还有哪些"尽忠报国"的人物和事迹。

(三)疏松活动(10分钟)

板块目的:培养学生辩证分析问题的能力。

教师组织学生讨论:当身处乱世,国家濒临灭亡之时,是顾全大局苟且活命还是为国家拼死一战、以死报国?

教学提示

大部分学生会毫不犹豫地选择"拼死一战、以死报国",所以教师应该注意启发学生们深入思考:为什么"苟且活命"前面用了"顾全大局"?在什么情况下可以称为"顾全大局"?"苟且活命"之后,是过自己的小日子,还是会有其他作为?"拼死一战、以死报国"的最终目的并不是个人的牺牲,那是什么?还有没有其他方式"尽忠报国"?

(四)延伸活动(10分钟)

板块目的:培养学生共情的能力。

这里运用戏剧教育范式之一的"角色写作",即以角色身份写作,可以是一篇日记,也可以是一封家书或一个回信。需要在活动前有充分的情境铺垫,让学生从中展开想象,推敲角色的处境或状况,在经历了一些事情后有所思所想。

教师把学生分成四组,请学生们把自己当作是13岁的辛弃疾,写一篇500字的日记,描写自己在金朝统治下的地区的生活和心情。如时间有限,可以在课上只做小组讨论,每组讨论出写作的要点,然后在课下完成写作任务。

四、物资道具

1. 做"热身活动"用的旧报纸。2. 扮演少年辛弃疾用的剑（也可用木棒代替）。

第二节课

课程难度：3 级 │ 对应剧本：第二幕

一、教学目标

1. 主要术语：尽忠报国。2. 测评能力：合作能力、表现力和肢体控制能力。

二、背景知识

耿京起义：金正隆六年（1161），济南府农民耿京、李铁枪等人不堪金朝的繁重赋税，揭竿而起，率领当地农民攻占莱芜、泰安。不久，山东各地的小股义军贾瑞、辛弃疾等人纷纷率众前来投奔，连大名府的王九也表示愿受耿京节制。起义军迅速壮大。金大定二年（1162）正月，耿京率众收复东平（今山东东平），恰逢金军进攻两淮，于是他派诸军都提领贾瑞、书记辛弃疾等赴南宋行在奏事。南宋朝廷任命耿京为天平军节度使，知东平府兼节制京东、河北路忠义兵马，其他义军将领被补官的还有近 200 人。然而，就在辛弃疾前往临安时，耿京部下张安国被金收买，背叛了浴血奋战的同胞，耿京在海州惨遭杀害。不久，辛弃疾返回杀了张安国，率部归宋，继续投入到抗金的战斗中。

三、教学流程

（一）热身活动（10分钟）

板块目的：培养学生的团队协作能力和肢体表现力。

组织学生做"'活道具'游戏"。让所有学生一起用自己的身体依次组成战船、城门、大炮，并随指令一起移动。

（二）主题活动（60分钟）

板块目的：帮助学生了解起义军抗金的战争场面以及青年辛弃疾的事迹。

1.起义军抗金

这里运用戏剧教育范式之一的"音效模拟"，教师把学生分成四组，每组用现有的条件模拟出指定的音效：

——金军的骑兵呼啸而过；

——将士们战场厮杀；

——乱箭齐发，点燃战船；

——义军大捷欢呼雀跃。

2.追回印信

这里运用戏剧教育范式之一的"流言四起"，即参与者围坐成一圈，依次传播有关某个人物的传闻，这些传闻都是对于这个人物公开或者私下的评价或偏见。在传播这些谣言时要不断夸大其词。最后一个人的谣言变成公众对于这个人物的共识。这个范式可以帮助学生识别戏剧张力、矛盾冲突，理解公开和私下的不同，以设计和解释他人的行为。

本环节的流言是针对义军首领耿京的。与辛弃疾一起投奔耿京的和尚义瑞，听信了关于耿京的流言，窃取了辛弃疾负责保管的义军印信，准备献给金军。那么这些流言有哪些呢？教师可以让学生自行设计，并在这个环节体会流言造成的影响。流言参考：

——耿京农民出身，大字不识，胸无点墨；

——耿京性格粗暴，疑心重，看不起半路来投靠他的人；

——耿京带领的义军是一群乌合之众，缺乏粮草和武器，打不过金军；

——谁能把耿京的印信献给金军，金军会悬赏万金；

……

3. 活捉张安国

将学生分为四组，分析讨论辛弃疾带领五十将士活捉判将张安国的行动成功的要素，写在白纸上，并派一人代表本组做分享。

4. 青年辛弃疾的性格分析

在第二幕中，与青年辛弃疾相关的内容，一是他追回印信，二是他活捉张安国。教师可以请各组选择其中一个情节，运用戏剧教育范式之一的"思路追踪"进行教学。

通过以上的教学，教师引导学生们概括出青年辛弃疾的性格：意志坚定，有勇有谋，胆识过人。

（三）疏松活动（20 分钟）

板块目的：培养学生分析总结的能力。

教师组织学生讨论：从辛弃疾的哪些行为里，可以看出他青年时期"尽忠报国"的精神。

四、物资道具

1. 1 开（787 毫米 ×1092 毫米）大小的白纸，彩笔。2. 如有条件，可为"热身活动"准备一些战船、大炮等的纸质模型。

第三节课

课程难度：3 级 ｜ 对应剧本：第三幕

一、教学目标

1. 主要术语：豪放派、悲慨。2. 测评能力：想象力、肢体表现力和口语表达能力。

二、背景知识

1.《美芹十论》和《九议》

1165 年，辛弃疾写了十篇论文，又称《美芹十论》，分审势、察情、观衅、自治、守淮、屯田、致勇、防微、久任、详战，陈述抗金救国、收复失地、统一中国的大计。为什么叫"美芹"？指身份地位较低的人向位居高位者提出自己（浅薄）的建议，称"献芹"。这是自谦的用法。自从辛弃疾献了《美芹十论》之后，人们就把"美芹"作为忧国忧民、悲国家之颠覆的代名词了。

1170 年，他又写了九篇文章，合称《九议》，前三篇论述敌我形势以及北伐的战略任务，中三篇指出抗金的详细战术，后三篇则是后勤保障工作如何实施。

2. 陈亮

陈亮（1143—1194），原名陈汝能，字同甫，号龙川，学者常称其为龙川先生。南宋思想家、文学家。陈亮才气超迈，喜谈兵事。一生反对和议，力主抗金。遭人嫉恨，两度入狱。出狱后志气益励。绍熙四年（1193），被宋光宗亲擢为状元，授签书建康府判官公事，未及就任而逝，时年五十二岁。宋理宗时，追谥"文毅"。

三、教学流程

（一）热身活动（10分钟）

将学生分为两组，每组学生分别用"定格画面"的范式展现出下列景象：

——辛弃疾身处世外桃源，怡然自得（场景中的辛弃疾手拿酒杯）；

——辛弃疾在战场奋力拼杀（场景中的辛弃疾手握宝剑）。

让两组同学用"音效模拟"的范式为自己展示的场景加入各种声音。

（二）主题活动（70分钟）

板块目的：帮助学生了解南宋统治者的政策及辛弃疾的爱国主张。

1. 南宋统治者的政策①

这里运用戏剧教育范式之一的"会议"，教师来扮演宋高宗，让学生扮演大臣，共同讨论对待金军的政策：战还是和？以下材料作为教师启发学生思路时的参考：

主和派代表人物秦桧、汪伯彦、汤思退、万俟卨、史弥远，代表观

---

① 建议在本节课前，教师先请学生针对南宋朝廷的主战派和主和派的代表人物，进行资料搜集，包括他们的生平、代表性观点和事件等。

点：金兵强悍，硬打会再次亡宋；地方起义频发，攘外必先安内。

主战派代表人物宗泽、李纲、岳飞、辛弃疾、陆游、陈亮、韩侂胄，代表观点：祖宗基业不可丢，失去的故土必须收复；金人在北方不得民心，收复失地不是难事。

2. 朝中困境

这里运用戏剧教育范式之一的"流言四起"。让全体学生围坐成一圈，扮演南宋朝中大臣，他们因为嫉妒辛弃疾的功绩而歪曲事实，依次传播针对辛弃疾的谣言和诽谤：

——"花钱如泥沙，杀人如草芥"；

——"残酷贪饕，奸赃狼藉"；

——"交结时相，敢为贪酷，虽已黜责，未快公论"；

——"贪赃恣横，唯嗜杀戮，累遭白简，恬不少悛"；

……

3. 中年辛弃疾的性格分析

在第三幕中，与中年辛弃疾相关的内容，一是他在朝廷受到排挤、郁郁不得志，二是他的词作。

教师可运用戏剧教育范式之一的"良心巷"，让学生体会隐居期间辛弃疾的内心挣扎：是学习陶渊明寄情田园还是继续铁马金戈、驰骋战场？

对于辛弃疾词作的学习，教师可分组进行。把学生分成四组，每组可从以下三首中选择一首，可以用不同方式进行阐释，例如"定格画面"范式、为某首词编舞、用绘画的方式呈现词作内容等。

清平乐·村居

茅檐低小，溪上青青草。醉里吴音相媚好，白发谁家翁媪？

大儿锄豆溪东，中儿正织鸡笼，最喜小儿无赖，溪头卧剥莲蓬。

水龙吟·登建康赏心亭

楚天千里清秋，水随天去秋无际。遥岑远目，献愁供恨，玉簪螺髻。落日楼头，断鸿声里，江南游子。把吴钩看了，栏杆拍遍，无人会，登临意。

休说鲈鱼堪脍，尽西风，季鹰归未？求田问舍，怕应羞见，刘郎才气。可惜流年，忧愁风雨，树犹如此！倩何人唤取，红巾翠袖，揾英雄泪！

破阵子·为陈同甫赋壮词以寄之

醉里挑灯看剑，梦回吹角连营。八百里分麾下炙，五十弦翻塞外声，沙场秋点兵。

马作的卢飞快，弓如霹雳弦惊。了却君王天下事，赢得生前身后名。可怜白发生！

通过以上的教学，教师引导学生们概括出中年辛弃疾的性格：稳重，沉郁，慷慨悲凉。

4.中华思想文化术语"豪放派""悲慨"

（1）豪放派

辛弃疾是典型的豪放派词人，其词多以抗金雪耻、热血悲愤等为题材，并兼豪迈悲壮的词风，读来令人热血沸腾！譬如"醉里挑灯看剑，梦回吹角连营""想当年，金戈铁马，气吞万里如虎"等都寄托着时代英雄热血爱国的豪壮之气与悲壮之情。

教师可以请学生在上本节课之前，查找豪放派词人的词作（不限于辛弃疾的词作），在课堂上朗读。

（2）悲慨

"悲慨"即悲伤愤慨。是晚唐诗人司空图所概括的诗歌的二十四种风格之一。主要指诗作中所表现出的悲剧性情结。当诗人命途多舛或身处困境，或面对壮阔景观或大的事件而自觉力量渺小，会产生忧愁、悲哀、感伤、激愤的情绪，投射到诗歌创作中则形成"悲慨"风格。

教师可启发学生从三方面入手感悟辛弃疾词作中的"悲慨"，一是结合辛弃疾的生平；二是关注词作中的意象，辛弃疾多选用空间广阔的意象，如长江、白浪、西风、乱云、夕阳等；三是体会辛弃疾在词作中的感情。

（三）疏松活动（10分钟）

学生们围成一个圆圈，席地而坐，请每人回顾自己生活中所经历的逆境或困难，讲述自己当时是如何调整心态应对困难的。

四、物资道具

1.扮演辛弃疾所用的酒杯、宝剑。2.写有辛弃疾词作的 PPT 或者卡片。

第四节课

课程难度：3 级 ｜ 对应剧本：第四幕

一、教学目标

1. 主要术语：尽忠报国。2. 测评能力：合作能力和沟通能力。

二、背景知识

韩侂胄（1152—1207），南宋权相。后官至太师、平章军国事。韩侂胄任内禁绝朱熹理学，贬谪以宗室赵汝愚为代表的大臣，史称"庆元党禁"。他追封岳飞为鄂王，追削秦桧官爵，力主"开禧北伐"金国，因将帅乏人而功亏一篑。开禧三年（1207），在金国示意下，韩侂胄被杨皇后和史弥远设计劫持至玉津园杀死，函首送到金国，两国达成议和。卒年五十五岁。

后人对韩侂胄评价不一，《宋史》将他列入《奸臣传》。

三、教学流程

（一）热身活动（10 分钟）

板块目的：培养学生沟通及协作的能力。

"遥控同伴"游戏。教师将学生分为两两一组，将其中一个学生的眼睛用事先准备好的手帕蒙住，另一个学生用两人约定好的方式指挥同伴前进或后退。游戏可分两轮。第一轮：负责指挥的学生把手放在同伴肩膀上，用手部的不同暗号指挥同伴在教室内走动。第二轮：负责指挥的学生用两人约好的声音暗号指挥同伴在教室内走动。

（二）主题活动（50分钟）

板块目的：帮助学生理解辛弃疾晚年的心情。

这里可以运用戏剧教育范式之一的"坐针毡"：选一个学生扮演辛弃疾，坐在椅子上。指定一个学生为书记员记录对话中的关键信息。其他学生在他身边围成一个半圆，依次对他进行提问。提问的内容可以涉及辛弃疾对一生的回顾、对自己曾做出的选择是否后悔、如何评价自己，等等。

以上环节结束后，大家围坐成一个圆圈，在教师的带领下，回顾辛弃疾的一生，对他做出评价。

教学提示

正确评价历史人物是当今学生应该培养和具备的一种能力。教师可指导学生评价历史人物时运用科学的方法，如结合时代背景，分段法（同一历史人物本身是一个复杂的矛盾体，在不同发展阶段同样有不同特点），辩证分析法（根据历史人物的具体活动要一分为二地看待历史人物，分清历史人物的功与过）。

（三）疏松活动（30分钟）

板块目的：培养学生的主题创作能力。

教师把学生们分成四组，每组为剧本《尽忠报国——词坛飞将辛弃疾》设计一幅宣传海报，其中要包括对辛弃疾的一句话推介。然后进行分享。

四、物资道具

1.做游戏用的手帕。2.1开（787毫米×1092毫米）大小的白纸，彩笔。3."坐针毡"范式用的椅子。

◎ 剧本

主要人物及角色描述

辛弃疾： 自幼承继祖父之训，怀抱恢复热望、自北南归的壮志，但一生坎坷曲折。性格刚严果毅、豪迈宏阔而又细致缜密、情感丰富。

辛　赞： 辛弃疾的祖父。北宋灭亡后，为保家人平安不得已在金国做官，却始终以恢复宋朝故土、报仇雪恨为己任，夙兴夜寐，竭力谋划。

耿　京： 因不堪金朝的繁重赋税，揭竿而起，后统帅二十万义军抗金。在各地义军中势力最大。

陈　亮： 辛弃疾的好友，原名陈汝能，字同甫。才气超迈，喜谈兵事。反对和议，力主抗金。遭人嫉恨，两度入狱。

[第一幕]

▌| 第一场

[江西上饶铅山县，辛弃疾晚年居住地。秋日的一天，六十七岁的辛弃疾拄杖上台，站到舞台左侧，左侧设定为辛弃疾的书房。

辛弃疾： 真是老了，真是老了。最近除了"铁马冰河"入梦来，居然想得最多的是年少时和祖父在一起的时光。"少年不识愁滋味"，可是我的少年时光却充满了苦涩：年幼时，父亲便撒手人寰，是祖父承担起了对我的抚养教育。他一直把我带在身边，游历各地，教我诗文，教我熟读史书，明白世事背后的道理。还教授我兵法、剑术，给我讲豪侠的故事。

[老年辛弃疾身上的追光渐暗，舞台右侧出现刚上场的少年辛弃疾（大约十二岁）和他的祖父辛赞。辛弃疾佩带一把长剑。

少年辛弃疾： 祖父，我们到山顶要看什么？

辛　赞： 我在北望大宋的江山！你知道祖父为什么给你取名叫"弃疾"吗？

少年辛弃疾： 知道，祖父是希望孙儿能像汉代名将霍去病一般，收复失地，有一番作为！

辛　赞： （欣慰地点点头）你一定要记住，虽然我在金国为官，可我们是汉人，总有一天你要一雪国耻，收复大宋的河山！

少年辛弃疾： 孙儿一直牢牢记着呢。

辛　赞： 你给祖父背一首岳飞将军的《满江红》吧。

少年辛弃疾： "怒发冲冠，凭栏处、潇潇雨歇。抬望眼、仰天长啸，壮怀激烈。三十功名尘与土，八千里路云和月。莫等闲、白了少年头，空悲切。靖康耻，犹未雪。臣子恨，何时灭？驾长车，踏破贺兰山缺。壮志饥餐胡虏肉，笑谈渴饮匈奴血。待从头、收拾旧山河，朝天阙。

辛　赞： 好！"靖康耻，犹未雪。臣子恨，何时灭"！这位写《满江红》的岳飞将军已经被奸臣以"莫须有"的罪名杀害了。但他尽忠报国的英名，是那些奸臣无法抹去的。你也要向他学习，以光复大业为己任。

少年辛弃疾： 孙儿一定不辜负祖父的期望。

辛　赞： 听说你昨天和邻居家的孩子打了一架，是怎么回事？我让你练武，可不是让你用来欺负不会武功的弱小的。

少年辛弃疾：是那孩子骂您没有气节，明明是大宋的进士，却做了金国的官儿。孙儿气不过，就找他理论，结果动起手来了。但孙儿知道轻重，只用了五分力。

辛　赞：原来是这样。下次不可了。靖康二年，北下的金兵踏平开封，掳走了徽宗和钦宗。我们全族来不及举家南逃，于是就被金国朝廷威胁，无奈之下我只能出仕，一来是为了保全族人性命，二来也是想寻找机会，积蓄实力，等待我们宋朝的军队打来之时能起兵响应。也不知在有生之年，能不能等到这一天。

[家里仆人上场。

家　仆：（气喘吁吁）大人，不……不得了了！一群金兵闯进咱们府上，说让老爷准备大鱼大肉招待他们，否则就让咱们全都脑袋搬家！您快回府看看吧！

少年辛弃疾：（拔剑）这帮金人，欺人太甚！让我去宰了他们！

辛　赞：（长叹一声）如今，我们是寄人篱下，凡事忍字在先，切不可做事鲁莽，招惹是非！回府吧。

▋▏ 第二场

[舞台右侧，辛家院子。辛赞和辛弃疾回来后发现院子已被一群金军士兵占据。士兵们见到辛赞，大声吆喝起来。

金军士兵：大胆辛赞！我们完颜千户大人来地方巡查，你还不赶快好酒好菜伺候着！小心招待不周惹恼了我们大人，你可担待不起啊！

辛　赞：（心中厌恶，强颜欢笑）千户大人光临寒舍，实在是我们的荣幸！大人请上座！（吩咐仆人）备酒宰羊！

[丰盛的酒菜上桌，完颜与手下开怀畅饮。正在酒酣之际，倒酒仆人不小心把酒溅到完颜千户的靴子上，完颜大怒。

完颜千户：你这狗奴才，竟敢弄脏本大人的战靴，还不赶快给我舔干净！否则要你的狗命！

[仆人吓得面如土色，跪在地上瑟瑟发抖。辛弃疾看到这一幕，心中忧愤顿起，抽剑起身，蹭蹭几步来到完颜千户面前。

少年辛弃疾：大人，您光饮酒没什么意思，不如让弃疾为大人舞剑助兴如何？

完颜千户：你这少年倒会凑趣儿。好，那就舞吧。

[辛弃疾开始舞剑。刚开始，身形优美，完颜千户连连叫好。渐渐地，辛弃疾离完颜千户的桌子越来越近，一个横扫千军，剑就到了完颜千户的脑门上。完颜千户大惊，推翻了面前的桌子，人也吓倒在地上。

少年辛弃疾：（厌恶地哼了一声）莽撞了！

辛　赞：（假装训斥辛弃疾）你这孩子，真是没轻没重！千户大人乃是金朝贵族，文武兼备，是见过大世面的。刚才不过是为了让你这小孩子高兴，才故意装作被吓到的。你还真以为自己剑法了得啊。大人，是不是这样？

完颜千户：（在手下的搀扶下颤颤巍巍地站了起来，尴尬一笑）是啊是啊，我刚才是假装的、假装的。此真少年英雄啊！

[第二幕]

▋▏ 第一场

[舞台左侧，辛弃疾的书房，老年辛弃疾在这里出现。舞台右侧，耿京的军帐。

老年辛弃疾：可惜，祖父直到去世，都没有盼来光复故土的队伍。绍兴三十一年，我二十一岁，金主完颜亮率领六十万大军兵分四路发动大规模南侵。完颜亮自率主力东路军由寿春进攻淮南，宋国也派出将领迎敌，宋金狼烟再起。金国叫嚣着"百天之内，必定灭掉宋国"，大举入侵南方。为了抗金护家，我投奔当时实力最强的义军首领耿京。

[老年辛弃疾身上的追光渐暗，舞台右侧耿京的军帐内，耿京与青年辛弃疾对谈。

耿　京：兄弟，我是个粗人，一向不通文墨。正好你可以帮我管理文书。

青年辛弃疾：大人，小弟虽然自幼读书，但更愿意与大人讨论战事。

耿　京：打仗是我们这些粗人干的事，你还是做文人该做的事吧。

[士兵甲上场。

士兵甲：大人，大事不好了！跟辛弃疾一起来投奔您的那个叫义端的和尚，居然偷了义军的印信，跑了。估计是要献给金人，卖主求荣。

耿　京：（拔剑指向辛弃疾）义端和你住一个帐篷，印信又是交给你保管的。你俩是不是一伙儿的？他跑了，你可跑不了，我现在就杀了你！

青年辛弃疾：（镇定）大人，如果我俩是一伙儿的，我就不会现在还坐在这里。请给我三天时间，我一定把印信追回来！

耿　京：（半信半疑）好！我就给你三天时间！

▌| 第二场

[路上，义端骑马逃跑，辛弃疾骑马从后面追了上来。辛弃疾一剑将义端砍下马来。

义　端：（跪地求饶，掏出印信）我知道您力大能拔山，将来会有大造化。我把印信还给您。您就饶了我的小命吧。

青年辛弃疾：（接过印信）我不能饶恕一个叛徒。

[辛弃疾挥剑砍下义端的人头，掉转马头回营。

▌| 第三场

[舞台左侧，辛弃疾的书房，老年辛弃疾在这里出现。舞台右侧，济州衙门。

老年辛弃疾：我取回了印信，也获得了耿京的信任。在我的劝说下，他同意归顺宋朝，一起抗金，并派我去临安进行联系。我这趟出行顺利，朝廷封耿京为天平军节度使。就在我带着委任状回大营的路上，却听到了耿京被叛将张安国杀害的消息。

[老年辛弃疾身上的追光渐暗，舞台右侧济州衙门，张安国正和三个下属在喝酒。青年辛弃疾和三名将士从右侧悄悄上场。

青年辛弃疾：这次，我一定杀了张安国这狗贼，为耿大人报仇雪恨！

士兵甲：听说，金人对张安国许以高官重赏，要他设计杀害耿大人。这次我们义军失去首领，纷纷溃散，还有一部分被张安国劫持着投降了金军。

士兵乙：金人为了奖励这个狗贼，就派他来济州这里当知州。

士兵丙：这里是敌人的军事重镇。我们本来想把兄弟们都叫来，是辛大人说，带人太多，反而会惊动张安国。

青年辛弃疾：对。我们一共五十一人，都是一心为耿大哥报仇、不惧生死的血性男儿。前面就是张安国住的衙门。想必这厮正在大开酒宴呢。我们只管走进去，那厮看我们人少，定然轻敌。

众将士： 全凭辛将军吩咐！

青年辛弃疾： （走到衙门前，拍门）来人啊！我们要求见张安国大人！

仆 人： （跑到张安国面前禀告）知州大人，外面来了一个人，自称叫辛弃疾，请求面见大人！

张安国： （害怕地问）辛弃疾带来了多少人马？

仆 人： 没有带人马，只有四五十个随从。

张安国： （一下子放心了，趾高气扬起来）我这里四五万精兵，难道还怕他不成？他要见我有什么事吗？

仆 人： 小的问过，他只说要亲自见你面禀。

张安国的下属甲： 张大人威名震慑四海，定是那辛弃疾北归之后，听到大人在这里上任，特地前来投降归顺的。

张安国的下属乙： 言之有理。不然的话，辛弃疾纵有虎心豹胆，也不敢几十个人闯入济州城来。

张安国： 有道理。那好，这辛弃疾不是寻常人物，大家都随我到大门口迎接他去。

[张安国带领三个下属，走到门口，看见辛弃疾等人。

张安国： 辛将军，难为你还想着我……

青年辛弃疾： （"嗖"的一声拔出宝剑，一把抓住张安国的衣领，把剑架在脖子上）我是想着张大人，所以请张大人到郊外商议点小事，惊扰众人啦！

[辛弃疾和将士们把张安国捆了，拉上马，往济州城外飞奔。

众将士： （故意制造混乱）南宋的十万大军马上到了，大家快跑啊，快跑啊！

[舞台右侧灯光渐暗，舞台左侧追光打到老年辛弃疾身上。

老年辛弃疾： 这次我们不仅把叛徒张安国带了回来，而且济州还有一部分士兵原是耿京的旧部，被张安国劫持到这里，这些人听见我们的呼喊，立即杀了他们的将官，跟随我们一起直奔南方，足有上万人。活捉张安国，率万人渡江归南宋，这就是那年发生的故事。

[第三幕]

[舞台左侧，辛弃疾的书房，老年辛弃疾在这里出现。舞台右侧，中年辛弃疾家。

老年辛弃疾： 南归以来，我为朝廷兢兢业业，却屡遭弹劾诬陷。我统帅湖南，有人说我"用钱如泥沙，杀人如草芥"；我建"飞虎军"，有人说我"肆厥贪求，指公财为囊橐"；我与朝廷同道中人交好，有人指责我"故意结党，祸乱朝局"！真是欲加之罪，何患无辞！我被谤隐居到江西上饶的带湖新居，开始了将近二十年投闲置散的生活。

[舞台左侧灯光渐暗，舞台右侧中年辛弃疾家中，辛弃疾正在书桌旁填词，仆人领着他的好友陈亮进来。

仆 人： 大人，陈先生来看您了！

中年辛弃疾： （喜出望外）同甫！

陈 亮： 哈哈，我来的时间正好，幼安是不是又有新作问世？最近，大家都在传阅你的词作："茅檐低小，溪上青青草。醉里吴音相媚好，白发谁家翁媪？大儿锄豆溪东，中儿正织鸡笼，最喜小儿无赖，溪头卧剥莲蓬。"

中年辛弃疾： 惭愧，我在此地大部分时间都花在了田园之中。看惯了官场之上的勾心斗角，归隐自然后反而更加无拘无束。不过想起壮志未酬，又为自己这样"放任"感到惭愧。……不说那些了。来来来，你我今日要开怀畅饮！

陈　亮：好好好，今日一醉方休！

[两人走到桌边共饮。

中年辛弃疾：同甫为赴约，跋涉八百里来到瓢泉与我相见，令我感动不已！

陈　亮：哪里哪里，是你的雄才大略吸引我前来与你畅谈北伐之宏愿。你的《美芹十论》和《九议》虽未被皇上采纳，却在士大夫群中广为传诵，你的经邦济世之才和激扬的斗志、不屈的信心才让同甫钦佩不已。我曾到过建康京口勘察地脉山川，看到的是"一水横陈"的京口一带，所以我想京口地带可以作为北伐中原的快捷之道，对收复中原极其有利。

中年辛弃疾：同甫身为布衣，却能如此为大宋江山社稷着想，实在令我感动。你有孔明之才却能安贫乐道，不为金钱利益所动，着实令人敬佩。

陈　亮：我也是因为敬重幼安你的雄才大略和一颗赤子之心才会冒雪来访。如今朝廷尤厌言兵，只有与你相见才能一吐为快！朝廷偏安一隅，以为求和便可享受太平盛世。可殊不知金人对我虎视眈眈，我们理应"以战止战"才是上策啊！无论世道如何变迁，我定矢志不渝！今日，让我们斩马盟誓，一同收复大宋河山！

中年辛弃疾：好！一同北伐，收复失地！今日与君一席谈，心有所感，我来填词一首与君同赏！（唤仆人）拿纸笔来！

[仆人呈上纸笔。陈亮帮忙按着宣纸，辛弃疾挥笔。

陈　亮："醉里挑灯看剑，梦回吹角连营。八百里分麾下炙，五十弦翻塞外声，沙场秋点兵。马作的卢飞快，弓如霹雳弦惊。了却君王天下事，赢得生前身后名。可怜白发生！"好词，好词！慷慨豪放！世人说，幼安的词作每每于笔势浩荡、简略辐辏、气势磅礴之中，常流露出沉哀茹痛、侘傺悲壮、郁怀难诉的英雄难抒壮志之叹。此言不虚啊。

中年辛弃疾：有人填词故作洒脱，实际是喊口号。我是拿我的命去写文填词，这一辈子所感，都尽见于此中了。

[第四幕]

旁白：（老年辛弃疾的声音）宁宗嘉泰三年，主张北伐的韩侂胄起用主战派人士，我当时已经六十四岁，被任为绍兴知府兼浙东安抚使。我以为又有报国的机会了。谁知到了第二年，我就在一些谏官的攻击下被迫离职，重回故宅闲居。虽然后两年都曾被召任职，无奈年老多病，身体衰弱，无法就职。

[辛弃疾卧室内。辛弃疾妻子范氏正在陪病床上的辛弃疾说话。

范　氏：老爷，您说朝廷可笑不可笑，今年又打算再次启用您，还让您速到临安赴任。他们不知道，您已经如此病重了。

辛弃疾：唉，这是将帅乏人啊。皇上又想到了老朽。如果老朽的身体还行，我定当赴任，无奈……

范　氏：朝廷不是还有韩侂胄大人吗？他和老爷一样，是主战的。

辛弃疾：韩大人？唉，他好大喜功，眼高手低……不说也罢。金人几次暗示朝廷要想求和，就得杀掉韩大人。他现在也处在危墙之下啊。（强要起床）对了，你把我的宝剑拿来。

范　氏：老爷，您这病要好好休息。拿宝剑做什么？

辛弃疾：不知怎么的，我这几天做梦总是梦见祖父，梦见他站在庭院里，看我练剑。还有他带着我登高望远、指画山河。（扶着床边站了起来）

范　氏：（转身擦拭眼泪，把剑从墙上摘下，递给辛弃疾）老爷，剑在这里。

辛弃疾：（颤颤巍巍地接过剑，用尽全身力气拔剑）好宝剑！祖父，孙儿愧对您的教诲。

[辛弃疾恍惚回到战场，听到一片厮杀声、战马嘶吼声。

辛弃疾：（用尽全力，怒吼）杀贼！杀贼！

[辛弃疾倒在床上，溘然长逝。

[幕落。

◎ 排练说明

一、服化道建议清单

服装可参考电影《辛弃疾 1162》（导演张哲、张明国）。以宋朝服装为主。

主要道具：长剑、书桌、椅子、酒杯、酒壶等。

二、音乐清单

1. 第一幕第一场：开场背景音乐《云门夜雨》（洞箫）。

2. 第一幕第二场：辛弃疾舞剑，背景音乐为《壮士吟》（腾格尔演唱）。

3. 第二幕第三场：背景音乐《剑心》（张杰演唱）。

4. 第三幕：表演辛弃疾创作及陈亮朗读《破阵子》时，背景音乐《宋氏姐妹之歌》（日本作曲家喜多郎为电影《宋家皇朝》制作）。

5. 第四幕：结尾背景音乐《英雄葬礼》（谭盾为电影《英雄》制作）。

三、资料参考

1.《词坛飞将应犹在——辛弃疾传》（墨三著，北京工业大学出版社 2017 年版）。

2. 电影《辛弃疾铁血传奇》（导演李灵明）。

3. 电影《辛弃疾 1162》（导演张哲、张明国）。

四、其他（走位、分镜图、灯光等）

本剧以老年辛弃疾对自己一生的回忆为主线，采用"戏中戏"的方式展开剧情。在前三幕中，舞台布景分为两部分：左边是老年辛弃疾的书房，老年辛弃疾作为故事的讲述者来讲述右边布景的背景；右边则依照各场背景而定。第四幕开头，老年辛弃疾的声音作为旁白出现，舞台不再分为两部分。

（吴海燕）

第五章　勇——《兰陵王入阵曲》

◎　**中华思想文化术语**

[**勇**] "勇"的基本含义是勇敢。"勇"作为一种德行，要求在行事之时，不畏惧困难，不计较个人利害，始终坚守道义的原则，敢于制止违背道义的行为。"勇"的表现需要基于对道德、礼法的认知与遵守。如果缺少对道德、礼法的遵守，勇敢之行就会流于好勇斗狠或铤而走险，并导致社会混乱。

[**乐**] 古代六艺之一，常与"礼"并称。相较于各种外在的礼法规范，音乐最能感动人的内心并对人的言行产生影响。但并不是所有的音乐都属于儒家所说的"乐"的范畴。"乐"应能有助于人的性情处于平和中正的状态，使人的言行自觉符合礼的要求，从而实现人与人之间的和谐共处。"乐"常与其他礼仪形式配合运用，是维系人伦秩序、移风易俗的重要手段。

[**雅乐**] 典雅纯正的音乐。是古代帝王祭祀天地、祖先，举行朝贺、宫廷宴享及其他重大庆典活动时所用的音乐。"雅乐"多歌颂朝廷功德，音乐中正平和，歌词典雅纯正，其奏唱、伴舞都有明确的礼仪规范。历代朝廷都将雅乐作为推行教化、感化民风的重要手段。雅乐作为宫廷音乐，有保守的一面，但在实际历史发展中也注意吸收民间歌舞、异域歌舞的成分而不断创新，因而代表着不同时代的音乐最高水准。唐以后雅乐传入日本、韩国、越南等国，成为这些国家的乐舞文化的重要组成部分。

[**内美**] 内在的美好性情与品德。初见于屈原《离骚》，指先天禀赋的美德，由家族遗传及早期环境造就。与之相随的是"修能"，即初明事理后自觉自主地进行品德修养，并培养更多的才能。后来，用这一术语强调作者应该具有内在的美好性情与品德，高尚伟大的人格决定高尚伟大的文学。

◎　**剧本梗概**　　唐玄宗天宝年间，日本遣唐使阿部一郎要到大唐长安学习。临行前，他的老师托他寻找歌舞戏《兰陵王入阵曲》的音乐和舞蹈。阿部一郎到达长安后，却发现此部戏已被禁演。为完成老师的心愿，阿部结识了砌末师傅曹云、乐圣李龟年、舞姬公孙离，也因此得知了《兰陵王入阵曲》背后的传奇故事。

◎ 使用说明

（1）	**[设计思路]** 　　本系列课程以歌舞戏《兰陵王入阵曲》的诞生和流传为主线，体现中华思想文化术语"乐""雅乐"。同时，通过展现兰陵王高长恭的故事，将"勇""内美"等术语融入课程中。在教学过程中，剧本仅作为参考资料，不建议提前发给学生。教师应鼓励学生进行充分讨论，丰富剧情和角色，从而形成适合班级实际情况的剧目。书中提供的剧本包含两条线索，明线是阿部一郎寻找《兰陵王入阵曲》，暗线是兰陵王高长恭的故事。在设计教案时，设计者按照时间顺序，先讲北齐名将高长恭金戈铁马的一生，以及他如何发明了克敌制胜的"鬼面"，并被将士编为歌舞《兰陵王入阵曲》；然后再讲阿部一郎的故事，即剧本的剧情主体，这一部分虽然是剧本的主体部分，但理解起来难度不大，故在教案中仅用两个课时完成。教师在实际教学中应注意了解学生的前置经验。同时，因教案中涉及音乐、美术、舞蹈等多种艺术形式，因此教师可根据课程安排，组织学生通过观看视频等方式欣赏涉及的艺术形式。
（2）	**[课时安排]** 　　本系列教案每课时 45 分钟，共 8 课时，建议每次 2 课时。如学生人数较多，或欣赏内容较多，可适当增加课时。
（3）	**[课程难度]** 　　本系列课程第一节课难度为 1 级，之后的难度为 2 级。在进行舞蹈、美术、音乐等创作的环节，教师可根据学生情况适当调整。

第一节课

课程难度：1级（3级为最难）｜对应剧本：第三幕片段

一、教学目标

1. 主要术语：内美。2. 测评能力：合作沟通能力。

二、背景知识

高长恭（541—573），本名高肃，族名高孝瓘，字长恭，渤海郡蓨县（今河北景县）人。北齐宗室名将，神武帝高欢的孙子，文襄帝高澄第四子。

高长恭温良敦厚，貌柔心壮，音容兼美。起家通直郎、仪同三司。治军躬勤细事，累迁并州刺史，册封乐陵县公。废帝高殷即位，册封兰陵王，历任尚书令、大司马、太保、太尉等。联合段韶征讨柏谷，攻打定阳。平原王段韶患病后，总领部众。凭借军功，历封巨鹿、长乐、乐平、高阳等郡公。河清二年（563），突厥攻入晋阳时，奋力将兵退敌。河清三年（564），邙山之战时，担任中军将军，头戴面具，率领五百骑兵突破北周包围，成功解围金墉城，威名大振，受到士兵讴歌赞颂，即《兰陵王入阵曲》。随着权位扩大和威望上升，受到北齐后主的嫉妒和猜忌。

武平四年（573），因言"国事即家事"，坐罪鸩死，年仅三十二岁，追赠假黄钺、太师、太尉公、冀州刺史，谥号忠武。

三、教学流程

（一）热身活动（30分钟）

1. 掌声接力

全班站成一个圆圈，由教师开始，向一侧的学生拍手，这名学生顺着该方向继续拍手，传给第三位学生，以此类推，直到掌声回到教师这里为一圈。之后可多次进行，直到学生将注意力集中到课堂上，并且能连贯快速地完成接力。

2. 传接球游戏

全班站成一个圆圈，依次在圆圈中大声说出自己的名字，重复几遍之后，确认大家记住了彼此的名字。然后教师用一个篮球来进行接力：教师把球扔给圆圈中一个学生，同时叫出他的名字。接到球的人再扔给另外一个学生并说出他的名字，以此类推，直到班级中每个人都已经接到过球。抛球过程中不可以传给自己的"邻居"。

3. "猫抓老鼠"游戏

由一位志愿者扮演猫，另外一位志愿者扮演老鼠。请其他同学在圆圈状态下分散站开，相互之间保持一个人可以通过的距离。其他同学扮演的是柱子。

游戏规则：如果老鼠站在你面前，那你就会成为新的老鼠，之前的老鼠就站在你的位置上变成柱子。如果猫抓到老鼠（身体有触碰，即为"抓到"），猫随即变成老鼠，老鼠随即变成猫，开始新一轮的"猫抓老鼠"。

4."名字舞蹈"游戏

学生在空间中自由行走，之后两个人一组，进行自我介绍（除了"你叫什么"，还可以问"你名字的由来""你从哪里来""你有什么兴趣爱好"等等）。之后两个人分别扮演 A 和 B，两个人面对面。由 A 先开始，在空中用手指教 B 写出自己的名字，B 的手则要像镜面一样跟着 A 的手来移动，完成以后交换角色。两人都完成以后重新分组，找到新的 A 和 B 的组合，这一次仍旧是在空中写名字，但是要求用身体的另外一个部位，例如头、肘、背等。两人都完成以后再次重新分组，这一次要求两个人做同样的名字动作，但是要用不同的身体关节来进行，尝试开发不同的身体部位和方式。

如果时间充裕，在做"名字舞蹈"这一游戏后，教师可以组织分享展示：在最后的分组中，两人选出刚才所写的其中一个字，在大家面前进行分享展示。每个小组依次进行，轮到的组向前迈一步即可开始。过程中教师可播放一段轻音乐。音乐参考莱恩·罗德斯（Len Rhodes）创作并演唱的《安妮之歌》（*Annie's Song*）。

（二）主题活动（55 分钟）

1.引入故事背景

教师告诉学生，我们会讨论一个与"美"有关的故事，请学生们回答：你认为什么是美？长成什么样的人可以算是"美人"？请分享一下你所知道描写美人的诗句（如"一顾倾人城，再顾倾人国"，"回眸一笑百媚生，六宫粉黛无颜色"，"巧笑倩兮，美目盼兮"）。

请学生在空间中自由行走，一边走一边听教师讲述。教师讲述内容参考：

北齐时，有个叫高长恭的男子，相貌非常漂亮。他的父亲是北齐的皇帝，而他的母亲却是一个没有姓名的歌女。所以尽管皇帝很喜爱这个漂亮的男孩，却无法让他继承皇位。他生在一个战乱的年代，他的国家与邻国战争不断。而他们的皇室，也处在频繁的政治阴谋和斗争之中，他的叔叔和哥哥们，都虎视眈眈地盯着皇帝的宝座。

请学生停下来，分成四至六人一组，每个组会得到一张大白纸和马克笔。教师提问：请想象一下这样一位皇子，他的生活和经历会是怎样的？

这里使用戏剧教育范式"墙上角色"。请各小组先勾勒出一个高长恭的人物轮廓（线条），之后在人物的轮廓外，写下一些关于他的外在特征，例如相貌、身份、衣着等，轮廓里的地方留作空白。

各小组完成后，把白纸贴在教室墙上。

2. 分析人物关系

这里使用戏剧教育范式"定格画面"。将学生分为五个小组，每个组拿到一张字条，上面写有美男子高长恭小时候的一段经历，请各小组用一个定格画面展现字条上的内容。教师提示学生可以展现出人物的表情、动作以及人物之间的关系。分享的时候，教师邀请其他组的同学观看画面中的人物，猜猜他们在做什么，彼此之间有什么样的关系。

字条内容：

——高长恭在宫廷乐师、工匠中长大，他们甚至成了很好的朋友。

——高长恭喜欢和士兵一起玩，御林军首领传给了他一身武艺，教授他兵法。

——皇叔们担心高长恭有篡位的野心，密谋安排他到军队中打仗。

——哥哥们嫌高长恭貌美，缺乏男子气概，经常有意排挤、贬损他。

——父亲高澄很喜欢高长恭，但因为高长恭的母亲出身低微，他只能默默地关注这个儿子。

3. 分析人物性格

这里使用戏剧教育范式"思路追踪"。当小组在表演定格画面时，观看的学生可以依次上去轻拍扮演高长恭的学生的肩膀，并替他说出此时高长恭的内心想法。

以上环节完成后，教师启发学生们讨论：高长恭在这样的情况下长大，他的个性会受到哪些影响？他会具有怎样的内在特征？

4. 中华思想文化术语"内美"

先介绍"内美"：

> 内在的美好性情与品德。初见于屈原《离骚》，指先天禀赋的美德，由家族遗传及早期环境造就。与之相随的是"修能"，即初明事理后自觉自主地进行品德修养，并培养更多的才能。

教师请学生们讨论"内美"的含义：说一说你们认为高长恭具有什么样的"内美"？

之后重新绘制"墙上角色"，把对高长恭的个性特征和内美的描述，写在人物的轮廓里面。

（三）疏松活动（5分钟）

让学生们在教室中自由行走，回顾本节课所讨论的人物。

四、物资道具

1. 篮球。2. 大白纸、马克笔。3. "定格画面"所需的字条。4. 播放设备和音乐（具体见教学流程）。

第二节课

课程难度：2级（3级为最难） │ 对应剧本：第二幕片段

一、教学目标

1. 主要术语：勇。2. 测评能力：对人物个性的理解能力，对心理活动的分析及想象能力，对声音、动作、空间等元素的安排使用能力。

二、背景知识

《兰陵王入阵曲》（简称《入阵曲》）本属军队武乐，风格悲壮雄厚，古朴悠扬，后来传入民间，深得百姓喜爱，流传广泛。隋朝时期，《入阵曲》曾一度被列为宫廷曲目，在宫廷内部和朝廷仪式上为皇帝、妃嫔及朝廷大臣们演奏，可谓风靡一时。

唐朝初年，李世民大败刘武周，将士们又曾以《入阵曲》的旋律为基础填上新词，改编为后来著名的《秦王破阵曲》，用以歌颂李世民。据传言，唐玄宗李隆基（一说岐王李隆范）幼年时还曾为武则天演奏过《入阵曲》，并令武则天大为赞赏。不难看出，当时《入阵曲》颇为流行。

《入阵曲》为军队武乐，本属"健舞"，但到了中唐时期，却渐渐被娱乐化，失去武乐色彩，逐渐偏离原版，成为"软舞"。更可惜的是，唐玄宗李隆基登基之后，定义《入阵曲》为"非正声"，于是下诏禁演。由此开始，《入阵曲》在国内便渐渐失传。关于李隆基禁演《入阵曲》的原因，众说纷纭，并无定论。有人说李隆基是为了保证《秦王破阵曲》的地位而诏禁《入阵曲》，但此种说法并无确凿证据。

三、教学流程

（一）热身活动（10分钟）

1."五只青蛙跳"游戏

请学生站成一个圆圈，都饰演青蛙。第一个人开始跳起，并说"一只青蛙跳"，之后按顺序两个人跳，说"两只青蛙跳"，以此类推，到"五只青蛙跳"，再递减回"一只青蛙跳"。

2."身体对称"游戏

当教师说出身体的某个部位（如肩膀、肚子、膝盖、脚尖）时，所有人用手迅速碰一下，速度可以逐渐加快。教师喊出身体两个不同部位（如胳膊、脚尖）后，学生要让这两个部位相碰触并形成某种姿势，保持住姿势并且以这样的动作旋转或移动，构成简单的动作。

（二）主题活动（70分钟）

1.中华思想文化术语"勇"

先介绍"勇"：

"勇"的基本含义是勇敢。"勇"作为一种德行，要求在行事之时，不畏惧困难，不计较个人利害，始终坚守道义的原则，敢于制止违背道义的行为。"勇"的表现需要基于对道德、礼法的认知与遵守。如果缺少对道德、礼法的遵守，勇敢之行就会流于好勇斗狠或铤而走险，并导致社会混乱。

可见，"勇"始终是和道义联系在一起的。可以从这个角度启发学生思考：哪些你做的或者你听闻的行为，你认为是符合"勇"的定义的？"勇敢"和"莽撞"的区别是什么？

2. 战场受挫

教师用戏剧教育范式"故事棒"（可参考《爱民——怪人郑板桥》第二节课中的详细介绍，本处不再做详细标注）来讲述高长恭在战场受挫的故事。教师剧本参考如下：

> 高长恭第一次上战场。他在将士们的欢呼声中穿上盔甲，跨上骏马，率队奔赴战场，哒哒哒的马蹄声有节奏地响着，路上腾起的烟雾像一条黄色的彩带。但是，当他冲到对方大队人马面前时，对方将领一看，"这是哪里来的小伙子？长得实在太美，简直像个柔弱的绝世美女，男人哪里忍心下手动他一根毫毛"。敌军的首领挥着手取笑兰陵王说："妹子，我不忍心伤害你；回去吧，三天后派一个真正的男人来和我们交手！"说完，敌军中又是一阵哄笑，敌军在笑声中收起了兵器。

战场受挫后，高长恭该怎么办？接下来可使用戏剧教育范式"良心巷"。教师选出一名学生扮演高长恭，其他学生分成两列，面对面站立，形成一条"巷子"，中间的距离可以容纳一个人通过。这时高长恭站在巷子一头，另一头有位学生拿着他的兵器（可以用纸做成长剑）在等他。而现在，高长恭缓慢从巷子通过，当他走过的时候，左侧的同学要说出那些可能嘲笑他、让他退却的话语；右侧的同学则要说出那些支持他、鼓励他、让他可以前进的话语。当高长恭走完良心巷的时候，拿兵器的学生把兵器交给他，一旦他拿起兵器，就代表他要重上战场。

扮演高长恭的学生接过武器，教师询问他是否做好了上战场的准备，得到肯定的答复后，教师拿出一个面具，并为他戴上。

3. 面具制作

可使用戏剧教育范式"集体绘画"。教师把学生分成几组，由每组先讨论高长恭的面具应该是怎样的，然后教师给每组发白纸和彩笔，请每位学生都绘出自己心目中高长恭的面具，并用剪子、胶水、皮筋等制作成可戴在头上的。

如需要，教师可先搜集一些古代的面具图片，作为绘画参考。右图为唐代邛窑鬼脸面具。

4. 戴面具表演

学生们把自己制作的面具放到教室中间，然后所有人在教室中自由行走。教师播放一段音乐，每个人从教室中间的面具中，挑选其他人制作的一个面具。

选好面具后，全体学生站成一个大的三角形，最前头的学生饰演高长恭，并且作为歌队的引领者，手拿面具，跟随音乐（可以选黎允文演唱的《五虎封将》），缓慢地做出一些出征前的动作，后面的人模仿他的动作，展现有仪式感的戴面具的过程。

5. 勇挫敌军

教师讲述故事进展：

戴上面具的高长恭重回战场，奋勇杀敌，屡获战功，声名大震。河清三年（564），邙山之战时，北周攻打金墉（今河南洛阳东北故城），武成帝高湛派兰陵王高长恭与并州刺史段韶、大将军斛律光前往金墉救援，高长恭带领五百骑兵冲进北周军队的包围圈，到了金墉城下，高长恭成功替金墉解围，北周军队最后放弃营帐逃走。

在了解了高长恭在战场上的表现后，请学生们在高长恭"墙上角色"的轮廓里面增加对他性格的描述词。

（三）疏松活动（10分钟）

教师带领学生回顾术语"勇"：你们认为高长恭的勇是怎么来的？他的力量从哪里来？他是如何从自我怀疑、自我否定，以及他人的影响中走出来，建立信心和自我认同的？面具带给了他怎样的力量？戴上和摘下面具，他会有怎样变化？

四、物资道具

1. 大白纸、马克笔、彩色笔。2. 兰陵王的兵器和面具。3. 制作面具用的彩纸、剪刀、胶水、皮筋等。4. 播放设备和音乐（具体见教学流程）。

第三节课

课程难度：2级（3级为最难）｜对应剧本：第三幕

一、教学目标

1. 主要术语：内美。2. 测评能力：对人物的理解能力和塑造能力，对音乐、舞蹈等综合艺术的理解运用能力。

二、背景知识

芒山之捷[①]，后主谓长恭曰：入阵太深，失利悔无所及。对曰：家事亲切，不觉遂然。帝嫌其称家事，遂忌之。及在定阳，其属尉相愿谓曰：王既受朝寄，何得如此贪残？长恭未答。相愿曰：岂不由芒山大捷，恐以威武见忌，欲自秽乎？长恭曰：然。相愿曰：朝廷若忌王，于此犯便当行法，求福反以速祸。长恭泣下，前膝请以安身术。相愿曰：王前既有功，今复告捷，威声太重，宜属疾在家，勿预事。长恭然其言，未能退。及江淮寇扰，恐复为将，叹曰：我去年面肿，今何不发。自是有疾不疗。武平四年五月，帝使徐之范饮以毒药，长恭谓妃郑氏曰：我忠以事上，何辜于天下，而遭鸩也。妃曰：何不求见天颜？长恭曰：天颜何由可见。遂饮药薨。赠太尉。

——《北齐书·高长恭传》

---

① 即邙山之战。

三、教学流程

（一）热身活动（10分钟）

"将军说"游戏[①]：教师扮演将军，其他学生扮演士兵。士兵先在教室中自由行走。将军下达命令，士兵按照命令完成动作。

将军下达命令时需要以"将军说"三个字开头。比如"将军说：向右转"士兵们需要按照命令内容向右转。如果将军下达命令之前没有说出"将军说"三个字，则该命令无效。游戏过程中有效命令和无效命令可以穿插进行，也可请学生担任将军进行游戏。

（二）主题活动（70分钟）

1. 众口铄金

这里运用戏剧教育范式"流言四起"和"教师入戏"。

教师告诉学生，邙山之战后，兰陵王高长恭的威望在将士、百姓之中达到了相当高的水平，成为了人们心目中的英雄。然而不要忘了，高长恭还有一个身份：他是一位皇子，一位生长在政治斗争漩涡中的皇子。现在让我们回过头来，看看在邙山之战之后，别人如何看待他。

教师请学生们扮演正在准备上早朝的大臣们。先请学生确认自己的身份，如皇亲国戚、兵部侍郎、谏官。假设现在是早朝开始前，大臣们在殿前等待觐见皇帝。大家得知了兰陵王在邙山大捷中立功的消息，于是开始议论。

大臣们边走动边闲谈，每个人至少要向他人传达出去一条自己对高长恭的看法，也至少要听到一个别人向自己传达的看法。

大臣们的闲谈停止。教师扮演皇帝高纬，向大臣们询问兰陵王高长

---

① "将军说""官兵说""龙三太子说"等均是同一类游戏。此类游戏的目的是让学生感受剧本中的权威人物带来的压迫感。教师可以视剧本内容进行灵活改编。

恭在邙山大捷中的表现，并与大臣们讨论应该如何论功行赏，请大臣们给出一些建议。教师剧本参考：

> 各位爱卿，想必诸位都已经听说了战报，兰陵王实在是英勇善战，又立一大功。可是这爵位我封过了，土地也封了，黄金、美人我是样样都给过了。你们说，总不能把我这皇位也给他吧？诸位爱卿，关于给我这位四哥的奖赏，你们有什么建议啊？

大臣们此时要把自己听到的"流言"说出来。通过这个环节，学生们对故事情节可以有更深刻的认识，而且也会认识到：谣言有可能会变成公众对于某个人物或事件的共识。

2. 引起猜疑

这里运用戏剧教育范式之一的"聚光灯"，即将表演聚焦到某一个段落或某一小组。可以让每个小组先准备一段表演，并选取这段表演中最重要的一部分，依次进行展示。在某一小组进行表演时，教师让其他人暂停，集体观看该小组的表演。

教师把学生分为两人一组，一个扮演皇帝高纬，一个扮演兰陵王高长恭。此时兰陵王班师回朝，皇帝召见了他。这对兄弟同时也是君臣，会发生怎样的对话呢？请每组设计并表演一段对话。

每个小组选出最关键或者最重要的对话，在班级中进行分享表演。开始之前，每个小组都以定格动作摆好这段对话发生时两人的动作，等到轮到时，这个小组就活动起来，进行分享表演，中间不要间断。

3. 内心冲突

教师告诉学生：高长恭察觉到皇帝对他的猜忌，于是他选择隐退。

教师先把学生分为三或四人一组，然后朗读高长恭所采取的行动，小组听到后，迅速做出反应，在5秒钟之内，组成一个定格画面。

高长恭所采取的行动：

——故意收受贿赂，假装敛财；

——故意冷落他人，对百姓无礼傲慢；

——不再亲自入军营，闭门不见老战友；

——有出征命令时，故意装病在家，推脱不去。

如果时间允许，可以在这里加入"默剧表演"，即：每组设计一段30秒的默剧表演，要求以高长恭的外在行为的定格画面开始，逐渐过渡到心理活动的定格画面。即开始时展现高长恭外在的实际行为，结尾时停在高长恭独处时真实的内心感受。分享表演时，可播放音乐，如意大利阿尔比诺尼（Albinoni）的《G小调柔板》（*Adagio for strings and organ in G minor*）。

4. 含恨而终

高长恭最终也没能躲过皇帝的怨恨。没过多久，高纬便派人送了一杯毒酒到高长恭家中，将他赐死。后来，他的妻子郑妃殉情而死。兰陵王死时年仅32岁。

教师请学生们回顾术语"勇"和"内美"的含义，集体讨论：在高长恭端起毒酒的一刹那，他在想什么？

5. 传奇舞乐

本环节只为《兰陵王入阵曲》做简单介绍。教师可请学生们先猜测这首《兰陵王入阵曲》有可能是一个怎样的表演。例如，它是节奏很快的还是很慢的，是一个人表演的还是几个人表演的，表演的动作、音乐、表演的服装大概是什么样的。

（三）疏松活动（10分钟）

教师请学生们讨论：什么样的艺术表演可以超越它本身的时代，成为流芳百世的作品？

参考：

唐朝时期的中国，不仅经济上富庶繁华，而且在文化领域也极其繁荣，而作为唐朝代表的诗歌更是因此发展到了封建时期的巅峰，我们可以毫不夸张地说，唐朝是诗歌高度成熟的黄金时代。

据不完全统计，在唐朝289年里，有名气的诗人数量就高达2300多位，创作出的诗歌就超5万首，这已经是西周到南北朝1600多年遗留诗歌总数的两到三倍！

在如此海量的诗人和诗歌中，要想脱颖而出并青史留名，难度之大可想而知，然而仍有寥寥数位诗人，虽然一生都默默无闻，却能以一首诗流芳百世，其中最典型的诗人就是张若虚，而他的那首《春江花月夜》，更有"孤篇盖全唐"之誉。

> 春江潮水连海平，海上明月共潮生。
>
> 滟滟随波千万里，何处春江无月明！
>
> 江流宛转绕芳甸，月照花林皆似霰；
>
> 空里流霜不觉飞，汀上白沙看不见。
>
> 江天一色无纤尘，皎皎空中孤月轮。
>
> 江畔何人初见月，江月何年初照人？
>
> 人生代代无穷已，江月年年祇[①]相似。
>
> 不知江月待何人，但见长江送流水。
>
> 白云一片去悠悠，青枫浦上不胜愁。
>
> ……

---

① 一说为"望"。

四、物资道具

1.播放设备和音乐（具体见教学流程）。2.写有《春江花月夜》诗的 PPT。

第四节课

课程难度：2级（3级为最难）｜对应剧本：第三幕

一、教学目标

1.主要术语：乐、雅乐。2.测评能力：对空间、人物等元素的安排使用能力。

二、背景知识

我国和日本在两千多年以前就开始展开音乐文化的交流。而在我国的隋唐时期，尤其是从日本的圣德太子（574—622）摄政时期开始，中日两国之间的友好往来日益频繁，日本曾先后派遣"遣隋使"和"遣唐使"到我国学习，其中每个使团都设有音乐长、音乐生，他们学习我国的音乐，并带回到日本，从而使我国音乐在日本国土上广泛流传，对日本的音乐产生很大的影响。《兰陵王入阵曲》东传之后，日本人将其视作正统的雅乐，格外珍视，据说日本古代五月五日的赛马会、七月七日的相扑节会等重大节会，都会演奏此曲，直到现今日本奈良元月十五日的"春日大社"举行的日本古曲乐舞表演中，《兰陵王入阵曲》仍会作为重要的表演节目。

三、教学流程

（一）热身活动（5分钟）

"猫抓老鼠"游戏：由一位志愿者扮演猫，另外一位志愿者扮演老鼠。请其他同学在圆圈状态下分散站开，相互之间保持一个人可以通过的距离。其他同学扮演的是柱子。

游戏规则：如果老鼠站在你面前，那你就会成为新的老鼠，之前的老鼠就站在你的位置上变成柱子。如果猫抓到老鼠（身体有触碰，即为"抓到"），猫随即变成老鼠，老鼠随即变成猫，开始新一轮的"猫抓老鼠"。

（二）主题活动（75分钟）

教师先问学生：有谁喜欢音乐、舞蹈、戏剧这样的艺术形式？选几位学生用一句话介绍自己喜欢的某首歌曲、某段舞蹈或某部戏剧作品。

教师事先准备好两个不同版本的《兰陵王入阵曲》（古筝版与日本雅乐版），然后播放给大家听。

1.中华思想文化术语"乐""雅乐"

先介绍"乐""雅乐"：

"乐"是古代六艺之一，常与"礼"并称。相较于各种外在的礼法规范，音乐最能感动人的内心并对人的言行产生影响。但并不是所有的音乐都属于儒家所说的"乐"的范畴。"乐"应能有助于人的性情处于平和中正的状态，使人的言行自觉符合礼的要求，从而实现人与人之间的和谐共处。"乐"常与其他礼仪形式配合运用，是维系人伦秩序、移风易俗的重要手段。

"雅乐"是指典雅纯正的音乐。是古代帝王祭祀天地、祖先，举行朝贺、宫廷宴享及其他重大庆典活动时所用的音乐。"雅乐"

多歌颂朝廷功德，音乐中正平和，歌词典雅纯正，其奏唱、伴舞都有明确的礼仪规范。历代朝廷都将雅乐作为推行教化、感化民风的重要手段。雅乐作为宫廷音乐，有保守的一面，但在实际历史发展中也注意吸收民间歌舞、异域歌舞的成分而不断创新，因而代表着不同时代的音乐最高水准。唐以后雅乐传入日本、韩国、越南等国，成为这些国家的乐舞文化的重要组成部分。

请学生们分小组讨论：我们今天所说的宽泛的"音乐"和中国古人所说的"乐"，以及古代所谓的"雅乐"，有什么相同和不同之处？"乐"和"雅乐"与我们刚才听到的两首曲子，有什么关联？

2. 寻找《兰陵王入阵曲》

教师讲述：唐玄宗下令禁演《兰陵王入阵曲》，时间长了，不仅在长安已经没有人表演《兰陵王入阵曲》了，而且很多人也渐渐忘了《兰陵王入阵曲》曾经风靡过。这时有一位日本留学生，开始走访长安的各处，想要学习这首《兰陵王入阵曲》。

教师将学生分成三个组，在每个小组中选出一个学生扮演日本留学生，他要去拜访了解《兰陵王入阵曲》的人（由教师扮演受访者）。教师和学生一起做一段即兴表演，展现这位留学生寻找《兰陵王入阵曲》的过程。被访者为：

——曹云：一位年纪很大的砌末师傅；

——李龟年：一位很有名的宫廷音乐家；

——公孙离：长安城的舞姬。

请各小组先抽取写有受访者名字的纸条，然后根据受访者的身份，组内先商量一下将如何与受访者交谈，并为做表演的学生制定一个表演计划。

分享表演时，全班学生坐成一个圈，每个组依次派出一名学生，与教师扮演的受访者展开一段即兴表演。

（三）疏松活动（10分钟）

教师讲述：假设我们在唐朝，《兰陵王入阵曲》经历过北齐、隋朝、唐朝前期的流传，可能会产生一些变化，变成了在民间十分受欢迎的表演，许多舞乐团、教坊都在搬演这个曲目。

学生们自己组成五个小组，每个组都会扮演一个长安的舞乐团，今天晚上你们将会演出《兰陵王入阵曲》，请你们绘制一张可以张贴在演出场所外的海报，宣传你们的演出。可以为你们的舞乐团起一个名字，设计演出的时间和地点，主演的名字等等，但表演的曲目就是《兰陵王入阵曲》。之后小组分享展示画作。

四、物资道具

1.写有受访者名字的纸条。2.播放设备和《兰陵王入阵曲》音乐（古筝版与日本雅乐版）。3.大白纸、彩色笔。

◎ **剧本**

主要人物及角色描述

阿部一郎：日本遣唐使团成员，乐师，热爱音乐，痴迷中华文化。

曹　云：曹家班的砌末 ① 师傅，保存了《兰陵王入阵曲》的服装、道具。

李龟年：唐朝有名的宫廷音乐家。具有较高的艺术造诣，擅歌、擅吹筚篥，擅奏羯鼓，也长于作曲。

公孙离：长安城的舞姬，擅长西河剑气舞，性格爱憎分明。

[**第一幕**]

旁白：日本天平胜宝二年，也就是唐玄宗天宝九年（750），日本再次派了一批遣唐使，赴大唐长安学习。这批人中，除了官吏、医师、僧人以外，还有一批乐师，他们奉命来长安学习大唐舞乐。而阿部一郎，就是他们其中的一员。

[夜晚华灯初上，长安街上一片繁华景象，种种表演争奇斗艳。

阿部一郎：不愧是大唐长安！惊鸿、凌波、踏摇娘、参军戏……以前都只是听说，终于见到真人表演了！真是厉害！太厉害了！

[一郎激动地记录着看到的一切，不由自主地模仿着各种动作，突然想起了自己的事情。

阿部一郎：（问同伴）你这几天看到长安有人表演《兰陵王入阵曲》吗？

同　伴：没有听说过啊。你为什么要问这个？

阿部一郎：临行前，我的师父交给我一项重要任务——他年轻时也曾作为遣唐使来过长安，当时他观赏过一个非常绮丽的舞乐表演，叫作《兰陵王入阵曲》。但因为种种原因，他没能学会这首舞乐，只带回了一副据说是表演时所用的面具，就是现在我手里拿的这副。此行他托付我，务必要学会《兰陵王入阵曲》！他说这首舞乐一定会成为震惊日本的伟大作品！

同　伴：原来是这样。那你可以去问问街上的演员们。

阿部一郎：（拦住一个表演杂技的演员，拿出手里的面具）请问你们表演《兰陵王入阵曲》吗？

演员甲：不不不，我们不演！

阿部一郎：（拦住一个表演狮子舞的演员，拿出手里的面具）请问你们表演《兰陵王入阵曲》吗？

演员乙：从来都没听过！

阿部一郎：哎？没听过，《兰陵王入阵曲》应该是很盛行的舞乐啊！

[曹云是百戏班"曹家班"的砌末师傅。他在一旁整理道具，听到了阿部一郎的询问。

曹　云：（放下手里的活儿）年轻人，别费功夫了，在这里你是问不到《兰陵王入阵曲》的！

阿部一郎：为什么？

曹　云：这一带的都是百戏班子，演些小曲杂技、舞龙舞狮的，都是不入流的。像《兰陵王入阵曲》这样的舞乐，得上教坊看去。

---

① 砌末是戏曲舞台上大小用具和简单布景的统称，如文房四宝、灶台、马鞭、船桨，以及一桌二椅等。

阿部一郎：那请问您说的教坊怎么去？

曹　云：（陷入回忆）其实，去教坊你也看不到，《兰陵王入阵曲》好多年前就被皇上禁了，现在早就没人演了。

阿部一郎：被禁了……怎么会？

曹　云：你不是本地人吧？

阿部一郎：我是日本遣唐使，我叫阿部一郎。请问您怎么称呼？

曹　云：我是曹家班的砌末师傅曹云，专门做这些服装、面具的。你手里的是兰陵王代面吧，我看看。（接过面具，大吃一惊）这……这是从哪里来的？

阿部一郎：我师父托付给我的。说是他从前在长安留学时，一位演员送给他的。

曹　云：这是我父亲表演兰陵王时用过的面具！

阿部一郎：（惊喜）你确定？你怎么知道？

曹　云：这面具是我做的啊，你看，这后面，还刻着一个祥云图样，就是我的标记！

阿部一郎：太好了！请问，您父亲现在在哪里？能否请他教我这首舞乐？我受师父嘱托，一定要将《兰陵王入阵曲》学会带回日本！

曹　云：《兰陵王入阵曲》遭禁后，我父亲急得生了病，从此一蹶不振，没几年人就去了。

阿部一郎：（黯然）对不起……

曹　云：没事，年轻人，都过去了。

阿部一郎：请问，大唐皇帝为什么禁演《兰陵王入阵曲》？

曹　云：你可知道《兰陵王入阵曲》演的是啥内容？

阿部一郎：听师父说起过，是表演北齐的一位将军兰陵王杀敌的故事。

曹　云：就是嘛！你想想，当时北魏北齐北周是连年征战，那时留下的舞乐全是打打杀杀的。到了本朝，咱和平了，开元天宝，盛世太平，得唱治世之音，要还老唱这打打杀杀、你死我活的，皇上能让吗？不知道的还以为是要造反呢！

阿部一郎：可是，表演又不是真的打仗……

曹　云：朝廷可并不这样想。说是，观众看了你的舞乐，得感觉和平、踏实、欢乐、安详。你再看看这兰陵王面具，青面獠牙、怒目圆睁，观众看了能不害怕吗？台上演的确实是假的，可台下想的都是真的。

阿部一郎：但这样的话，《兰陵王入阵曲》没人再演，不就失传了吗？

曹　云：要说失传，倒也未必。

阿部一郎：什么意思？您能够表演这首曲吗？

曹　云：哎，我没能耐继承我父亲的那手绝活儿，不过，行头砌末这块，我可是行家！

[曹云搬过一个箱子，打开箱子，从底部翻出一个布包，里面是一套略显旧色但完整无损的戏服和几样道具。一郎眼睛一亮。

阿部一郎：我听师父说过，大红袍袖、黄金腰带、皮绣裲裆、短剑长鞭……这是表演兰陵王的服饰！

曹　云：就是，配上你手里那个黄金鬼面，正好是一套！

阿部一郎：曹师傅，一郎有个不情之请……

曹　云：（点点头）知道了，你是真心爱《兰陵王入阵曲》的人。得了，这套行头送给你了。反正跟着咱，也无非是在箱子底下压着，给了你倒也许能发挥作用。不过，你可要保存好啊！

阿部一郎：谢谢您，曹师傅！我一定会好好保存、好好珍惜这套行头的！

曹　云：（摆摆手，似乎也有些惆怅，不愿意说下去）对了，你不是也想学《兰陵王入阵曲》的舞乐吗？

阿部一郎：是的。哪里可以学到？

曹　云：你去东都洛阳，找一个人，他可以教你《兰陵王入阵曲》。

阿部一郎：找谁？

曹　云：乐师李龟年。

[第二幕]

[东都洛阳，暮春时节。李龟年的府第，大门四开。阿部一郎背着琵琶走进庭院，看见几个伶人练习舞蹈动作，旁边正在摆弄乐器的，就是李龟年。李龟年旁边正在指导伶人舞蹈动作的，是李龟年的弟弟李彭年。

阿部一郎：请问，哪位是李龟年老师？

李彭年：（指指李龟年）大哥，找你的。

李龟年：（走到阿部身边，特别认真地看了看他背的琵琶）五弦琵琶？

[阿部一郎把琵琶摘下了来，恭敬地递过去。

李龟年：（弹拨了一下）受潮了？

阿部一郎：（吃惊）您怎么知道？我是从日本来，琵琶在海上受潮了。

李龟年：哦！原来是日本琵琶，有意思！你找我什么事？

阿部一郎：我找您学习《兰陵王入阵曲》。

李龟年：（大笑起来）《兰陵王入阵曲》？哈哈哈，那都是老黄历了。如今我唐乐早是另一番面貌了！（抄起一面鼓）想学乐，西域的羯鼓怎么样？

阿部一郎：不是说如今的唐乐不好……但我是受人之托，一定要学会这首曲。

李龟年：原来如此，《兰陵王入阵曲》的舞乐，我们倒是演过。只是现在不让演了，你学的话要小心啊。

阿部一郎：我已经听说了禁演的事情，但我师父说这是很好的舞乐，如果它不能再现大唐，我也要带回日本去。

李龟年：哎呀，好啊，你有这番心就是好啊。也罢，反正这是在东都洛阳，又在自己的宅院里，但演无妨。彭年，看你的了！

阿部一郎：怎么，不是龟年先生您来表演吗？

李龟年：是啊，不过我弟弟彭年善舞。他来舞，我奏乐！

李彭年：可我没有面具啊！

阿部一郎：（掏出面具）我这里有！

李彭年：好啊，有备而来！

[李彭年摆开架势动作，李龟年击鼓，战鼓声起。

李龟年：《兰陵王入阵曲》，若只有曲子，就看不出妙处，需要歌、舞、乐一起才有意思！更要紧的是，这首舞乐，是有戏，有人，有故事！

阿部一郎：什么故事？

李龟年：兰陵王杀敌！

[舞台另一处空间，原本暗淡的灯光渐渐亮起。北齐将士和突厥将士上场，兰陵王高长恭长相俊美，正准备与突厥将军交手。

李龟年：兰陵王名叫高长恭，是北齐文襄帝高澄的第四个儿子。此人勇猛果敢，年纪轻轻便屡建战功。

突厥将军：对面的，别畏畏缩缩的！可敢派出一将与我大战三百回合？

兰陵王：北齐兰陵王高长恭迎战！

李龟年：可是这位大将军有个弱点，便是他生得一副女人模样——细眉杏眼，面白如玉。

突厥将军：（仔细一看）哎哟！我当是什么高将军，原来是个娘娘腔！

突厥兵甲：就这样的也能带兵打仗？赶紧滚回家喂奶吧！

突厥兵乙：小将军长得好漂亮，不如来我家做将军夫人吧。

[突厥士兵大笑。

李龟年：如此一来，还未开战，气势便弱了三分，急躁倒是多了五分。

北齐兵甲：怎么如此嘲笑我们将军！

北齐兵乙：将军，不能忍气吞声啊！

兰陵王：正是！待我取了他项上人头！

[两军交战一番，双方损失惨重，兰陵王生还。

兰陵王：（悲愤）此番损兵折将，只因军中气势渐弱，且中了对面激将之法。生得这一副漂亮皮囊有何用处，反成了他人笑柄！

李龟年：于是，兰陵王高长恭想到了一个办法，他打造了一副面具，此面横眉立目，犬牙交错，凡人视之皆心生畏惧。自此，兰陵王上阵必戴此面，威慑三军，加上他高超的武艺和军事才能，从此便更是战无不胜、攻无不克，堪称战神。

兰陵王：将士们，金墉城被围困多时，城中百姓弹尽粮绝，无奈敌军人数众多，一时无法攻破……但我们不能放弃，大家都是北齐好男儿，随我杀进洛阳城！

[音乐响起，兰陵王冲杀挥刺，另一边李彭年模仿他的动作。

李龟年：在邙山大捷中，兰陵王骁勇异常，亲自率领区区五百名骑兵，杀入北周大军围困的金墉，打得敌军四处奔逃，从邙山到谷水三十里间，到处都是北周军丢弃的兵甲辎重！

兰陵王：（喊话金墉城门的守卫）金墉城守，围困已解，还不快开门！

守卫甲：什……什么人？面目好生吓人！

守卫乙：莫开，莫开，这是厉鬼索命啊！

兰陵王：（揭开面具）别怕，是我，北周军已退，开门吧！

守卫甲：是高将军！是兰陵王！快把吊桥放下来！

守卫乙：是高将军！高将军杀退了北周军！高将军威武！兰陵王威武！

李龟年：于是北齐士兵为了赞颂他们的将领，便创作了这首《兰陵王入阵曲》，展现他的勇武。所以此舞表演时，优人必戴一鬼面，手执兵刃，动作则是劈、砍、挥、刺。

[李彭年跟随节奏做了几个动作。阿部一郎激动地鼓起掌，李彭年把面具还给一郎。

阿部一郎：原来，兰陵王代面是这样来的！

李彭年：许久没演了，倒有些生疏。

阿部一郎：两位老师，此曲禁演，你们不觉得可惜吗？难道你们就忍心看着这样优秀的舞乐消失，不准备做点什么吗？

李龟年：年轻人，时过境迁，我们小小的乐人，又能做什么呢？

阿部一郎：您怎么是小小的乐人呢？听说您是当今乐坛的重要人物！

李龟年：是啊，但前朝有前朝乐，本朝有本朝舞。我更愿意顺其自然，为此时此地奏乐起舞啊！

阿部一郎：那这么好的舞乐，不就丢了吗！

李彭年：放心，丢不了！

李龟年：《兰陵王入阵曲》，好乐，好舞，好戏！你知道好在哪儿吗？

阿部一郎：好在它的动作、气势、意境！

李龟年：错！好在它就算形没有了，但是它的神还在我这几根弦上，它的魂还在彭年的指尖上。

阿部一郎：什么意思？

[阿部一头雾水，李龟年忽然又爽朗地笑起来。

李龟年：意思就是……哈哈哈，算了，你不是想学这曲吗，在我家学就是了，住在我家也可，地方有的是。

阿部一郎：真的吗？真是万分感谢！

李彭年：对了大哥，《兰陵王入阵曲》不是还有"软舞"吗，我们只能教他"健舞"。

李龟年：你不说我还真忘了！我们兄弟确实只会这"健舞"版本的入阵曲，但这首舞乐还有另外一个"软舞"的版本。

阿部一郎："软舞"在哪里能找到？如果可以的话，我也想学会！

李彭年：我记得阿离姑娘舞过。

李龟年：（对阿部）哦，我们有个朋友，是"软舞"的行家，她叫公孙离，不过她们师徒都在长安，你要想学的话，就去长安找她吧！

旁白：阿部一郎在李龟年家住了两月有余，学会了《兰陵王入阵曲》的演奏和舞蹈，并记录了曲谱。之后他再次动身前往长安，寻找另一个版本。

[第三幕]

[长安，入秋时节。管家带阿部一郎从后门走进一所宅第。

管　家：阿部师傅，今天我们安大人宴请来宾，找了不少舞姬表演助兴，阿离姑娘也在里面呢。

阿部一郎：多谢！

[两人刚进门，就看到一个持伞、穿着披风的年轻女子，气冲冲地从门里走出来。

管　家：哎？这不是阿离姑娘吗？怎么走了？演完了？

公孙离：不演了！一帮什么大人，欺人太甚！

管　家：（一边说话一边往里走）怎么回事？

阿部一郎：（停住脚步）您就是公孙离师傅？

公孙离：（正在气头，一边说话一边准备离开）你又是什么人？

阿部一郎：我是阿部一郎，我从日本来……等一等，李龟年师傅叫我来找你，他说，你会表演《兰陵王入阵曲》的"软舞"，我想找你学习！

公孙离：巧舌如簧！我如何信你，再说这《兰陵王入阵曲》哪是什么人都能学的！

[这时走出一个安府家仆。

家　仆：站住，公孙姑娘，你上哪去！安大人的面子你也不给吗！

公孙离：呸！什么面子里子，他们面子上倒是穿得体面，可是欺负人眼睛都不眨！这样的家宴我不演也罢！

家　仆：这可不是你想不想演的事！

[家仆上来要抓公孙离，公孙离以伞为剑，一刺一撑，伞面正打在家仆脸上，阿部也上前帮忙，把家仆打倒在地。两人一起跑出安府。

公孙离：刚才谢谢你啊。

阿部一郎：您可以教我《兰陵王入阵曲》吗？

公孙离：（情绪缓和下来）你这人真是死脑筋。这曲被禁了，你不知道吗？

阿部一郎：我知道，被禁的是"健舞"的版本，你会的"软舞"版本还是可以表演的。我喜欢《入阵曲》，我想学会，不想让它失传。

公孙离：版本？这你就错了，《入阵曲》的"健舞""软舞"，本就是一舞！

阿部一郎：此话怎讲？

公孙离：来，前面是我家教坊，我们进去说话。

[他们来到公孙离家的教坊，公孙离脱了披风，为阿部倒了茶水。

公孙离：世传《兰陵王入阵曲》有两个演法，一为"健舞"，孔武有力，你在李龟年那定是见过了；二为"软舞"，摇曳生姿，是我公孙一门的绝学。所谓天地万物，有阴就有阳，有刚就有柔。《入阵曲》本是阴阳相洽，刚柔并济，软健一体，只因这样的演法对于一般的舞者，实在难以实现，所以慢慢就把两个部分分开来演，"健舞"雄壮刚健，由男子完成，"软舞"细腻柔美，便是女子的专利。

阿部一郎：细腻柔美？你的意思是说，"软舞"展示了兰陵王女子一般的面貌？

公孙离：若只有面貌，倒没什么可舞的了。人言兰陵王高长恭貌柔心壮，实际上，他的心，亦有内美。

[舞台的另一边，随着公孙离的讲述，渐渐呈现兰陵王的身世。

公孙离：兰陵王高长恭，本是北齐文襄帝的第四个儿子，只因为是庶出，便没有继承王位的资格。他从小在乐师、武师、下人之间长大。后来，他成了将军，不仅骁勇善战，而且以仁爱之心待人，深受将士们的爱戴。

[几个士兵抱着一箱珠宝、几大篮子瓜果放入高长恭府中，还有四个女子跟着进来。

刘参军：高将军，咱们的人已经全部入城完毕，就等与段将军的部队会合了。

高长恭：好，你来得正好，叫几个人把这些瓜果给将士们分切了！上次那个小斥候有功，这个大的就专门给他吧！

刘参军：将军，这是皇上赏给您的，您倒分给我们了……这不合适吧。

高长恭：有什么合适不合适的，我自己又吃不了。这箱珠宝嘛，叫人拿去卖了，补粮食军饷！

刘参军：这……好吧，来人！

高长恭：等一下！（打开箱子，翻出几串珠宝首饰）

刘参军：将军，这就对了：这么一箱，您总得留点吧。

高长恭：（把珠宝亲手分给四个女子）这是给你们的。你们若是愿意回原籍，便回原籍；不愿意回的，找个地方嫁人，做些小生意，这些珠宝也足够了。

女子甲：将军，我们是皇上赏赐给您的，理应跟着您。

高长恭：你们是人，又不是东西，谈何赏赐？去吧，不必跟着我。

女子乙：早听闻将军相貌英伟，宅心仁厚，小女自愿追随将军。

高长恭：姑娘，我已有妻室。你去找个普通男子嫁了，远远好过给我这带兵打仗之人做个小妾啊。

[几个女子面面相觑，不知如何是好。

高长恭：害怕的话，我叫人护送你们出城便是。

众女子：谢过将军！

[众女子和刘参军下场。

公孙离：高长恭精通军事，也能体恤下属和百姓，但他却偏偏不懂皇室内的规则。邙山大捷以后，高长恭的威名远扬，功高盖主。

[高纬上场。

高长恭：（向高纬行礼）陛下！

高　纬：四哥，此一战你入阵太深，若是有个三长两短，我如何向你的家人交代！

高长恭：长恭只念家事亲切，不知不觉间便入阵破敌，叫陛下担心了！

高　纬：哎，你我兄弟之间，就别这么客气了。

高长恭：（欣慰地）是。

高　纬：你快去休息吧，养精蓄锐，再战北周兵！

高长恭：是，长恭告退。（下场）

高　纬：好个"家事亲切"，朕的家事什么时候轮到他亲切了，这不是有反心还是什么？！来人！派人给我盯着这个高长恭，我就不信拿不住他的把柄！

公孙离：待到高长恭发觉皇帝对自己有所猜忌时，他已经退无可退，只能称病在家，再不出征。直到有一天，该来的还是来了。

[高长恭和郑妃上场。高长恭心神不宁地踱步。

郑　妃：夫君，前些日子段将军请你出征的信函，你还没有回复。

高长恭：我……哎……你还不了解我吗，我现在是进退两难啊。

仆　人：老爷，徐之范徐大人来了。

高长恭：哦？徐大人？莫不是皇帝他想通了？快请！

[徐之范带着一个小盒子上。

徐之范：王爷，皇上这些日子一直惦念王爷，逢王爷生辰，特派臣送上一份大礼。

高长恭：谢陛下！（打开小盒子，里面是一个瓶子，大惊）这……这是什么意思？

徐之范：这是鹤顶红，世上最毒的毒药。什么意思，不必臣多说了吧。

高长恭：想我高长恭向来不问政事，只知金戈铁马，绝无反心。皇帝为何容不下我！

郑　妃：范大人，可否请我们面见圣上，分辩些缘由？我家王爷绝不是谋反之人啊。

高长恭：算了，事已至此，辩也无用。

徐之范：您说的是。王爷，您请吧！

公孙离：高长恭与郑妃被逼服下毒药，这一年是北齐武平四年，兰陵王离世，年仅 32 岁。他在世时，能歌善舞，音容兼美，（舞起长袖）兴头足时与官兵共唱，心情好时与爱妻共舞。阿部啊，你怎知这一搭、一转之间，不是他的善良，不是他的哀怨呢？

[音乐响起，公孙离翩翩起舞。阿部一郎不自觉看呆了。

阿部一郎：为什么《兰陵王入阵曲》的"软舞"如此唯美婉转，却不受人喜爱了呢？

公孙离：因为这是大唐天宝啊！容得下胡人，却容不下哀怨。

旁白：阿部一郎后来把《兰陵王入阵曲》带回日本，使它在日本得以流传。

[**幕落。**

◎ 排练说明

一、服化道建议清单

1. 唐代部分：

整体：展现现实感，以唐代服饰特征为基础，展现日常生活的风貌。形制以常服为主，以颜色和布料突出人物特征。

阿部一郎：第一幕可着日式男士和服．第二、第三幕着唐朝男子幞头袍衫。整体颜色偏浅色及冷色，粗布。可携带一个包裹。

曹云及其他戏班人：缺胯袍衫，袒露半臂。整体颜色深色系，布料陈旧。

李龟年、李彭年：带有胡服风格的襕袍与襕衫，颜色偏亮色。二人配乐器，乐器形制可稍加夸张。

公孙离：齐胸襦裙，配伞。颜色暖色、布料亮丽，配适当首饰。

兰陵王表演服饰：金色立体鬼面具、大红袍袖、黄金腰带、亮色皮绣裲裆、短剑长鞭。

其他人物：依角色地位穿与身份相匹配的袍衫。

2. 北齐部分

整体：第二幕展现戏剧感和舞台感，以北齐服饰特征为基础，展现一种人们意识中的、加工过的舞台形象，可以应用抽象的符号。第三幕展现人物的个性和生活片段，以常服为主。

高长恭：第二幕戎装，与戏装形制类似，颜色偏旧，可暗红袍袖、铜腰带、皮绣裲裆、短剑长鞭。第三幕常服，上衣下裳，配色同第二幕。

其他将军士兵：头盔、铠甲。北周士兵可加入民族特色，颜色同北齐士兵区分。

其他人物：参考北齐常服。

二、音乐清单

1. 第二幕：《乐》（笛、箫与古筝合奏，演奏者王华、苏畅）。
2. 第三幕：《霓裳羽衣》（古筝，演奏者常静）。
3. 第三幕：《兰陵王入阵曲》（琵琶，演奏者柳青瑶）。

三、资料参考

1. 纪录片《寻找＜兰陵王入阵曲＞》（2011 年）。
2. 话剧《兰陵王》（导演王晓鹰，2017 年）。
3. 电视剧《兰陵王》（导演钟澍佳、周晓鹏，2013 年）。

（李笑卓）

第六章　信与义——荆轲刺秦王

◎ **中华思想文化术语**

[信]"信"的基本含义是恪守信诺、诚实不欺。"信"是为人立身需要遵守的基本道德。守信必须符合道义的原则，如果信约有悖于道义，则不能盲目追求信诺的履行。儒家特别强调两个领域内的"信"：其一，是执政者应信守对百姓的承诺，百姓才会信服于政令。其二，是朋友之间应守信不欺。

[言必信，行必果]说话一定要有诚信，做事一定要果断。语出《墨子》与《论语》。墨家与儒家都赞成一个人说话应该讲诚信，做事应当果敢，言行必须一致。但是孔子与孟子对"言必信，行必果"提出了更高要求，即统治者需要言而有信，取信于民，才能得到百姓的拥戴，百姓才敢于说出真话。但在现实中不可以一味固守"言必信，行必果"，而应当遵从道义的需要，在符合道义的前提下权衡利弊，根据具体情况而作适当变通。后世在运用这一术语时，多强调一个人应当讲诚信，做事果断，能兑现承诺且言行一致。

[义]"义"的基本含义是合理、恰当，引申而有两重含义：其一，指人行事的合理依据与标准；其二，指在道德意识的判断与引导下，调节言行使之符合一定的标准，以获得合理的安处。宋代学者用"理"或"天理"的概念来解释"义"，认为"义"就是"天理"所规定的合理的标准，同时要求言行符合"天理"。

◎ **剧本梗概** | 四个旅者为了打发时间，讲起了荆轲的故事。其中三个人讲了三个不同的版本。第一个人口中的荆轲是一个职业杀手，他尽力去完成刺秦工作但最终失败；第二个人认为荆轲是个市侩小人，他在完成任务过程中百般推脱，最终吓得抱头鼠窜；第三个人所描述的荆轲则是怀有远见、遵循信义的侠客。

◎ **使用说明**

（1）

［设计思路］

    本系列课程以历史故事"荆轲刺秦"的情节为主线，体现中华思想文化术语"信""义"。在教学过程中，剧本仅作为参考资料，教师应鼓励学生进行充分讨论，丰富剧情和角色，从而形成适合班级实际情况的剧目。参考剧本共分三幕，讲述四个旅者经过燕国故地，遭遇大雨，避雨时为了打发时间，讲起了荆轲的故事。其中三个人从中立、反面、正面三个角度，评价了荆轲其人以及刺秦这一事件。这三个部分的讲述相对独立又互相关联，教师可根据需求将第三幕独立使用。本系列教案即是从剧本第三幕的戏中戏部分开始切入，讲述了战国末年，燕国太子丹为求自保，招募刺客荆轲，谋划、实行刺杀秦王嬴政的全过程。在实际教学过程中，故事梗概仅作为背景参考。教师应考虑到学生的前置经验，必要时可提供一些文字或视频资料。作为学习准备，也可在实际教学中增加与故事相关的历史背景、文化习俗、语言特色等的讲解。

（2）

［课时安排］

    本系列教案每课时 45 分钟，共 8 课时，建议每次 2 课时。如学生人数较多，可适当增加课时。

（3）

［课程难度］

    本系列课程第一节课难度为 1 级，第二节课、第三节课难度为 2 级，第四节课难度为 3 级。在组织具有氛围性和艺术性的活动时，可根据学生情况适当调整课程难度。

第 一 节 课

课程难度：1级（3级为最难）｜对应剧本：第三幕

一、教学目标

测评能力：合作沟通能力，对历史人物生活背景和经历的想象能力。

二、背景知识

《史记》，是西汉史学家司马迁撰写的纪传体史书，是中国历史上第一部纪传体通史，记载了上至上古传说中的黄帝时代，下至汉武帝太初四年间共 3000 多年的历史。全书包括 12 本纪（记历代帝王政绩）、30 世家（记诸侯国和汉代诸侯、勋贵兴亡）、70 列传（记重要人物的言行事迹，主要叙人臣，其中最后一篇为自序）、10 表（大事年表）、8 书（记各种典章制度记礼、乐、音律、历法、天文、封禅、水利、财用）。《史记》共 130 篇，526,500 余字，规模巨大，体系完备，而且对此后的纪传体史书影响很深，历朝正史皆采用这种体裁撰写。

《刺客列传》是司马迁著作《史记》中一篇类传。《刺客列传》全文 5000 多字，共写了曹沫、专诸、豫让、聂政、荆轲 5 个刺客，从一个侧面反映了战国时期秦燕之间的兼并与反兼并的斗争。

三、教学流程

（一）热身活动（20分钟）

板块目的：使参与课程的学生相互了解、消除紧张。

1. 名字游戏

参与者站成圆圈，依次向其他人介绍自己的姓名，说出名字的同时要做一个能代表自己的肢体动作（代表的内容不限，比如代表性格的、代表爱好的、代表名字的），其他人共同重复他的名字并模仿他刚才所做的动作。

2. 传接球游戏

准备好一个篮球，请参与者站成圆圈。由教师开始，把球扔给圆圈中的另外一个人，同时叫出他的名字。接到球的人再扔给其他人并说出他的名字。以此类推，直到每个人都已经接到过球。

3. "猫抓老鼠"游戏

由一位志愿者扮演猫，另外一位志愿者扮演老鼠。请其他同学在圆圈状态下分散站开，相互之间保持一个人可以通过的距离。其他同学扮演的是柱子。

游戏规则：如果老鼠站在你面前，那你就会成为新的老鼠，之前的老鼠就站在你的位置上变成柱子。如果猫抓到老鼠（身体有触碰，即为"抓到"），猫随即变成老鼠，老鼠随即变成猫，开始新一轮的"猫抓老鼠"。

（二）主题活动（60分钟）

板块目的：引入故事背景。

1. 构建王宫

学生在空间中自由行走，教师会说出"给我一个……"的口令，并加一个人物或事物。听到口令以后，学生以定格画面的形式展现这个口令中的人物或事物，然后原地不动，保持 5 秒钟静止。之后教师再发出新的口令。

（1）第一轮游戏中，教师的口令有：给我一个国王、给我一个野心勃勃的国王；给我一个太子、给我一个忧心忡忡的太子；给我一个老臣、给我一个忠心耿耿的老臣；给我一个将军、给我一个叛国通敌的将军；给我一个刺客、给我一个侠义心肠的刺客。

（2）第二轮游戏中，学生可以听到口令后两人合作完成定格画面。教师的口令有：给我一个野心勃勃的国王和一个忧心忡忡的太子；给我一个忠心耿耿的老臣和一个通敌叛国的将军；给我一个侠义心肠的刺客和他生死之交的挚友。

（3）第三轮游戏中，增加为三人一组完成定格画面。在游戏的最后，全班都参与共同展现一个口令——"给我一个戒备森严的王宫"。

2. 介绍战国末年

介绍历史背景：

教师把学生分为三组，每组抽取一张纸条，用定格画面的范式表演纸条中所写的国家。纸条上写的分别是：一个军事发达的大国、一个处于战争中的弱小国家、一个保持中立的国家。

战国末期的秦国，正在密谋一件大事：统一天下。秦国能发动战争，并不是偶然的。整个战国末期，七大诸侯国（秦、赵、齐、楚、魏、韩、燕）里，只有秦国和赵国实力强大，其他都处于衰落期，而且秦国在本国内进行的改革比赵国更彻底，国力一直强盛。

燕国地处北方，在燕昭王时期，一个弱小的国家在他的手中变得强大起来，国力达到了最强盛时期。但燕昭王死后，燕国的实力一直在衰退，到了燕王喜时，燕国和周边国家关系紧张，常年的战争消耗了大量的财力物力，最终耗掉燕国原有的实力，导致它最后为秦国所灭。

三组都表演完毕后，教师邀请表演"弱小国家"的那一组同学再次进行定格画面的展示，请其他组的同学观看，并提问：你认为这个国家的人在做什么？在想什么？

其他组的同学可以就画面里的人物的行为和身份做出猜测，想象此人在此时的境遇。如果哪位同学有想法，也可以上去轻拍定格画面里人物的肩膀，说说这个人的内心独白。

3. 刺秦背景

教师用戏剧教育范式"故事棒"来介绍"荆轲刺秦"发生的背景。具体可参考《爱民——怪人郑板桥》第二节课，此处仅提供教师剧本作为参考：

> 战国末年，秦国十分强盛，秦王嬴政野心勃勃，想要吞并六国，统一中原。而燕国弱小，燕国的太子丹感到担忧，如果秦王发起战争，弱小的燕国一定会战败，燕国从此不复存在。
>
> 于是太子丹找到忠心耿耿的老臣田光，两人想到了一个计策——派人假装向秦国投降，趁机混入秦宫，刺杀秦王嬴政，这样两国的战事才会有转机。
>
> 但太子丹的手下没有能够完成这个刺杀任务的人，于是田光说，我有一个朋友能够完成这个任务：这个人叫荆轲，原本是卫国人，他从小天资聪颖，年少时便武功高强。因父母家人皆死于战争，他便流离失所，周游列国。后来他成为了一名职业刺客，十步杀一人，千里不留行。虽然靠杀人领赏而活，但他却是个有情有义之人，是可堪重任之人。

太子丹听了这话，大喜过望，忙问此人现在何处。田光说，此人现正在燕国，只要到城外酒家去寻便可找到。于是太子丹命田光速速找到荆轲，来完成刺秦大计，并反复嘱咐田光：这件事要严格保密，不可对任何人提起。

（三）疏松活动（5分钟）

板块目的：放松心情、进行艺术体验。

让学生自由地在活动空间中行走，教师播放乐曲《往事与梦》（赵季平作曲）。

（四）延伸活动（5分钟）

板块目的：延伸讨论。

教师请学生讨论：关于"荆轲刺秦"这个故事你知道什么？你期待怎样的事情发生？到目前为止，你认为这个故事的主人公荆轲是怎样的人？

四、物资道具

1. 篮球（也可以用沙包代替）。2. 写有提示内容的字条。3. 播放设备和音乐（具体见教学流程）。

第二节课

课程难度：2级（3级为最难）│ 对应剧本：第三幕

一、教学目标

1. 主要术语：义。2. 测评能力：戏剧情境理解能力，对人物个性的理解能力，对心理活动的分析及想象能力，对声音、动作、空间等元素的安排使用能力。

二、背景知识

田光是战国时期燕国人，史书记其"邑之东鄙人也"（今邢台新河县西千家庄人）。由于对当时诸侯争霸、连年战乱的现实不满，田光不肯做官，一直行侠仗义，广交朋友。晚年留居燕都（今河北徐水）附近。与荆轲极为投机。田光与燕国大臣、太傅鞠武相交甚密，经鞠武引见与太子丹结识。

公元前228年，秦灭赵，兵屯燕界，燕太子丹震惧，邀田光谋刺秦王，田光自辞衰老，遂荐挚友荆轲，太子允，告诫道："所言国之大事，愿先生勿泄也！"

田光急见荆轲，言举荐之事，荆轲应之。田光叹道："吾闻之长者为行不使人疑之，今太子告光勿泄，是太子疑光也。夫为行，而使人疑之，非节侠也。愿足下隐过太子，言光已死，明不言也。"毅然拔剑自刎，太子丹闻之跪拜哀泣。

三、教学流程

（一）热身活动（15 分钟）

板块目的：锻炼反应力、空间感受和使用能力。

"刺客"游戏：教师告诉学生，大家会被分为三个角色——刺客、平民和警卫。开始时，先请全体学生闭眼，教师选出两人成为刺客（可以通过拍肩或抽签等方式，注意不要让其他学生发现），其他人则为平民。之后所有人闭眼慢走，两人相碰时，有一人可先发问："是刺客吗？"如果被问的人不是刺客，要回答"我不是"。如果是刺客，被问者不会说话，发问的人则会被刺客刺杀。被刺杀的人要高声呼叫，表示死亡，并离开游戏场地，离开后才可睁开眼睛进行观察。

如果还存活的人知道了谁是刺客，可以要求暂停，喊出"警卫"，代表自己此时变成了警卫的身份。全体同学可以睁眼，看警卫指出刺客。如果正确，刺客离开人群；如果错误，游戏继续。每个平民只有一次机会成为警卫。如果警卫不能找出刺客，并且刺客杀死了所有人，则刺客胜利。如果成功找出两名刺客，则平民胜利。

（二）主题活动（70 分钟）

板块目的：体验主要人物、感受人物思想。

1. 太子丹其人

为了理解太子丹为什么会想到行刺秦王，教师把学生分为四个组，每个组根据太子丹的生活轨迹信息，完成一个持续 30 秒的短剧，短剧以一个定格动作开始，以一个定格动作结束。

太子丹的生活轨迹信息如下：

——太子丹在秦国时做人质时，受到秦王嬴政的无礼待遇；

——太子丹回国后，不顾众人反对，收留了旧友，即从秦国叛逃的将军樊於期；

——太子丹感到燕国弱小，到处寻求良策，最后拜了年事已高的田光为臣，对其十分尊敬；

——秦王为了统一天下，大军挺进，向北夺取土地，直到燕国南部边界，直接威胁燕国的安全，太子丹感到非常害怕。

在各组表演后，请大家讨论：根据你所了解的内容，你们认为太子丹是个怎样的人？他为何设计"刺秦"而不是别的办法来解决燕国的困境？

2. 荆轲其人

介绍荆轲：

> 传说荆轲本是齐国庆氏的后裔，后迁居卫国，始改姓荆。荆轲喜爱读书、击剑。荆轲到燕国以后，和当地的狗屠夫及擅长击筑的高渐离结交，成为知己。荆轲特别好饮酒，天天和狗屠夫、高渐离在燕市上喝酒，喝得似醉非醉以后，高渐离击筑，荆轲就和着拍节在街市上唱歌，相互娱乐，不一会儿又相拥哭泣，身旁像没有人的样子。荆轲虽说混在酒徒中，可以他的为人却深沉稳重，喜欢读书；他游历诸侯各国，都是与当地贤士豪杰及德高望重的人相结交。他到燕国后，燕国隐士田光也友好地对待他，知道他不是平庸的人。

教师提问：田光为什么要推荐荆轲而不是别人呢？荆轲是一个怎样的人？请学生从本领、能力、个性特征等方面对荆轲做出描述。

3. 心理活动

教师提问：现在我们想象一下，太子丹派田光去找荆轲，荆轲并没有立即答应。是不是他有什么顾虑呢？让我们把时间在这一刻暂停。你认为在这一刻，太子丹、田光、荆轲各自的顾虑有可能是什么？

此处运用戏剧教育范式"心底话"。教师邀请三位学生分别扮演太子丹、老臣田光、刺客荆轲。三位站在圆圈中间，面对面。每个人拿到一句人物的台词。首先请这三位学生为大家朗读他们的台词：

> 太子丹：我所讲的，先生所说的，是国家的大事，希望先生不要泄露。

> 田　光：我老了，为国效力已是力不从心，但我可以推荐一位叫荆轲的朋友。

> 荆　轲：荆轲只是一个无名刺客，何以救国？还请田先生赐教。

朗读之后，其他同学开始代表他们的心底话。如果想好了替谁发声，就走到中间，拍着他的肩膀，说出他目前所忧虑的事情。当大家把心底话说完以后，请三个主人公根据其他同学刚才所说的"心底话"所带出的感情，再次朗读台词。

3. 中华思想文化术语"义"

介绍"义"：

> "义"的基本含义是合理、恰当，引申而有两重含义：其一，指人行事的合理依据与标准；其二，指在道德意识的判断与引导下，调节言行使之符合一定的标准，以获得合理的安处。

春秋战国是一个讲求"义"的社会，到战国末年，"义"渐渐成了稀缺品，侠士是守卫"义"的最后一个群体。教师提问：你们认为，荆轲为什么会答应田光的邀请？如果其他国家例如秦国，来邀请他行刺太子丹，你们认为荆轲会答应吗？为什么？

参考：

荆轲之所以答应"刺秦"，是"慕燕丹之义，白虹贯日，太子畏之"。因此他也被后世称为"千古义士"。教师可以侧重从保护弱小、明知不可为而为之、勇于牺牲生命等角度启发学生思考。

（三）疏松活动（5分钟）

板块目的：放松心情。

请学生在空间中自由行走，放松心情，教师可播放轻音乐。

四、物资道具

1.写有太子丹生活轨迹的 PPT 或 A4 纸。2.播放设备和音乐。3.写有太子丹、田光、荆轲台词的纸条。

第三节课

课程难度：2 级（3 级为最难） | 对应剧本：第三幕

一、教学目标

1. 主要术语：信。2. 测评能力：对人物性格的理解能力，对肢体、声音、情绪等表演元素的运用能力。

二、背景知识

"筑"是一种乐器，"击筑"源于《战国策·燕策》。筑是中国古代的击弦乐器，形似筝，有十三条弦，弦下边有柱。演奏时，左手按弦的一端，右手执竹尺击弦发音。

三、教学流程

（一）热身活动（10 分钟）

板块目的：锻炼学生的肢体运用能力和反应力。

1. "猫抓老鼠"游戏

由一位志愿者扮演猫，另外一位志愿者扮演老鼠。请其他同学在圆圈状态下分散站开，相互之间保持一个人可以通过的距离。其他同学扮演的是柱子。

游戏规则：如果老鼠站在你面前，那你就会成为新的老鼠，之前的老鼠就站在你的位置上变成柱子。如果猫抓到老鼠（身体有触碰，即为"抓到"），猫随即变成老鼠，老鼠随即变成猫，开始新一轮的"猫抓老鼠"。

2."合唱团"游戏

学生站成圆圈，以某个人为起点，依次每人发出一种有节奏的、可以重复的声音，直到所有人加入，形成一种合唱的效果。也可以根据剧中情境添加音效，例如"小酒馆的合唱团"，要模拟创造小酒馆的音效。

（二）主题活动（70分钟）

板块目的：理解人物个性、发展人物心理。

1.出发前的准备

荆轲在准备出发之前，需要准备一些东西，有的他自己可以找到，有的需要向太子丹索要。

教师把学生分成五个组。每个小组会拿到一个清单，上面写有荆轲需要准备的东西。首先要讨论清楚这些东西是用来干什么的，然后小组派一个人扮演荆轲，去向太子丹（教师扮演）索要其中自己无法准备的东西，组内成员要为荆轲设计好如何才能要到东西。清单内容：盘缠、一把淬毒的锋利匕首、一个精明强悍的武士、一张燕国地图、樊於期将军的人头。

讨论结束后开始表演，所有学生坐成一个圆圈，教师扮演太子丹走到圆圈中间。每组的荆轲，从某个方向进场，与太子丹展开对话。如果圆圈中的荆轲没有想法了，本组其他学生有新的想法，可以到圆圈中间，轻拍他的肩膀，来代替他继续与太子丹交涉，直到把清单中的所有东西都准备完全。

2. 易水别

（1）诗歌朗读

教师把《易水歌》的内容用 PPT 呈现，或者提前打印出来粘到墙上。

风萧萧兮易水寒，壮士一去兮不复还。

探虎穴兮入蛟宫，仰天呼气兮成白虹。[①]

首先请学生集体朗读三遍。之后还是集体朗读三遍，但可以尝试两种读法，一种是一遍比一遍声音大，另一种是一遍比一遍声音小。

（2）"音效模拟"范式

请学生根据诗歌的意境，以及已经知道的事情，运用热身活动中做"合唱团"游戏时使用的方式，为这首歌创造一系列声音。可以模拟自然界的声音，或者制造出表现人物心情的声音。教师选出两名学生，伴随着其他人创造的声音朗读《易水歌》。

（3）综合表演

将学生分为四个组，第一组负责朗诵"风萧萧兮易水寒"，要求一遍比一遍声音大，并且伴随朗读为自己设计一个动作。第二组负责朗诵"壮士一去兮不复还"，要求声音一遍比一遍小，也伴随朗读为自己设计一个动作。第三组负责音效，请挑选出一些有代表性的声音进行模拟，比如使用自然界有的声音（风声），要求声音可以一直循环，形成一个声音剧场。第四组学生负责排演"易水别"的场景哑剧，想象一下在这个告别场景中都有谁，他们以怎样的形态出现，会做什么动作。哑剧以慢动作来完成。这一组学生可以适当使用简单的道具。

（4）分享展示

分享时前三个组的学生站成圈，第四组的学生以一个定格动作站在

---

① 第二句疑为后人所补。教师可以自行决定是否在本环节中只使用第一句。

中间。第三组的学生先开始音效，之后第一组朗诵表演，第二组朗诵表演。在第二组结束以后，教师播放音乐（如电影《刺客聂隐娘》的配乐 *Rohan*），第四组的学生跟随音乐开始以慢动作的形态，展现这个告别，直至本组扮演荆轲者离开。

（三）疏松活动（10分钟）

板块目的：结合现实生活，理解"信"的含义。

教师讲解"信"的含义：

"信"的基本含义是恪守信诺、诚实不欺。"信"是为人立身需要遵守的基本道德。守信必须符合道义的原则，如果信约有悖于道义，则不能盲目追求信诺的履行。

在荆轲拿到了清单上的东西后，仍旧没有出发，这时太子丹怀疑荆轲的"信"。他试探说："日以尽矣，荆卿岂无意哉？丹请先遣秦舞阳。"请学生们为荆轲设计一段内心独白，阐述自己被人怀疑"失信"时的心情。也可以请学生们谈谈，自己在生活中有没有看到过不讲信用的事情。

四、物资道具

1. 写有刺秦前的清单的纸条。2. 写有《易水歌》歌词的 PPT。3. 播放设备和音乐（具体见教学流程）。4. 如有条件，为音效模拟环节提供简单的道具。

第四节课

课程难度：3级（3级为最难） | 对应剧本：第三幕

一、教学目标

1. 主要术语：信。2. 测评能力：对事件的解析能力，对空间、人物等元素的安排使用能力，对问题的多角度思考能力。

二、教学流程

（一）热身活动（10分钟）

板块目的：锻炼合作能力和空间安排能力。

击剑游戏：两人一组，左手背后，右手为剑。第一轮规则，互相进攻，也可防守。首先碰到对方后背的人为胜利者，两人角逐胜负。第二轮中可规定一方只能进攻，而另一方只能防守，并身份交换。

（二）主题活动（70分钟）

板块目的：理解人物的选择，讨论主题与内涵。

1. 送别之歌

（1）剧情回顾

以故事接龙的方式回顾剧情，情节发展至荆轲出发赴秦，行至易水，留下一首《易水歌》。如果在荆轲离开时，他的音乐家好朋友高渐离也在场，高渐离会做什么呢？他和荆轲一样，是一位重承诺、重气节的人。他听到了荆轲吟诵的《易水歌》，决定谱上曲子。现在我们想象一下这首曲子：基调会是怎样呢？是欢快的，还是激昂的？是低沉的，还是忧伤的？

（2）音乐创作

每个组得到两套音符卡片，上有五声音阶"宫商角徵羽"（以简谱中的数字"1、2、3、5、6"进行了标记）。先请各组将数字卡片自由组合，形成一系列数字串，再经由乐器或演唱转化成旋律。每张卡片都可以重复使用。最终整理成曲调，配上《易水歌》，形成歌曲。如果教师有能力，可准备一个简易的小乐器，辅助小组成员创作。如果此环节对教师来说有难度，可直接使用许魏洲演唱的《易水歌》（苏立生作曲）。

（3）分享展示

请学生想象高渐离为太子丹献上这首歌曲时的场景，可以用乐器来完成（可加入朗诵），也可以运用演唱的方式进行。

2. 秦国见闻

（1）小组讨论

教师把学生分为四组，请各组讨论：在你们心目中，理想的国家是一番怎样的景象（人们的生活是怎样的）？请把你们的想法写在大白纸上。写好后，学生互相观看。

（2）小组排演

现在请想象一下：荆轲怀着刺秦的任务，来到秦国，在秦国却看到了完全不同于燕国的另一番景象——这里生活富足，贸易发达，军队整齐，纪律严明，人人都精神鼓舞。

请每个组排演一段20—30秒的默剧，从某个方面展现秦国生机勃勃、强盛富足的景象。要求以一个定格动作开始，以另一个定格动作结束。参考角度：农业生产、百姓生活、商业贸易等。

3. 内心矛盾

看到秦国的景象后，对是否继续"刺秦"，荆轲产生了犹豫。这里运用戏剧教育的范式"良心巷"。教师请一名学生扮演荆轲。其他学生面对面站成两排，中间留出一人可以走的空间，形成一个"小巷"。一边的学生要说出荆轲想要继续完成任务的心理活动，另一边要说出他想要终止任务的心理活动。扮演荆轲的同学以缓慢的速度从一端走向另一端。他路过时，两边的学生开始说出他的心里话。

之后，教师采访饰演荆轲的学生，询问他在这个过程中，有过怎样的想法。可以请大家简单讨论：荆轲下一步会怎么做？

4. 刺杀秦王

（1）人物形象

教师把学生分为五组。在讨论嬴政的形象和性格后，每组选出一人并以一个定格动作来扮演嬴政，小组其他成员负责介绍本组的嬴政。

分享时每个组的嬴政向前一步，以定格动作站好，其他人依次介绍，可以包括外貌、服装、气质行为、个性作风等几个方面。

（2）刺杀场面

保留刚才的分组，教师会给出下面四个情境，每给出一个情境，教师倒数 5 秒，倒数结束之后每个组都要摆出定格画面展现这个图景，并且保持 5 秒钟不动。四个情境如下：

——荆轲展开燕国地图，地图末尾藏着匕首。

——图穷匕首现，荆轲用匕首猛刺秦王。

——荆轲连续攻击，秦王躲闪，其他人不敢接近。

——荆轲最终被侍卫们抓住。

5. 失败的英雄

"轲自知事不就，倚柱而笑，箕踞以骂曰：'事所以不成者，乃欲以生劫之，必得约契以报太子也。"

请学生们两两一组，一人扮演荆轲坐在地上，一人在他的身后说出荆轲临终前的心底话。

教师观察每组的表演，然后选择有代表性的小组来分享表演，并询问每组的荆轲，听到身后的心底话时，自己内心有什么感受。

6. 中华思想文化术语"信"

荆轲刺秦王就以这样悲壮的结局失败了，也标志着燕国的失败。尽管刺杀这种行为本身并不值得提倡和颂扬，但是荆轲的守信重诺、樊於期的舍命取义，无不展示出那个时代的国民性格和高贵人格。

请学生们讨论"信"在当代的意义。

（三）疏松活动（10分钟）

板块目的：延伸思考。

教师启发学生再次思考剧中的人物都是怎样的人，他们具有怎样的品质。询问学生对这个人物的认识，是否与本系列课程刚开始时不同。如果有不同，请思考为什么发生了变化。

四、物资道具

1. 音符卡片和小乐器。2. 播放设备和音乐（具体见教学流程）。3. 大白纸、马克笔。

◎ 剧本

主要人物及角色描述

旅行者: 即剧本中的"第一人""第二人""第三人""第四人"。四个旅行至燕国旧地的游客,每个人对荆轲有不同的认识。

荆 轲: 在不同人描述下,呈现出不同的形象 —— 冷酷的职业杀手、胆小如鼠的江湖骗子、深明大义的侠客。

太子丹: 在不同人描述下,呈现出不同的形象 —— 弱国王子、急躁的复仇者、悲悯仁爱的君王。

嬴 政: 在不同人描述下,呈现出不同的形象 —— 贪婪的君王、老谋深算的君王、胸怀坦荡的领袖。

[第一幕]

[秦朝统一天下后,四个旅客行至燕国故地。大雨滂沱,四人奔至一个茅草屋躲雨。舞台左侧布置为茅草屋。

第一人: 这雨可真够大的!

第二人: 从我记事起就没见过这么大的雨!

第三人: 也不知道这雨要下到什么时候……

第四人: 反正等着也没事做,我们讲故事解闷吧。你们都知道什么有意思的事?

第一人: 既然来到燕国故地嘛,就不得不说那位燕国有名的刺客了!

第四人: 哪位有名的刺客?

第一人: 你不知道?就是曾经刺杀过咱们皇帝的那位——刺客荆轲。

第四人: 还有这种事!还有人能行刺皇帝?

第二人: 那是大王统一天下之前的事情了。

第三人: 那个时候咱们的皇帝还不是皇帝,还是秦国的王。

第四人: 这件事我从来没听说过,快说说看!

[第一人进入表演状态,成为叙事者。

第一人: 我听说这个荆轲原本是卫国人,他自小习武,周游列国,后来专行杀人领赏之事。听说他行踪不定,所到之处,兵不血刃。一日,这位青年刺客来到了他人生的岔路口。

[舞台右侧出现战国时燕国的小酒馆。荆轲上场,观察环境,展现出专业刺客的警觉。燕国勇士田光上场,与荆轲神秘接头。

田 光: 荆轲吾友,如今燕秦势不两立,而今秦四处攻战,欲一统天下,吾等小国难以抗衡,太子丹请你出手,暗中刺杀秦王!

第一人: 于是荆轲来见太子丹,为之出谋划策,决计混入秦宫,刺杀秦王。

[田光下,燕国太子丹、从秦国逃到燕国的将军樊於期、勇士秦舞阳、铸剑师徐夫人、工匠上,荆轲面见太子丹。

太子丹: 荆轲,你何时动身?

荆 轲: 想入秦宫,还需秦王信任。

太子丹: 如何才能叫秦王信任?

荆 轲: 需献上樊於期将军的人头。

樊於期: 人头在此!(自刎)

第一人: 荆轲有了樊将军的人头,却仍旧不动身。

太子丹：荆轲，你何时动身？

荆　轲：想刺秦王，还需锋利之匕首，人间之剧毒！

徐夫人：匕首在此！

工　匠：剧毒在此！

第一人：荆轲得了涂了剧毒的匕首，依旧没有动身。

太子丹：荆轲，你何时动身？

荆　轲：想杀秦王，还需一勇士相助！

秦舞阳：勇士秦舞阳在此！

荆　轲：好！时日已到！

太子丹：荆轲，我们的勇士，为你送行！

荆　轲：风萧萧兮易水寒，壮士一去兮不复还！

［燕国太子丹等下场，舞台右侧呈现出秦王宫殿的大门。荆轲、秦舞阳转入秦王宫殿。荆轲带着行李，面见秦王，秦王身边有一武将、一文臣。

荆　轲：秦王，我乃燕国人荆轲，今见燕国大势已去，特来投秦，为表忠心，献上叛将樊於期人头一颗、燕国地图一张！

秦王嬴政：地图？好！快打开来看！

第一人：荆轲缓缓展开地图，图穷匕首现，荆轲持匕首刺秦王，然而一击未中，秦王大惊。

秦王嬴政：有刺客！

第一人：荆轲遂追刺秦王，秦王绕柱而逃，众文武皆未敢近。

嬴　政：快来人，拿住他！

［侍卫上前抓住荆轲，拖下去。在舞台右侧表演的所有演员下场。

第一人：秦王慌忙叫人将荆轲拿下，斩首于殿上。刺秦虽败，此事却流传甚广，不知真假，却是十分精彩！

［第二幕］

第二人：哎？我也听过这个荆轲的故事，可是和你听的完全不一样！

第四人：哦？怎么不一样，快讲讲！

［第二人进入表演状态，成为叙述者。

第二人：我听说这个荆轲，是个见利忘义、胆小怕事之徒，只因自小习武，会些拳脚功夫，便颇有些虚名，实际上他每日只知道厮混酒场，各处闲逛。一日，他终于来到了人生的十字路口。

［荆轲重新上，坐在小酒馆里，醉醺醺地唱着歌，一副烂泥扶不上墙的样子。田光上，看着荆轲的样子无奈地摇摇头。

田　光：荆轲啊，你看你，老这么游手好闲也不是个事，不如我给你介绍个大活儿，你看怎么样？

荆　轲：（醉眼迷离）什么大活儿？

田　光：咱们太子丹，需要一个能行刺之人。只要你肯去杀个人，锦衣玉食，美人佳酿，一样也不会少！

荆　轲：（一激灵）世间还有这等美差！我去，我去，我这就去！

［太子丹、秦舞阳、美人上。荆轲面见太子丹。太子丹气质不凡，荆轲贼眉鼠眼地伏地看他。

第二人：于是荆轲来见太子丹，但听说要行刺之人竟是秦王，立刻怕了起来，拖着不动身。

太子丹：荆轲，你何时动身？

荆　轲：家中老母尚无钱安置，不敢动身。

太子丹：（递给他一个箱子）金银在此，我还斩了樊将军的人头，以换取秦王信任。请你速速启程！

第二人：荆轲拿了钱和人头，却不动身。

太子丹：荆轲，你何时动身？

荆　轲：我尚未娶妻生子，不敢动身。

太子丹：（递给他一个小盒子，一指身边的美人）美女在此，我还做了涂有剧毒的匕首作为武器。请你速速启程！

第二人：荆轲得了美女和匕首，仍旧不肯动身。

太子丹：（颇有些气愤）荆轲，你何时动身？

荆　轲：我势单力薄，杀不死秦王，不敢动身！

太子丹：勇士秦舞阳在此，与你同去！

荆　轲：我……

太子丹：别说了，荆轲，我们为你送行！

荆　轲：（拉着美人的手哭）风萧萧兮易水寒，壮士一去兮不复还！

[太子丹、美人下场，荆轲磨磨蹭蹭地走着，秦舞阳推着他来到秦宫。两人面见秦王，秦王身旁有一文一武两个官员。

荆　轲：（浑身颤抖）秦王，我乃燕国人荆轲，今见燕国大势已去，特来投秦，为表忠心，献上叛将樊於期人头一颗、燕国地图一张！

秦王嬴政：（怀疑）地图？快打开来看！

第二人：荆轲缓缓展开地图，图穷匕首现，荆轲却没拿住，哐啷一声，匕首掉在了地上！

嬴　政：哼，我就知道你心怀鬼胎！来人，抓住他！

荆　轲：大王饶命！

第二人：秦王哪会听他分辩，当场命人拿住荆轲。荆轲一下慌了神，绕柱而逃，秦王鄙夷，拂袖而去。刺秦虽败，此事却流传甚广，不知真假，但凡闻者，都感叹要小心那些有名无实、贪财好利之徒啊！

[第三幕]

第三人：哼，一派胡言！

第二人：你说什么？！

第三人：荆轲乃燕地英雄，岂能容你二人诽谤？

第一人：我们只是听说，未曾诽谤。

第二人：你又知道什么事实，无非也是道听途说而已！

第四人：哎，不要紧，反正雨还没停，（面向第三人）你也说说看，你知道的有何不同？

第三人：我知道的荆轲，是个深谋远虑、信守诺言的忠义之士。他天资聪颖，年少时便武功高强。后来家人皆死于战乱，所以他流离失所，周游列国。他素来行侠仗义，结交各路豪侠，平日虽混于酒场，却是个深沉好读之人。

[荆轲和高渐离上场，两人在酒馆中一边饮酒，一边读书、唱歌、击筑，不亦乐乎。后田光上，找寻荆轲。

荆　轲：田先生，好久不见。今日怎么在此处？

田　光：我特来寻你！

荆　轲：荆轲乃一无名刺客，何故田先生特来寻我？

田　光：（怕高渐离听到）事情嘛，我需要私下跟你谈。

[高渐离起身，做告辞状。

荆　轲：渐离兄不必离开。田先生，渐离兄是我至交好友，只要是荆轲的事情，渐离兄没有听不得的。

田　光：可此事非同小可……

高渐离：（鞠躬）田先生有事，鄙人告辞。

荆　轲：那……渐离兄，改日我再听你的新曲！

[高渐离下场。

田　光：（小心地）荆轲，我素知你绝非庸人，今天寻你是有件事关国之存亡的大事。

荆　轲：（正襟危坐）田先生请讲！

田　光：你可知如今秦国势大而燕国弱小，若秦举兵，我燕国百姓则皆陷入水深火热之中，现在只有你能救燕国！

荆　轲：田先生，我该当如何？请明示。

田　光：我已向太子丹举荐你，共谋刺秦之事，你明日便速速去见他。

荆　轲：好！

田　光：我年事已高，不能再为燕国效力，太子丹曾嘱咐我切勿泄露机密，是不信任我，望你见了他就说田光已死，以断其疑心。（自刎）

荆　轲：田先生！

[太子丹上，荆轲向太子丹转述田光之事。

第三人：田光当场自尽，以激荆轲。荆轲见太子丹，言说田光之事。太子丹跪而再拜，痛哭流涕。

太子丹：田先生何以至此！

荆　轲：此既国之大事，望您早下决断，勿再拖延。我与田先生交往甚厚，今先生已去，我愿报其忠义之心，您大可信任于我！

太子丹：正是！今秦欲吞燕、赵、韩、魏诸国，燕弱小，举兵不能，望君假借投降献城之机，接近秦王行刺之。若秦王死，秦必大乱，彼时燕与众诸侯联手，必破秦矣！

荆　轲：此妙计也！

太子丹：荆轲，你何时动身？

荆　轲：此行凶险，需答应我三个条件。

太子丹：什么条件？

荆　轲：第一，我需秘密准备，包括找另外一个助手一起前往秦国。请您自今日起，权当没有见过荆轲，请勿提我名。

太子丹：我答应你！

荆　轲：第二，我需要些时日，锻造天下最锋利之匕首，炼就世间最猛烈之毒药，以保刺秦一击毙命，请勿催工匠。

太子丹：我答应你！

荆　轲：第三，我还需一项上人头献给秦王，令其不疑，请勿疑此举。

太子丹：等等，你是要谁的人头？

荆　轲：（犹豫地）……秦叛将樊於期……樊将军！

太子丹：不可不可，万万不可！樊将军穷困时来投我，是信任我太子丹，此后我君臣情深，两不相疑，如今我怎能将他献于秦王？不可不可！请先生另做打算。

荆　轲：此事无法另做打算！太子，您到底是否决心刺秦？如若下定决心，还望速速斩断世俗之情！

太子丹：荆轲啊荆轲，此非世俗之情也！我与樊将军之和乃出于"信"，我若负了樊将军，便是失信于人！失信之君，百姓将如何看我呢！

荆　轲： 太子，行刺之事乃一瞬之机，失掉便再无良机，若您不肯下此决心，我便自想办法。唯一请求，请勿疑荆轲！

[太子丹下场，樊於期上场。

第三人： 荆轲离了王宫，便至樊於期将军府上，劝说他献身，本打算若劝说不成，他便伺机取了樊将军的项上人头。不成想，荆轲才说到刺秦一计，樊将军便拍案而起。

樊将军： 荆轲，不必说了，你此去不可空手而行。秦王多疑，若无铁证，他必不信你。樊某穷困时来投太子丹，如今正是报此恩情之机，我一颗项上人头，请你拿去，献于秦王罢！（挥刀自刎）

[荆轲下场，太子丹和高渐离上场。

第三人： 荆轲自此离了都城，再无音讯。过了许久，有一人求见太子丹。

太子丹： 你是何人，求见何事？

高渐离： 乐师高渐离，并无事，只受人之托，呈于大王一首离别之歌。

太子丹： 歌在何处？

高渐离： 风萧萧兮易水寒，壮士一去兮不复还。

第三人： 高渐离击筑和歌，太子丹潸然泪下。

太子丹： 此荆轲之歌也！樊将军去矣，荆轲去矣。吾国之命运，只系于这无名刺客手中。

[太子丹下场，荆轲、秦舞阳上场。

第三人： 荆轲与秦舞阳来到秦地，却见秦人朝气蓬勃，商贸繁盛，秦军训练有素，军法严明，秦国上下一心，斗志高昂。

荆　轲： 秦君治国如此，日后定能夺取天下！吾等虽刺秦王恐不能易其势也！

秦舞阳： 那么，我们打道回府？

荆　轲： 不能回，回便是负了田先生与樊将军之期，且我与太子丹有约，太子待我如国士，我岂可背信弃义！

秦舞阳： 但强行刺秦，你又说不可，如今该当如何？

荆　轲： 我自有决断，你去便是了。

第三人： 于是荆轲独自来到秦宫。

[秦宫，秦王端坐正中，身后一文一武两位大臣。

荆　轲： 秦王，我乃燕国人荆轲，今见燕国大势已去，特来投秦，为表忠心，献上叛将樊於期人头一颗、燕国地图一张！

秦王赢政： （会心一笑）地图……快打开来看！

第三人： 荆轲缓缓展开地图，图穷匕首现，荆轲紧握匕首而不刺秦，反而坐于殿上！秦王泰然自若，左右文武欲擒拿荆轲，秦王却退之。

赢　政： 不必！（对荆轲）我就知道你心怀鬼胎，可你为何不刺？

荆　轲： 我观秦之强盛，统一天下，势不可当。荆轲相信大王终有一天会结束战争、令天下百姓不必面临生离死别之苦。所以荆轲不愿螳臂当车。但荆轲既已与别人有约，身为刺客，亦有气节，定要完成使命。还请秦王光明正大与荆轲一决。

赢　政： （拔剑）好一个光明正大的刺客！好，我便与你一决。

第三人： 二人对决，绕柱而战，文武皆不敢近。最终荆轲负，被当场斩于殿上。

赢　政： 可惜可惜，此壮士逢其时，未逢其主，若吾民皆有此志，天下定矣！

[舞台右侧的演员均下场。

第三人： 不久秦果然统一六国。刺秦虽败，此事却流传甚广，不知真假，但凡闻者，都叹荆轲乃忠义勇武之英雄。这样的人，才是真正的荆轲，岂是尔等市井故事所言！

第二人： 怎么，同样道听途说，何以你说的便是真荆轲，我们说的便是假荆轲？

第一人： （对第四人）哎，你半天不说话，你有什么看法？

第四人： 几位见笑，这是我第一次听到刺客荆轲的故事，还没有什么看法。

第三人： 那你认为哪个才是真的？

第四人： 三位说的都很仔细，到底哪个是真哪个是假，我也不知道呀！若是图个精彩刺激，第一位老兄讲得最好；若是听个警世恒言，第二个最好；若是说出些信义气节，便是第三个最好。你们说是不是？

[其他三人点头。

第一人： 哎呀，雨停了！

第二人： 可不！莫再闲聊了！

第三人： 我们四人还得赶路呢！

第四人： 正是，荆轲是怎样的人，还是留给后人评说吧，现在我们得快些走啦！

[四人下。

[幕落。

◎ **排练说明**

一、服化道建议清单

1. 主要人物服装

方案一：

茅屋中人穿古代人服装。

荆轲：古代习武之人短打服装，样式及色彩朴素。

太子丹：不佩冠，王子服装，简单而颜色偏亮。

嬴政：佩戴头冠，帝王服装，繁复而颜色偏暗。

田光：朴素而浅色的古装。

樊於期：精干的将军服装，可穿戴铠甲等。

高渐离：飘逸古朴的服装。

秦舞阳：习武之人短打服装，可深色。

方案二：

茅屋中人穿现代人服装。其他所有人物都穿统一的单色衣服和裤子，不突出角色。在每一幕中，依靠道具和装饰来区分人物。三个主要人物——荆轲、太子丹、嬴政——有固定的装饰或道具，例如头冠、佩剑、行李等。

2. 主要道具

桌、椅，酒杯、酒盅，行李包，图画卷轴，匕首、刀剑等兵器。

二、音乐清单

1. 第一幕：谭盾为电影《英雄》制作的配乐《十步一剑》。

2. 第二幕：胡伟立为电影《济公》制作的配乐《游戏方丈》《阴司》。

3. 第三幕：谭盾为电影《英雄》制作的配乐《飘》，赵季平为电视剧《新三国演义》制作的配乐《刘皇叔大婚》，赵季平为电影《荆轲刺秦王》制作的配乐《战争的脚步》，谭盾演奏的 *Metal*。

4. 结尾：张渠为舞剧《孔子》制作的配乐《玉人舞》。

三、资料参考

1. 话剧《我们的荆轲》（编剧莫言、导演任鸣）。

2. 电影《英雄》（导演张艺谋）。

3. 电影《荆轲刺秦王》（导演陈凯歌）。

四、其他（走位、分镜图、灯光等）

1. 第一幕：建议 2 课时初排，2 课时精排，全剧串排 4—6 课时。

在开篇四个旅行者来茅屋中躲雨，然后展开了一段对"荆轲刺秦"故事的讨论，算是一个戏中戏的表演，因此可以采用舞台分割的手法，将旅行者与"荆轲"的故事，分为两个空间。旅行者所处的茅屋为空间甲，荆轲的故事中的空间为空间乙，二者相对独立，但是在叙述上，空间乙又受到空间甲进度的影响，有所关联，因此两个空间相互衔接，但相互有一定界限，利于区分。整个剧目三幕都可以依此处理。

2. 第二幕：建议 2 或 3 课时初排，4 课时精排。

第二幕由旅行者中第二人叙述，整体空间关系参考第一幕。

3. 第三幕：建议 2 或 3 课时初排，4—8 课时精排。

第三幕由旅行者中第三人叙述，整体空间关系参考第一幕。这一幕故事中的场景比之前两场更多，但流动性并非更强，每个场景都有相对深入的人物表演，所以整体节奏可以慢下来，循序渐进。

4. 在结尾处，四个旅人离开茅屋后，音乐可持续一段时间，让观众看到空无一人的舞台，这样的留白可让人联想到"千秋功罪任人评说"。

（李笑卓）

第七章　情与理——梁山伯与祝英台

◎ **中华思想文化术语**

[情]"情"有三种不同含义：其一，泛指人的情感、欲望。"情"受外物感动而发，是人的自然本能，不是后天习得的。其二，特指人的某些情感、欲望，通常被规定为好、恶、喜、怒、哀、乐等六者，或喜、怒、哀、惧、爱、恶、欲等七者。前者也被称作"六志"或"六情"，后者被称作"七情"。其三，指情实或实情。对于前两个意义上的"情"，历代学者持有不同态度，或主张抑制"情"，或承认"情"的合理性而加以引导和安处。

[理]本义指玉石的纹理，引申而有三重含义：其一，指具体事物的样式或性质，如短长、大小、方圆、坚脆、轻重、白黑等物理属性；其二，指万事万物所遵循的普遍法则；其三，指事物的本原或本体。后两种含义与"道"相近。宋明时期的学者特别注重对"理"的阐发，以"理"为最高范畴，因此宋明时期占主导地位的学术体系被称为"理学"。

[书院]唐宋至明清时期出现的一种文化教育机构，是私人或官府所设的聚徒传授、研究学问的场所，兼具教学、研究、藏书等多种功能。它渊源于佛教禅林和私人藏书楼，萌生于唐，兴盛于宋。南宋初年，朱熹、张栻、吕祖谦、陆九渊等学者兴办书院，使之成为讲学及学派活动的基地。书院独立于官学之外，多设于环境宁静优美之地，由名师硕儒主持，追求学术自由与创新，注重言传身教、人格塑造，不图科举功名。南宋末年，书院逐步趋于官学，并与科举制度贯通。书院的兴衰与宋明理学的兴衰互为表里。1901 年清政府下令书院全部改为学堂。书院前后存在一千多年，对中国古代教育和文化发展、推动中国文化走向海外产生过重大影响。

◎ **剧本梗概** ｜ 富裕家庭出身的小姐祝英台女扮男装外出读书，在书院爱上了穷小子梁山伯。祝父为女儿订下了与门当户对的马公子的婚约，催其回家。梁祝分手，依依不舍。在十八里相送途中，英台不断借物抚意，暗示爱情。山伯忠厚纯朴，不解其故。英台无奈，谎称家有小妹，品貌与己酷似，要嫁与山伯，两人约定好再次见面。后来山伯去英台家找她，才发现事情的真相，也得知英台即将嫁人。一对注定不能在一起的恋人，面临着人生抉择……

◎　使用说明

（1）　　　　　[设计思路]

本系列课程以梁山伯和祝英台的爱情故事为主线，体现中华思想文化术语"情"与"理"，同时，通过展现梁山伯和祝英台的相识、相知，将术语"书院"融入课程中。在教学过程中，剧本仅作为参考资料，不建议提前发给学生。教师应鼓励学生进行充分讨论，丰富剧情和角色，从而形成适合班级实际情况的剧目。参考剧本使用了倒叙的写法，本系列教案则是按照故事发生的时间顺序，从祝英台求学前的生活开始。教师在实际教学中应注意了解学生的学习经验和生活经验，激发学生对人物的体验和感受。

（2）　　　　　[课时安排]

本系列教案每课时 45 分钟，共 8 课时，建议每次 2 课时（即每节课 2 课时）。如学生人数较多，可适当增加课时。

（3）　　　　　[课程难度]

本系列课程第一节课难度为 1 级，后面的难度为 2 级。因梁祝故事有丰富的视频资料（戏曲、电视剧、电影）可供参考，教师可根据情况组织学生观看视频片段。

第一节课

课程难度：1级（3级为最难）｜对应剧本：第一幕

一、教学目标

1. 主要术语：孝。2. 测评能力：团体合作能力和沟通表达能力。

二、背景知识

"梁山伯与祝英台"故事简介："梁山伯与祝英台"是中国古代民间四大爱情故事之一，是中国最具魅力的口头传承艺术及国家级非物质文化遗产，也是在世界上产生广泛影响的中国民间传说。梁祝传说主要表现了古代人民对自由美好生活的向往，对婚姻自由的追求。它是民间文化的积淀，代表了民间文学中积极向上的部分，更代表了人民大众的心声。

三、教学流程

（一）热身活动（20分钟）

板块目的：使参与课程的学生相互了解、消除紧张。

1. 名字游戏

参与者站成圆圈，依次向其他人介绍自己的姓名，说出名字的同时要做一个能代表自己的肢体动作（代表的内容不限，比如代表性格的、代表爱好的、代表名字的），其他人共同重复他的名字并模仿他刚才所做的动作。

2. 传接球游戏

准备好一个篮球，请参与者站成圆圈。由教师开始，把球扔给圆圈中的另外一个人，同时叫出他的名字。接到球的人再扔给其他人并说出他的名字。以此类推，直到每个人都已经接到过球。

3. 鲨鱼游戏

选出一个学生扮演鲨鱼，追逐班级中其他的"小鱼"，"小鱼"可以在"鲨鱼"抓到自己的一瞬间，喊出另一个人的名字，被喊到的人会变成"鲨鱼"，其他人都继续成为"小鱼"。

（二）主题活动（60分钟）

板块目的：锻炼沟通能力和团队合作能力。

1. 认识不同人物的不同立场

（1）活动准备：教师请学生在空间中自由行走，然后教师发出动作口令，请学生听到口令就做出相应的动作，例如"走""跳""停""蹲""拍手""和身边的人打招呼"等。熟悉了游戏规则后，教师增加难度，说出某人的职业或者身份，让学生以一个定格动作来表现，例如：教师说"母亲"，学生可以做出抚摸孩子的动作；教师说"书生"，学生可以做出读书的动作。

（2）说服游戏：学生两人一组，一个是A、一个是B。A双手握紧，B要想办法说服其分开双手。A的回答只能使用以下三个词语中的一个："可以、不可以、也许"。游戏结束后，教师可以采访B在听到不同回答时的心情。

（3）渔樵问答：保持之前的分组，两人一组面对面坐下。教师使用 PPT 展示《渔樵问答》：

上面有两个角色，渔夫和樵夫。假设两人在进行这样的对话：渔夫想和樵夫换生活，樵夫不同意，渔夫力图说服对方。在第一轮中，请每组同学中的 A 扮演渔夫，B 扮演樵夫，设计一段对话。第二轮对话中双方互换身份。

（4）反馈讨论：请学生们讨论，在身份发生变化以后，对话产生了怎样的变化。

2. 故事引入

教师用戏剧教育范式"故事棒"来引入故事。教师剧本参考如下：

很久很久以前，有一个既美丽又大方的姑娘，名叫英台。英台有八个兄长，还有一个父亲。兄长们长大后，个个高大威猛，一个一个地离家去上学了。家里只剩下第九个孩子——英台了。

兄长们走后，英台特别孤独。她喜欢读书，以前，可以和兄长讨论书中的内容，现在，只能自己在家里看兄长留下的书。可是她还想看更多更多的书……

要想获得更多的知识，就得去书院上学，所以英台去找父亲。英台说，我想像兄长们那样去求学。父亲大笑起来：女孩儿上什么学啊。你要做个孝顺的孩子，学习绣花、梳妆，学习将来出嫁后怎么照顾家人。但是英台特别倔强，她跟父亲辩论起来：女孩子为什么不能上学？兄长们能做的事，我也能做！父亲生气了，说：回你的房间去，这件事决不可能！

教师请学生们讨论：根据上面的描述，你们推测英台家的家境如何？父亲是什么样的人？你们认为父亲出于哪些原因，不希望英台外出去求学？

在讨论中，教师可以引出中华思想文化术语"孝"。"孝"在本书《孝——缇萦救父》一课中有详细讲解，这里不再赘述。可请学生们结合英台的生活，阐述英台在生活中的哪些表现，符合她的父亲对"孝"的理解。

3. 劝说父亲

虽然遭到了父亲的拒绝，但是英台去上学的愿望实在是太强烈了，于是第二天她再一次找到父亲，决心要说服父亲同意她去书院。

现在由教师入戏扮演祝英台的父亲，选出一名学生扮演祝英台，两人就这个情景表演一段即兴对话，即英台如何说服父亲，同意自己到书院去上学。父亲也会说出自己不同意英台求学的理由。

表演的人站在圆圈中，当扮演英台的学生提到的理由仍旧无法说服父亲时，其他学生可以拍英台的肩膀，代替原来的英台来阐述。

父亲拒绝的理由，参考如下：

——在这个时代（即英台生活的时代），女性只需要为家庭奉献，不需要读书；

——家中有很多书，英台可以在家中学习；

——英台一个人去求学，路上不安全；

——在书院里，她一个人无法照顾自己；

——书院里都是男同学，会有人欺负英台；

……

游戏结尾，教师扮演的父亲最终同意英台外出求学，不过父亲提出两个条件：一是她必须扮作男子，二是三年之后必须要回来，并且做他要英台做的事。

游戏结束后，教师总结：在刚才的对话表演中可以看出，英台一方面是尊敬父亲、遵从孝道，一方面又渴望自由，想要满足自己的需求。而父亲也是矛盾的，他一方面希望女儿能因为实现自己的愿望而快乐，另一方面又希望英台得到当时社会的认可。

（三）疏松活动（10 分钟）

板块目的：放松心情、进行艺术体验。

教师让学生们在空间自由行走，并欣赏小提琴协奏曲《梁祝》。教师可根据时间播放协奏曲片段，并介绍《梁祝》小提琴曲的主要创作者何占豪，或者此首小提琴曲的成功之处（使西方音乐与中国民族音乐达到了完美的融合）。

何占豪，1933 年出生在浙江诸暨。以唱绍兴剧维生的父亲不希望儿子将来像自己一样过着穷困潦倒的生活，在何占豪 12 岁时，父亲用借来的钱把他送到杭州念初中，希望他将来成为一个有文化的人。没想到酷爱戏曲的何占豪最后还是学上了越剧。一次上海之行让何占豪无意中考上了上海音乐学院，并且创作了中国第一部小提琴协奏曲《梁祝》。

何占豪在回忆创作过程时说："那时我在上海音乐学院念书，我们每年都要下乡给农民演出。农民很热情，但音乐学院学生拉的都是贝多芬、巴赫，演完之后我们问他们：'好听不好听？'回答：'好听！'再问'懂不懂'。齐声说：'不懂！''那你们要我们拉什么？''越剧、沪剧'！原来这些才是他们懂的。我恰巧是从越剧团到音乐学院来进修的，当然就想从越剧入手创作一点他们熟悉的东西。"

四、物资道具

1. 篮球。2. 有画作《渔樵问答》的PPT。3. "教师入戏"需要的道具（如帽子）。4. 小提琴协奏曲《梁祝》音频及播放设备。

第 二 节 课

课程难度：2 级（3 级为最难） │ 对应剧本：第一幕、第二幕

一、教学目标

1. 主要术语：书院。2. 测评能力：戏剧情境理解能力，情绪理解和表达能力，对声音、动作、空间等元素的安排使用能力。

二、背景知识

中国四大书院："四大书院"具体指哪四个书院一直存在争议。没有争议的三大书院是应天书院、岳麓书院和白鹿洞书院。1998 年 4 月 29 日，国家邮政局在河南商丘举办了"四大书院"邮票首发仪式，邮票所选书院为应天书院、岳麓书院、白鹿洞书院、嵩阳书院。据说因石鼓书院毁于战火，当时到石鼓书院实地考察的人只见山石、不见书院，而后才改选河南的嵩阳书院放入邮票中。

2015 年 12 月 12 日，历史上曾与白鹿洞书院、岳麓书院等四大书院齐名的问津书院百年大修落成。

三、教学流程

（一）热身活动（10分钟）

板块目的：锻炼学生的反应能力和合作能力。

"松鼠和大树"游戏：教师把学生分为三人一组。两个人用动作搭成一棵树，另外一个人扮演松鼠。教师会用三个口令（"着火啦""猎人来啦""地震啦"）改变游戏的节奏。

当每组听到口令"着火啦"，扮演树的其中一个人要离开原组，寻找一个新的松鼠，并和新的搭档组成大树；听到口令"猎人来啦"，所有松鼠换位置，寻找新的大树；当听到口令"地震啦"，全体换位置。

（二）主题活动（70分钟）

板块目的：理解时代背景，体验规定情境。

1. 中华思想文化术语"书院"

教师先讲解中华思想文化术语"书院"，然后展示一张书院的照片（右图是杭州的万松书院，也可以找其他书院的照片）。

教师描述：现在我们看看这个图片。你认为这个书院看起来是怎样的？它有层层向上的阶梯、壮丽的大门，你们认为这种设计有怎样的隐含意义或者象征意义？（如阶梯象征的是通往成功的艰辛的求学之路。）

教师把学生分成五组，每组分得两张大白纸，请学生们裁剪成长条，布置成阶梯状，然后在阶梯状的纸上分别写下祝英台和梁山伯在求学路上会遇到哪些困难或者阻碍。

2.同窗共读

祝英台和梁山伯在书院学习，周围的同学都是有钱的公子哥儿。在其他同学眼里，性格"古怪"的祝英台和只知读书的穷小子梁山伯是异类。这些公子哥儿不尊重祝英台和梁山伯，经常欺负他俩。

教师将学生分为四组，每组选出两个学生分别扮演互相切磋学问的祝英台和梁山伯，本组其他人扮演欺负两人的"坏同学"，设计一个定格画面来表现这一场景。在分享环节，一组进行表演，其他组观看。在定格画面完成后，其他组的学生可以依次去拍祝英台或者梁山伯的肩膀，说出她或他的心理活动。

在大家都分享后，教师总结：为什么祝英台和梁山伯会在书院相爱？因为他们能理解对方所经历的苦难，而两个人也成为彼此在艰辛时刻温暖的支撑。

（三）疏松活动（10 分钟）

板块目的：放松心情，升华情感。

教师播放小提琴协奏曲《梁祝》，可让同学们反复聆听描绘梁祝二人在书院生活的片段：首先由小提琴奏出富有诗意的爱情主题，接下来是由大提琴以浑厚圆润的音调与小提琴的轻盈柔和形成对答，最后由全体乐队再次奏出爱情主题。

四、物资道具

1. 有古代书院照片的 PPT。2. 大白纸、剪刀、马克笔。3. 小提琴协奏曲《梁祝》音频资料及播放设备。

第三节课

课程难度：2级（3级为最难） | 对应剧本：第二幕、第三幕

一、教学目标

1. 主要术语：情。2. 测评能力：对人物心理活动的理解和表现能力，对肢体、声音、情绪等表演元素的运用能力。

二、背景知识

在"梁山伯与祝英台"故事流传的过程中，各地人民不断丰富发展了传说的内容，甚至还兴建了众多以梁祝传说为主题的墓碑和庙宇等建筑。此外，梁祝传说还流传到朝鲜、越南、缅甸、日本、新加坡和印度尼西亚等国家，其影响之大在中国民间传说中实属罕见。

三、教学流程

（一）热身活动（10分钟）

板块目的：锻炼肢体运用能力和反应力。

1. 行走游戏

教师请学生在教室中自由行走，并跟随教师的口令行动。第一轮口令包括"走""停""跳""拍手"。要做的就是与口令一致的动作。

第一轮结束后，教师提示：世界是不确定的，昨天事物是这样的，明天可能就换了。现在我们来做与口令相反的动作，即"走"是停，"停"是走；"跳"是拍手，"拍手"是跳。

第二轮结束后，教师提示：有的时候，事情的发展和逻辑可能比你看到的还要复杂。现在我们再次换口令，每个口令就是反义词，但是以"我说……"为开始的口令却还是原本的意思，例如"走"是停，但如果口令是"我说走"就表示要做的动作就是"走"。

2."竞赛一二三"游戏

学生们先站成一个圆圈，然后相邻的两人面对面，形成两人一组。两人轮流说"一、二、三"并不断循环，加快速度。熟悉之后，教师喊"停止"，并为每一个口令设计一个动作，例如"一"是跳，"二"是拍手，"三"是挥手。在教师喊"开始"后，每组的两个人轮流说"一、二、三"并加上设计的动作，速度越来越快，先说错的人淘汰，没有错的人和其他组的获胜者组成新的组。这样不断淘汰，决出胜负。

（二）主题活动（70分钟）

板块目的：发展人物心理，理解两难选择。

1. 十八相送

教师用戏剧教育范式"故事棒"来讲述进展。教师剧本参考如下：

　　梁山伯与祝英台同窗三年，有一天祝英台收到父亲的一封信，要求她必须马上回家。英台没办法，只好马上收拾行李，她找到山伯想告别。在心里，她已经爱上了山伯，她想一辈子和他在一起。山伯问：你走的时候，我能不能送送你？英台说：当然可以。

　　梁山伯送祝英台走了十八里路，两人还是难舍难分。在路上，英台想表明自己是女儿身，但又不知道如何开口，于是她想到一个办法。英台说：梁兄，你看眼前有一口井，井底有两个人影，一男一女笑盈盈。山伯说：我分明是个男子，英台你太淘气了，怎么能把我比成女子。两人走到了一座寺庙前。英台说：梁兄，我们可以到寺庙里去拜堂。山伯说：你越说越荒唐了，两个男儿怎么拜堂。

祝英台没有办法，只好假称自己家里有一个品貌和自己相似的小妹妹，愿意许配给梁山伯。梁山伯非常高兴，与祝英台约定，等她到家禀明父母后，自己就去她家提亲。

2.中华思想文化术语"情"

先介绍"情"：

"情"有三种不同含义：其一，泛指人的情感、欲望。"情"受外物感动而发，是人的自然本能，不是后天习得的。其二，特指人的某些情感、欲望，通常被规定为好、恶、喜、怒、哀、乐等六者，或喜、怒、哀、惧、爱、恶、欲等七者。前者也被称作"六志"或"六情"，后者被称作"七情"。其三，指情实或实情。

如果本系列课程的教学对象是中学生，教师可在此环节把"如何对待中学阶段的'爱情'"引入课程。初中生处在青春期，此时萌发对异性的好奇、心动的感觉是很正常的。出现这样的怦然心动时，不需要当它是洪水猛兽，可以坦然面对，可以适当探索这样的精神领域，不过不要过早地去尝"禁果"。

当然，此处并不是鼓动孩子们如何谈情说爱，而是要用"理解、尊重"的态度把爱情讲得美好、自然、公开，将他们青春的觉醒、爱情的萌动，向精神层面上提升，教育他们真正懂得爱、懂得美，成为真正的人，获得幸福的人生。

3. 分别之后

这里可运用戏剧教育范式"角色写作"。教师提前布置作业，让学生以梁山伯或者祝英台的身份，写一篇分别之后的日记，字数至少300字。朗读日记的内容时，想象自己就是那个人。

如时间允许，此环节还可以请学生们以戏剧教育范式"集体雕塑"来表演"英台归家"：先想想英台归家时，谁会在家门口等待？这些人会做怎样的动作？选出志愿者，其他学生以集体导演的方式，摆好他们的位置和动作，形成一个静态画面，结束以后做思路追踪。

（三）疏松活动（10分钟）

板块目的：放松心情，情感升华。

接上一环节的思路追踪，摆好"英台归家"的定格画面，在教师倒数五个数以后，定格中的人开始活动起来，进行一段表演，直至英台回到家中。

第四节课

课程难度：2级（3级为最难） | 对应剧本：第四幕

一、教学目标

1. 主要术语：情、理。2.测评能力：对事件的解析能力，对问题的多角度思考能力，对他人的关怀和理解能力。

二、背景知识

《罗密欧与朱丽叶》简介：《罗密欧与朱丽叶》（*Romeo and Juliet*）是英国剧作家威廉·莎士比亚创作的戏剧。该剧讲述意大利贵族凯普莱特的女儿朱丽叶与蒙太古的儿子罗密欧诚挚相爱，但因两家世代为仇而受到阻挠。朱丽叶的父亲要把朱丽叶嫁给她不爱的人。在神父的策划下，朱丽叶假装服毒自尽，但神父的信却未能交到罗密欧的手里。接到噩耗的罗密欧赶到教堂，就在朱丽叶醒来时，罗密欧已经喝下了毒药。伤心的朱丽叶也随之以罗密欧的短剑自刎身亡。两个家族因此幡然醒悟，言归于好。

三、教学流程

（一）热身活动（10分钟）

板块目的：锻炼合作能力以及肢体与空间使用的能力。

"解绳扣"游戏：先用"抱抱游戏"（可参考本书《爱民——怪人郑板桥》的第三节课）的方式形成六或七人一组。每个组员肩并肩组成一个圆圈，伸出双手，任意拉住和自己的肩膀没有接触的其他组员的手，形成一个"绳扣"。在听到教师"开始"的指令后，组员们尝试在移动身体但不松手的情况下解开这个"绳扣"，最终让小组回到圆圈的状态。在这个活动中，教师请学生们在整个过程中不要发出声音，体会用其他方式"交流"。

（二）主题活动（70分钟）

板块目的：深化人物心理活动。

1.祝英台的心事

（1）小组排演

祝英台回到家，此时她还不知道自己就要嫁给另外一个男人，但她看起来仍然心事重重，性格也变了很多。她的母亲十分担忧，在帮她梳头时，母女两人聊天。

两人一组进行一段表演，其中要包含祝英台的一句台词"我可以选择自己的人生吗"。提示学生可以把这句话放在开头，作为这段对话的开始，也可以放在中间或者结尾。

（2）分享展示

每个组选择几句对话进行展示。教师选择其中一个小组来到教室中间，继续之后的表演。

（3）"教师入戏"范式

教师扮演祝英台的父亲走进小组，代表着来到房间里找祝英台，教师与小组中扮演祝英台的学生进行一段即兴表演。

（4）学习讨论

阅读中华思想文化术语"理"：

"理"本义指玉石的纹理，引申而有三重含义：其一，指具体事物的样式或性质，如短长、大小、方圆、坚脆、轻重、白黑等物理属性；其二，指万事万物所遵循的普遍法则；其三，指事物的本原或本体。后两种含义与"道"相近。

在"指万事万物所遵循的普遍法则"上，对当时的时代而言，听从父母之言出嫁就是"理"。所以"情"与"理"在祝英台身上发生了冲突。

这里可使用"良心巷"范式，请两边的学生分别代表"情"和"理"，呈现此时祝英台的内心冲突。

2. 祝英台的抗争

祝英台不能接受父亲安排的婚事，于是她去找父亲，希望说服父亲。

教师给每个学生发一张写有台词的纸条，请大家站成圆圈。然后选择一个学生扮演祝英台，让祝英台站在圆圈中间，其他人扮演父亲。父亲扮演者依次走到圆圈中间，面对祝英台说出《罗密欧与朱丽叶》里面朱丽叶父亲的台词，并设计一个父亲对女儿做的动作作为定格动作。

《罗密欧与朱丽叶》台词内容：

——你真该死！你这个废物！（Hang thee, young baggage!）

——你闭嘴，我不想听任何解释！（Speak not, reply not, do not answer me!）

——真想抽你一巴掌！（My fingers itch!）

——我一定是前世受到诅咒才生出你这样的女儿。（We have a curse in having her.）

——天呐，我要疯了！（God's bread! It makes me mad!）

——你走，我家里容不下这样的不孝子。（Graze where you will, you shall not house with me.）

——你最好想清楚，我说得出做得到！（Look to it, think on it, I do not use to jest.）

表演完毕后，请学生们讨论：我们所说的台词，来自西方的爱情故事"罗密欧与朱丽叶"，它与梁祝故事有着相似的情节，但肯定也有不同的地方。从两个故事的情节和台词中，能看出东西方文化中有哪些相同和不同的地方？

另外，如时间允许，也可以请学生深入思考祝英台父亲此时的心情：他把心爱的女儿养大，冒着风险送她出去上学。临走前，女儿同意会回到自己身边，完成家里要她完成的事情。现在女儿不信守承诺，反而要背叛自己。而且父亲为女儿挑选的人家，肯定也是从她将来的生活考虑的，是一个富裕的人家，为什么她要拒绝而去嫁一个穷小子呢？所以，现在站在祝英台面前的，也许并不是一个满腔怒火的父亲，而是一个失望、伤心的父亲，一个受到创伤的父亲。

3. 化蝶

教师用"故事棒"的范式讲述故事。教师剧本参考见下：

在书院读书的梁山伯，一直很思念英台。于是他按照约定的时间，来到了英台家中。

山伯来到一个豪宅前，他想进去，英台的八个哥哥说：走开，穷鬼！山伯说：我找英台。哥哥们说：这里正在进行的就是英台的婚宴。山伯说：那么我找英台的妹妹！哥哥们哈哈大笑说：英台就是妹妹，妹妹就是英台！山伯恍然大悟，原来英台是个女孩子！

山伯想办法进入了宅门，发现里面是个大聚会，男人们在喝茶，女人们在给男人们跳舞。英台的父亲拍了一下手，穿着盛装的英台走了出来，站在他旁边。山伯想：天啊，英台原来这么美。父亲说：今天是我的女儿英台的婚礼，她要嫁给马家的大少爷。山伯想：什么？要让英台嫁给那个花花公子？英台的哥哥看到山伯一直看自己的妹妹，把他轰出去了。

晚上，山伯蹑手蹑脚来到英台家的后院。他翻墙而入，找到了英台住的屋子。屋子里还亮着灯，可以看到英台的身影。山伯敲敲窗子，说：英台，英台，是我，山伯，你打开窗户，我想和你说两句话。英台打开窗户说：山伯，你快走吧，如果我的哥哥们发现，会杀了你的。但山伯拒绝了。

他们整晚都在说话，倾诉分别后的思念。天马上就要亮了，如果再不离开，就要被人发现了，山伯只好离开了，但他的心碎了。

天亮了，马家的花轿来了。英台在父母的坚持下，只能坐进了花轿。花轿要从祝家抬到马家。在半路上，一阵风刮过，把迎亲队伍吹得人仰马翻。英台下了轿，发现路边有一座墓，那是山伯的墓！原来山伯离开祝家后，就心碎而亡。英台来到墓旁，边哭边说：让我和山伯在一起吧。这时墓突然打开了，英台就跳了进去，然后两只蝴蝶飞了出来。原来，梁山伯和祝英台都变成了蝴蝶，他们终于能在一起了。

4. 故事总结

故事的结尾大家都知道，但我们更应该关心的是人物的心路历程。

故事中每个人都面临着选择：英台要在自己的父亲（家庭）以及爱人（爱情）之间选择；父亲要在究竟是爱女儿、满足女儿的心愿，还是扛起自己的家庭责任之间选择；山伯则是纠结该选择恪守自己的身份、不越界，还是选择爱情。

教师请三位学生扮演祝英台、祝英台的父亲、梁山伯，请其他学生为这三个人设计一个雕塑，展现三个人物的关系。分享时先帮演员设计动作，之后向大家解释自己为什么这样设计。

（三）疏松活动（10分钟）

板块目的：延伸思考。

集体讨论：如果梁祝故事发生在现代，还是这样的人物关系，有哪些事情是当时的人做不到而现代人可以做到的？又有哪些事情是古今无论什么时代下，都没有变化的？

四、物资道具

1. "教师入戏"用的道具（如帽子）。2. 写有《罗密欧与朱丽叶》相关台词的纸条。

◎ **剧本**

主要人物及角色描述
梁山伯： 从山村里走出的穷秀才，敦厚多情，谦谦君子。
祝英台： 富家小姐，勇敢自信，善解人意。

［第一幕］

旁白： 今天我要为大家讲一个故事，它发生在很久很久以前的中国，那时候男人和女人的婚姻讲究父母之命，门当户对。他们没有恋爱的自由，也不能选择与相爱的人结婚。就像是这位父亲，祝老先生，他非常爱他的女儿，但是也不得不把女儿许配给一个她素不相识、财力相当的男人。

［祝家客厅。祝英台的父亲和母亲端坐喝茶。
仆　人： 老爷，马员外、马夫人和马公子都到了！
［马员外、马夫人和马公子上场。
马员外： 祝老爷，既然婚约已定，还望早些选个良辰吉日，让令爱过门呀。
英台父： 不急不急，小女还要多学学如何当人家的媳妇，不能过了门给您家添麻烦。
马少爷： 那么祝伯伯，既然定了亲，也该让我一睹英台小姐的芳容吧！
英台父： 马公子，这是明媒正娶的婚姻，没拜堂之前怎可相见！
马夫人： 可是光凭嘴说，谁也不知道你家女儿的样貌品行，不如让我先看看，为儿子把把关！
英台父： 怎么，我与你们马家生意往来这么多年，还对我信不过吗？我祝家向来言而有信，定好的三个月之后完婚，一天也不会少，此前别再多问，请回吧！
马员外： 好啊，好个"别再多问"。也罢，若是成亲的日子晚了，或令爱之事有半点不实，也别怪我断了你们祝家的财路。再会。
［仆人送客。马员外一家下。

旁白： 您一定会问，为什么祝老先生如此推脱，那是因为他的女儿祝英台此时并不在家中：祝英台扮成一个男孩子，到杭州读书去了。对了，还得告诉您，在很久很久以前的中国，女人不但不能自由恋爱，连出门上学都是绝对不能被允许的。
英台父： 学什么男孩子出门读书，你快写信叫英台回家！
英台母： 你答应好让她读完三年的，现在才去了几个月，怎么能把她叫回来？
英台父： 现在马家的婚约逼到头上了，我也不想违背我和英台的约定，可是现在她的婚事比求学更重要，速速写信让她回家。
英台母： 哎，好吧。

［第二幕］

旁白： 让我们再来看看他的女儿祝英台，在杭州读书读得怎么样呢？

［杭州的一家书院。先生正在教一帮学生读书。祝英台和梁山伯也在其中。
先　生： "学而时习之，不亦说乎？有朋自远方来，不亦乐乎？人不知而不愠，

不亦君子乎？"

梁山伯：山沟里走出我梁山伯。

祝英台：绣楼上走出我祝英台。

梁山伯：杭州求学。

祝英台：女扮男装。

梁山伯：拜师读书。

祝英台：飞出樊笼。

梁山伯：来日麻雀变凤凰。

祝英台：往后成个自由鸟。

先　生：今日就到此。各位同学将方才讲的温习好，明日背诵。

[先生下，同学们站起来、活动身体。

同学甲：哎！各位同学，一会我们去西湖泛舟如何？

同学乙：西湖我去过了，不如到商业街逛一逛！

同学丙：那何不再找个酒楼大吃一顿！

同学丁：统统都是好主意！走走走！

同学甲：哎，祝英台，你去不去？

同学乙：哎呀，你叫他干吗！我可不喜欢他！

同学丙：就是，叫他还不如叫那个穷小子梁山伯呢！

同学丁：梁山伯，你去不去？

同学乙：谁让你真叫了！他去了我们可不带他玩啊！

同学甲：嘻，问都问了。梁山伯，我们去逛杭州城，你们俩去不去？

梁山伯：谢谢各位同学，我还要温书，今日不去了。

祝英台：那我也不去了。

同学丙：哼！那你们慢慢学吧！咱们走！

祝英台：山伯，我有一事相问：你为何每次都不和大家一同去玩？

梁山伯：实不相瞒，山伯家境贫寒，来杭州求学，学费已经花尽了家里的积蓄，并无闲心和闲钱玩耍。英台你呢，为何不去？

祝英台：我……我也差不多。

梁山伯：英台，你是不是有什么难言之隐？我看你每天又不摔跤，又不洗澡，睡得比我们晚，起得比我们早，是不是有什么难处？我们是好朋友，你不妨对我讲讲！

祝英台：我……我……从小身体虚弱，这些事做不来的……晚睡早起是为了……吃药！

梁山伯：哦，我猜也是。你身体弱性子也弱，平日里他们欺负你，但你不要怕，有我在！

祝英台：多谢山伯……

旁　白：我们的祝英台虽然扮作男儿装，但心还是女儿心，而且她似乎恋爱了。不过别忘了开头我们演过的，家中有一个坏消息正在等着她呢……

丫　鬟：小……哦不，少爷，师母找你，说家里来信了！

祝英台：我这就来。

[英台下，梁山伯做读书状。三个同学上场。

同学甲：（一边跟同学乙说话，一边走进来）哎呀，我早跟你说了，城里好玩的东西多，让你多带银子、多带银子。你看，不够了，还得跑回来取。

同学乙：看你的抠门劲儿。你倒是提醒我带银子了，自己却不带，两个人花一份银子，可不就花完了嘛。（发现梁山伯）哎，你看你看梁山伯那个穷酸样儿！咱们书院怎么收这样的学生！

同学甲： 可不吗，也就祝英台愿意跟他玩！

同学丙： 别提祝英台了，女里女气的，看他我就烦！

同学乙： 嘿，你前两天不是还说人家小手儿嫩吗？这就看人烦啦？

同学丙： 我什么时候说了！

同学甲： 你说了，我听见了！

同学乙： 哎哟，你不是爱上他了吧！

同学丙： 呸！不可能，就他那恶心样子，我才不理他！

梁山伯： 几位仁兄，英台有自己的难处，你们不要暗地里贬损他！

同学甲： 嘿！还有替他说话的哎！

同学乙： 梁山伯，你俩有什么关系，你这么向着他！

梁山伯： 无论什么关系，你们暗地里贬损他，当着面欺负他，就是你们的不对！你们再说一句，我就……

同学甲： 你就怎么着？你就怎么着？

[三人对山伯推推搡搡。

梁山伯： 你们欺人太甚！（反击）

[三人围住梁山伯，山伯想反击，但打不过他们，最终被他们打倒在地。三人打完以后嫌弃地离开，留山伯一个人在台上。英台悲伤地拿着信封上。

祝英台： （发现受伤的山伯）山伯！你怎么了？怎么受伤了？谁打的你？

梁山伯： 没什么！（努力爬起来）

祝英台： （一边扶他一边说）到底怎么回事？我们不是好朋友吗，有什么事你跟我说啊！

梁山伯： 英台，你没必要知道发生了什么，我也不想跟你说，但我觉得我们以后还是不要走那么近，现在我们应该以学业为重！

祝英台： 山伯，为什么突然这么说……你是因为我挨打的吗？……他们笑话你总跟我一起玩对吗？他们笑话我像个女人，所以也笑话你，是这样吗？

梁山伯： 别说了！

祝英台： 山伯，你不用烦恼了，我明天就要离开书院，回家去了。

梁山伯： 什么？

祝英台： 我家里有急事叫我回去。以后你不用怕跟我在一起会引起误会了。

梁山伯： 等等！你明日何时走？我送你。

[第三幕]

旁白： 第二天，梁山伯送祝英台回家，两人边走边聊，仿佛有说不完的话，不知不觉就走了十八里地。一路上祝英台好几次想跟梁山伯坦白她的女儿身，坦白自己的感情，可就是张不开嘴，不过她想到了暗示梁山伯的好办法。

[梁山伯来送祝英台和她的丫鬟。

丫　鬟： 小……少爷，过了河咱可就快到了。

梁山伯： （颇有不舍）英台，那我就送到此处吧。

祝英台： （假装往天上看）山伯，你看，天上有一对比翼鸟。

梁山伯： 是吗？我怎么没看见。

祝英台： 呆子，早飞跑了。……你说，咱们两个同窗一场，这感情真是好比……好比这天上的比翼鸟！

梁山伯：哎，英台，这你就用错词了，比翼鸟是说一男一女的，咱俩是两个男的！

祝英台：那，好比这树上的连理枝！

梁山伯：你又错了，连理枝是说爱情，咱俩是友情！

祝英台：那，不如比这湖中鸳鸯！

梁山伯：还是错了，鸳鸯是说夫妻，咱俩是兄弟！

祝英台：你这人怎么这么不开窍！

梁山伯：我说错什么了？你怎么生气了？

祝英台：好好好，把我们两个比作那两颗并肩金刚石，总可以了吧！

梁山伯：这还勉勉强强差不多！

丫　　鬟：小……少爷，你不是说要给梁公子说媒吗？

祝英台：哦对！山伯，你可有娶亲？

梁山伯：还未娶亲。

祝英台：可有心上人？

梁山伯：……忙于学业，未曾有过。

祝英台：那我家有个小妹，说给你当媳妇，你可愿意？

梁山伯：（惊喜）你还有个妹妹？那不知令妹，是否也和英台你一般模样？

祝英台：一般模样。

梁山伯：也和你一般聪明？

祝英台：一般聪明。

梁山伯：也和你一般善解人意？

祝英台：样样都和我一般，只不过是女子。

梁山伯：想不到世上竟有这样好的女子，我当然愿意。祝兄，我真不知如何感谢你……

祝英台：等我到了家，禀告过父母后，就给你写信。你收到信，就可以来我家提亲了。山伯，那咱们就此别过，你等我来信！

梁山伯：英台，就此别过，等你来信！

[第四幕]

旁白：可英台这一走，便音讯全无。这封说好的信，梁山伯是左等也不来，右等也不来。他好奇英台的妹妹是什么样的女子，更思念英台。于是咱们的书呆子梁山伯，第一次撒了谎、旷了课，按照英台所说的，来到了英台的家。

[英台家。梁山伯上场。英台有八个哥哥，正在院里张罗婚宴。

祝大哥：祝府婚宴，各位乡亲随便吃，随便喝！

梁山伯：请问，这可是祝府？

祝二哥：正是。你是哪个？

梁山伯：我是祝英台的好朋友。

祝大哥：哪来的穷小子？什么好朋友？今天是我们英台大喜的日子，别来捣乱！

梁山伯：英台要结婚了？他怎么没告诉我？

祝三哥：早就订下的婚事，明日一早拜堂成亲！小妹好福气，新郎官是马员外家的大少爷！

梁山伯：小妹？你是说明早结婚的，是英台的妹妹？

祝四哥：英台哪还有妹妹，英台就是妹妹，妹妹就是英台！

哥哥们：而我们就是她的大哥二哥三哥四哥五哥六哥七哥八哥。

梁山伯：英台就是妹妹，妹妹就是英台。原来如此……原来如此……哎呀呀，我真是个傻瓜！

祝五哥：我说你到底是谁啊！

梁山伯：麻烦几位哥哥转告英台，就说她的好友梁山伯来看她！

祝六哥：原来你就是那个梁山伯！找你没地方找，自己送上门来了！

祝七哥：都是你，害得父亲生了多少气，害得英台流了多少泪！

梁山伯：我？

祝八哥：要是没有你，英台的婚事，马家的生意，父亲的财务，我们的债务，早就万事大吉啦！

哥哥们：快滚吧！

旁白：此时梁山伯是百感交集，他想冲进祝府，拥抱他的英台，但面对英台家的豪宅，也知道门第差异，他想赶紧逃离这个不属于他的地方。而此时，小丫鬟已经告诉祝英台梁山伯来了，英台听到后一样心如刀割。她想冲出祝府，拥抱她的山伯，但理智却告诉她，应该听从父母的安排，与马公子成亲。晚上，山伯偷偷来到英台的窗下，呼唤英台的名字。最终英台下定了决心，于是她打开窗。

祝英台：山伯，是我，英台！

梁山伯：英台，是你，原谅我，我真是个傻瓜，我原先什么都不知道！

祝英台：山伯，我就问你一句话，今晚，你能带我走吗？

旁白：在故事中，我们的山伯也许会说，不，我不能带你走，因为我是个什么都没有的穷小子，我拿什么养你，拿什么爱你？然后，山伯离开，他郁郁而终。得知他的死讯，英台也会在他的坟前心碎至死。而生前没能在一起的两个人，会在死后变成两只蝴蝶，永远缠绵不休。听起来又残酷又美好不是吗？然而这只是一个故事，现在让我们把时间向前推进一千七百多年，来到现在。

祝英台：如果在现在，我可以上学读书。

梁山伯：如果在现在，我可以追求我喜欢的女孩。

[其他演员纷纷上台。

演员甲：我可以挣钱。

演员乙：我可以竞选学生会主席。

演员丙：我可以穿得像个男孩子。

演员丁：我可以到银行贷款。

演员戊：我可以追求我喜欢的男孩。

……

旁白：虽然他们仍旧有很多不能做的事，但比起梁山伯和祝英台可以做的事，已经多了很多。当然，如果他们愿意，在舞台上他们也可以成为两只蝴蝶。

[《化蝶》音乐起，梁山伯和祝英台化为蝴蝶。

[幕落。

◎ **排练说明**

一、服化道建议清单

1. 主要人物服装

方案一：

梁山伯：古代书生服装，简单朴素，模糊具体年代。

祝英台：扮作男装时为书生服装，简单但有柔美的部分；婚礼当天穿红色礼服。

书院同学：富家公子哥儿的服装。

祝父、祝母：浅色系的古代服装，可华美。

马父、马母、马公子：深色系的古代服装，可华美。

方案二：

梁山伯：浅色粗布材质古代服装。

祝英台：浅色绸缎材质古代服装。

其他所有人物：全身深色的服装，没有性别感和身份感，不同人物在不同场景中来回切换。

2. 主要道具

头饰，扇子，书本，行李，凳子或桌椅，蝴蝶装饰。

二、音乐清单

1. 第一幕：吕思清演奏的小提琴曲《梁祝》开头的长笛部分。

2. 第二幕：吕思清演奏的小提琴曲《梁祝》50 秒开始的双簧管部分，日本音乐家菅野祐悟制作的音乐 *Hunting*。

3. 第三幕：日本音乐家久石让为动画片《红猪》制作的配乐《曾经的岁月》。

4. 第四幕：吕思清演奏的小提琴曲《梁祝》1 分 17 秒开始的主旋律部分、5 分 5 秒开始的欢快部分。

三、资料参考

1. 电影《梁祝》（导演徐克）。

2. 黄梅戏、越剧《梁祝》。

四、其他（走位、分镜图、灯光等）

1. 第一幕：建议 1 或 2 课时初排，2 课时精排，全剧串排 4—6 课时。这一幕开门见山，通过祝英台父母接待未来亲家的场面，交代了主人公祝英台的处境。因此，虽然场景发生在祝家的客厅，但是不宜将舞台行动和舞台空间设计得过于繁复而拖沓，可简单地以家庭为单位，作为舞台空间的区分，以及行动的基础；人物也可以不用座椅，采用直接上台并站立的方式。旁白的台词可以把声音事先录制好，直接播放。

2. 第二幕：建议 3 或 4 课时初排，4—6 课时精排。这一幕讲述梁山伯与祝英台在书院求学的生活场景，实际上又可以分为四个部分。第一部分，梁祝与同学们；第二部分，梁祝的第一次交谈；第三部分，梁山伯被同学欺负；第四部分，梁祝的第二次交谈。这四个场面层层推进，以比较集中凝练的方式，展现了两个人的个性、在书院的生活状况，以及感情的发展。因此四个部分层层推进，从舒缓优美，到难过悲伤。

3. 第三幕：建议 2 课时初排，2 或 3 课时精排。这一幕是著名的"十八里相送"，梁山伯送祝英台回家的路上所发生的、带有喜剧性的场景，比较轻松。

4. 第四幕：建议 4 课时初排，4—6 课时精排。这一幕是全剧的情感与情节的高潮，也可以分为四个部分。第一部分，梁山伯在祝家的遭遇；第二部分，梁山伯与祝英台的内心斗争；第三部分，梁山伯与祝英台最后的相会；第四部分，现代性的结尾。

第四部分跳出故事本身，因此首先在台词上，可以让学生们加入自己的创造；其次在表演中，结尾要有个明显的跳出，类似于前面叙述者角色的跳出，学生们不再是任何剧中人物，他们都代表自己说话，展现当代青年人的感受和风貌。而最终，可以以艺术的方式再次回到故事主题，在叙述者说完以后，梁祝"化蝶"，回到剧中的元素。"化蝶"这一部分可以采用蝴蝶道具，也可以采用舞蹈等方式，亦可配合音乐完成。

（李笑卓）

第八章　忠——花木兰从军

◎　　**中华思想文化术语**

[**忠**]"忠"是一种尽己所能的态度。处在某一身份或职位的人应全心全意地履行其职责，而不应受个人私利的影响。"忠"的对象可以是赋予其职分的个人，也可以是其履职的组织、团体乃至国家。例如在古代社会，人们认为君主应该忠于民众，臣属应该忠于君主。

[**靡不有初，鲜克有终**]所有的事情都会有开始，但很少有人能够做到善终。"靡"，无，没有；"初"，开始；"鲜"，很少；"克"，能够。语出《诗经·大雅·荡》。原本斥责周厉王昏庸无道，政令多变而为害百姓。"靡不有初，鲜克有终"具有深刻的现实意义和哲学意义，做人、做事、为官、理政，有一个好的开端并不难，难的是始终如一地坚持到最后。它告诫我们，做事情不要轻易更改，不能开始时信誓旦旦但很快就忘记初衷，更不能轻言放弃，一定要做到有始有终、善始善终。

[**成人**]具备了健全德性与全面技能的人。在古人看来，"成人"的标志并不是年龄的增长所带来的身体的成熟，而是通过学习、修养获得了健全的德性和全面的技能。"成人"需要具备智慧、勇气，能够节制自己的欲望，并掌握各种技能，从而恰当地应对、处理生活中的各种事务，使自己的言行始终合于道义。

◎　　**剧本梗概**　　花木兰身为女子，却从小练习骑马射箭，不为世俗所接受。柔然入侵，皇帝招兵，木兰父亲的名字也在名册上。父亲因年老多病而不能胜任，木兰便女扮男装，替父亲出征。木兰骑马转战十余年，屡建奇功。打退入侵的柔然后，木兰解甲归乡，奉养双亲。

◎　**使用说明**

（1）	**［设计思路］** 花木兰替父从军的故事，来源于南北朝时北方的一首乐府民歌《木兰诗》。由此改编的戏剧、影视剧众多，如豫剧《花木兰》、电视剧《花木兰》（导演李惠民）、动画片《花木兰》（导演托尼·班克罗夫特、巴里·库克）、电影《花木兰》（导演妮基·卡罗）等。如何在原有故事的基础上进行创意改编，将故事赋予更多的现实意义，是本系列课程设计的重点。 本书的课程，以初中生或者已经上过戏剧教育课的小学高年级学生为教学对象。所以在设计时，就把这个年龄段学生的特点融入其中，如：进取心与独立意识增强，敢于接受挑战，但往往自制力较弱，实际努力不足，容易陷入空想主义。 教师在刚开始的教学中应注意了解学生的学情。例如，学生是否相互认识（可减少热身活动）；学生是否有过戏剧活动的经验（可减少如"定格画面"等名词解释或在小组活动中设计更难的任务）；经常出现什么样的课堂问题，如易出现小组矛盾，可适当增加团队合作类游戏。 因为木兰从军的故事家喻户晓，所以学生课前不需要提前了解或熟悉故事。课程间隔较久的情况下，可以请学生写"戏剧日记"或以小组为单位布置课后任务，以达到复习的目的。
（2）	**［课时安排］** 本系列教案每课时 45 分钟，共 8 课时，每次 2 课时。教案结构为 90 分钟，若每次单一课时上课，需重新"解构"及"结构"课程。如将原文中的主题活动分成两个部分，匹配相应的热身活动和疏松活动，形成 45 分钟的课程结构。 建议班级人数 20 人以内，15 人为最佳，分组时组数控制在5 组以内。如学生人数较多，某些活动时间可适当延长，相应增加课时。
（3）	**［课程难度］** 本课程难度在于第二节课与第三节课的课程节奏的把握上，建议在有张有弛的节奏中带学生完成对人物的感受和理解。连贯性也很重要，第二节课与第三节课推荐作为工作坊放在一起来进行，游戏部分可不必重合。

第 一 节 课

课程难度：3级（3级为最难）│对应剧本：第一幕，第二幕，第三幕

一、教学目标

1. 主要术语：孝。2. 测评能力：团队合作能力、表现力和肢体控制能力。

二、背景知识

木兰诗

唧唧复唧唧，木兰当户织。不闻机杼声，惟闻女叹息。问女何所思？问女何所忆？女亦无所思，女亦无所忆。昨夜见军帖，可汗大点兵。军书十二卷，卷卷有爷名。阿爷无大儿，木兰无长兄。愿为市鞍马，从此替爷征。

东市买骏马，西市买鞍鞯，南市买辔头，北市买长鞭。旦辞爷娘去，暮宿黄河边。不闻爷娘唤女声，但闻黄河流水鸣溅溅。旦辞黄河去，暮至黑山头。不闻爷娘唤女声，但闻燕山胡骑鸣啾啾。

万里赴戎机，关山度若飞。朔气传金柝，寒光照铁衣。将军百战死，壮士十年归。

归来见天子，天子坐明堂。策勋十二转，赏赐百千强。可汗问所欲，

木兰不用尚书郎，愿驰千里足，送儿还故乡。

爷娘闻女来，出郭相扶将；阿姊闻妹来，当户理红妆；小弟闻姊来，磨刀霍霍向猪羊。开我东阁门，坐我西阁床。脱我战时袍，著我旧时裳。当窗理云鬓，对镜帖花黄。出门看火伴，火伴皆惊忙：同行十二年，不知木兰是女郎。

雄兔脚扑朔，雌兔眼迷离；双兔傍地走，安能辨我是雄雌？

三、教学流程

（一）热身活动（15分钟）

板块目的：让学生相互熟悉，感受共同参与、共同解决问题的课堂氛围。

教师请大家围成一个圆圈，分别报自己的名字，然后根据以下规则重新排序：

（1）根据自己中文名字的首字母从 A 到 Z 的顺序站成一队。这次可以互相询问，可以发出声音。

（2）根据生日月份排序围圈。教师左手为 1 月 1 日，右手为 12 月 31 日，根据大家的生日排序围圈。这次不能用语言交流，大家需要自己思考用什么样的方式交流。

（二）主题活动（70分钟）

1. 小组演绎故事片段

教师提前准好写有中华思想文化术语的卡片，内容如下：和谐、平等、自由、忠、孝、尽忠报国。在课堂上，教师把这些卡片贴到教室墙上。

先用"抱抱游戏"（可参考本书《爱民——怪人郑板桥》的第三节

课）将学生分为六个小组，教师会为每组指定墙上的一条中华思想文化术语，请每组在倒数 10 秒后，根据术语摆出定格画面。

保持分组不变，教师为每个小组分发故事片段（事先写在不同的纸条上），给出排练时间，请每组根据故事片段摆出定格画面，并将术语通过定格画面体现出来。这次的要求是：第一，不能用语言交流；第二，画面完成后，由组内的一位学生负责念出纸条上的文字，作为旁白。

提示学生，在一个小组表演结束后，会让其他小组猜测他们所演的是哪一条术语。

纸条上的信息如下：

——术语：和谐

在中国古代，有一位年轻的姑娘，勇敢又聪明，名叫花木兰。她与父母、姐姐和一个年幼的弟弟在一个小村子里过着男耕女织的生活，他们是一个幸福的家庭。

——术语：平等

木兰的父亲年事已高。身为退伍军人的父亲一直把木兰当作男孩来养，父亲会带木兰到村子外的小河边教她骑马和射箭。

——术语：自由

木兰过了 14 岁，到了要嫁人的年纪。家族中女性长辈为她梳妆打扮，请媒婆来教木兰妇德和规矩，可木兰并不开心。

——术语：忠

有一天，一位官员来到村中宣布诏令。柔然入侵边关，需加派士兵奔赴前线，每家每户需出一位壮丁来军队支援。木兰家中弟弟年幼，她和姐姐又不能参军，父亲尽管腿有旧伤，依旧坚持复命接旨。

——术语：孝

木兰心想："虽然我是女儿身，但我的武艺却一点也不差。为什么我不能上战场并且像一个男人一样战斗呢？"木兰为她的想法感到高兴，并下定决心要替父出征。木兰劝说父亲："爹爹正身体抱恙，弟弟还太年幼。就让我替您去上战场吧！"说着，木兰穿上父亲的战袍，梳了个和父亲一样的发髻，她看起来就像一位战士。木兰的父亲凝视了好一会儿，几乎要认不出这是他的女儿了。他深深埋着头，陷入了沉思，最终点头答应了木兰。

——术语：尽忠报国

装备齐全后，木兰穿上战袍，告别家人。"向前冲，木兰！像男人一样战斗！"木兰在心里对自己说道。骏马载着她飞驰而去，木兰再也没有回头往后看。

每组表演结束后，让其他小组猜测他们所演的是哪一条术语，并分享自己猜测的依据。

可以请表演组分享自己小组的设计思路以及对术语内涵的理解，特别是这些内涵对当今生活是否还有价值。

2. 木兰的"墙上角色"

"墙上角色"是戏剧教育的范式之一，即：选择故事中的一个重要人物，画出其人形轮廓并展示给大家，让学生根据自己从故事或戏剧活动中建立的对于该人物的理解，思考该人物有怎样的形象，并将他人描述该人物性格或行为的词汇或短语写到轮廓外。之后思考人物自己是如何看待自己的，将人物形容自己的词汇或短语写在轮廓内。

先用"抱抱游戏"（可参考本书《爱民——怪人郑板桥》的第三节课）将学生重新分为三组，请各小组讨论：根据刚才的故事分享，自己认为木兰是一个什么样的人？

教师为每组分发事先画好人形轮廓的大白纸和马克笔，请学生为现在了解的木兰选择一个颜色，并用这个颜色的笔写下可以用来描述现阶段木兰性格的词汇。注意：将木兰形容自己的词汇写在人形轮廓内，将他人形容木兰的词汇写在轮廓外。

（三）疏松活动（5分钟）

请学生围成圆圈，按顺时针或逆时针报自己的名字，下课。此处，只是将报名字作为课堂结束的小仪式，也可以考虑其他方式。

四、物资道具

1. 1 开（787 毫米 ×1092 毫米）大小的白纸、马克笔。2. 写有故事片段的纸条。3. 彩笔若干。4. 写有术语的卡片，并提前贴在教室墙上。5. 写有《木兰诗》的 PPT。

第二节课

课程难度：3 级（3 级为最难） ｜ 对应剧本：第三幕

一、教学目标

1. 主要术语：忠。2. 测评能力：共情能力，团队合作能力，表现力和肢体控制能力。

二、教学流程

（一）热身活动（15 分钟）

木兰告诉父亲她希望替父从军，父亲内心充满了犹豫与不安，当晚，他做了一个梦。

教师将学生分为三组，请每组分别听三首不同的音乐，告诉学生父亲梦境的内容藏在音乐中。每组分配一首音乐，请学生根据分到的音乐创作出父亲的梦境内容，稍后每组跟随音乐进行梦境的演绎。

三首音乐分别是：

The Battle of the Pelennor Fields[1]；

Strength of a Thousand Men[2]

---

[1] 电影《指环王》的背景音乐。
[2] Two Steps From Hell 公司创作专辑 *Archangel* 以及 *Nero* 中的一首背景音乐，气势恢宏，在中国航母全 CG 动画宣传片中作为背景音乐。

Heart of Courage[①]

（二）主题活动（70分钟）

1. 两难的父亲

木兰要替父从军，父亲如何决定。

这里运用戏剧教育范式之一的"良心巷"。选出两位志愿者分别来演木兰和父亲。请其他学生面对面站成两排，站成恰好可以让一个人通过的巷子。扮演父亲的学生，从巷子的一端走向另一端，两边的学生在父亲靠近时，提出自己的建议：一边是说出父亲的顾虑和担忧，即不能让木兰去的原因；另一边则鼓励父亲让木兰从军。两边的学生在父亲快要经过的时候就可以开始劝说，走远后就可以渐渐停下来观察父亲的反应。

木兰的扮演者则在另一侧的巷子口不断重复台词："父亲，让我代替您去从军吧。"

对父亲的劝说观点，可参考如下：

——不能让木兰去，要是她被人发现，她将一辈子抬不起头；

——她的功夫不比男孩子差，她是你一手培养起来的，你应该相信她；

——这样失"信"的行为，很可能会葬送花家几代的声誉；

——木兰生活在这里并不开心；

——她想假扮成一个男人在军营中生活，这太难了；

——她在前线凶多吉少，甚至会有去无回；

——木兰虽是女孩，一样可以尽忠报国，实现自己的价值，这没有对错；

---

① 演唱者 Two Steps From Hell，所属专辑 *Legacy*。

——木兰长大了，作为一个父亲，你应该尊重木兰的想法和追求；

……

教师让走到巷尾的父亲的扮演者说说自己的决定。无论他如何决定，教师都要给予鼓励。

2. 木兰上市场买装备

教师提示大家：《木兰诗》是南北朝人写的，当时的兵役制度属于"府兵制"，即各地军户平时务农，定期参加军事训练，战时一旦入了名册，就需要自行采购装备。

这里运用戏剧教育范式之一的"环形剧场"。教师先用"抱抱游戏"，根据参加本节课的学生人数，把他们分为四至六人的小组。然后把活动空间划分成几个区域，如打铁铺、马具铺、马市等。每组在自己的区域扮演不同的商贩，组内成员要商量好说哪些话、做什么动作等。最后的展示是一段 30 秒的表演，要求从一个定格画面开始，展示后结束在另一个定格画面上。教师规定小组的展示顺序，一组展示完毕下一组直接开始，以此类推，最后集体鼓掌。

由教师扮演花木兰，走进每组，去与每组代表的商家交流。这里运用"教师入戏"范式。教师告诉学生会以"围巾"作为标志，教师戴上围巾，就是木兰，取下来就不是。提示学生，作为当时的百姓，战争与他们的生活息息相关，战时会有商品短缺、无法满足需求的情况，请他们作为当时的百姓判断自己的商品什么情况下可以卖，什么情况下暂时不卖。学生会作为商家询问木兰为何来买装备，教师作为木兰悄悄告诉他们自己要替父从军，希望他们可以保密。教师的台词可以参考剧本中的第三幕。

3.告别时刻

这里运用戏剧教育范式"集体雕塑""仪式""思路追踪"。在活动空间的中间位置放一把椅子，椅子上搭一件战袍（如无道具，可以用一件较长的风衣来象征），战袍是木兰父亲的。

请五位学生分别扮演木兰、母亲、父亲、弟弟和姐姐。请木兰看着战袍站定，背对家人。母亲、父亲、弟弟和姐姐在木兰后方（约1.5米）的位置面对木兰。请扮演者思考家人此刻是什么样的动作，然后母亲、父亲、弟弟和姐姐摆出定格画面。

教师挑选三位学生扮演壮士，壮士为木兰缓慢地穿上战袍，注意这里要演出庄重感、仪式感。

请其他学生思考当家人看着木兰穿上战袍时，心中会想什么。想发言的学生可以走上前将手放在木兰的家人肩膀上，并代表他们说出内心的想法。

同时提示木兰的家人，你们可以根据木兰的行为做出反应。最后请木兰转身，对父亲说："父亲，请让我代你去从军吧！"

（三）疏松活动（5分钟）

请学生回到圆圈，分享感受。

四、物资道具

1.三首音乐（具体见教学流程）和播放设备。2.椅子。3.战袍。4."教师入戏"的道具（可以是发簪或围巾）。

第三节课

课程难度：3级（3级为最难）｜对应剧本：第五幕

一、教学目标

1. 主要术语：靡不有初，鲜克有终。2. 测评能力：感受力、团队合作能力、表现力、创作能力和肢体控制能力。

二、教学流程

（一）热身活动（10分钟）

板块目的：感受战场氛围，提高注意力。

教师先播放一段古代战争的片段（可以从电视剧《花木兰》或者电影《花木兰》中截取）。

教师带领同学们做"行走游戏"：学生们按照教师口令做"走""停""跑""跳"的动作。然后教师为每个人分配一个数字号码（1—9），请大家继续行走，教师喊出一个数字，代表该数字的人需要立刻做即将倒下的姿势，代表其他数字的同学发现后要迅速围绕在他身边并将他托起、不让他摔倒。托起该名同学后，大家把该名同学送到旁边，代表"死亡"。

（二）主题活动（70 分钟）

1. 军营生活

教师提示学生：在军队中，上战场和训练只是一部分，大部分的军营生活是乏味的、枯燥的。

将学生分组：六人一组，指定 1 号、2 号，1 号为导演，2 号为保密角色。

教师发放记号（所有的 2 号同学为后续"走进战场"环节的牺牲者）。先请学生们设计一段持续 30 秒的默剧，以展示士兵们除了训练和作战外的其他军营生活。

每组分配主题：清洗兵器、磨刀枪、玩牌放松、清洗马匹、修战壕。导演不参与表演。5 分钟后请每组进行演绎，从一个最重要的定格画面开始并结束在另一个定格画面上。

教师提示学生们，木兰在军队中因为身材娇小经常受欺负，请将刚刚演绎的画面加入"木兰受欺负"的情节，导演作为木兰再次排练，表演中要出现欺负木兰的人和帮助木兰的人。

请所有组的表演连续进行。教师可以对每幅定格画面里的木兰进行"思路追踪"，即请其他学生作为木兰思考她此刻内心的声音，依次走过角色身边并轻拍肩膀，替角色说出她的心底话。

2. 坚持的力量

请一位学生扮演木兰，木兰双手抱臂闭眼，其他学生先活动下胳膊，伸出手掌。木兰依次走过学生面前，她经过时，附近的学生就要伸出手去，做出托着她的姿态，手要用力。教师启发：想象经过你身边时的木兰的身体和心理状态都濒临极限，所以请你说出一句有力量的话，来鼓励她坚持下去，同时你的手也要传达出这份力量来。例如：

——起来，木兰，你可以的！

——木兰，站起来！像男人一样去战斗！

——木兰，你要活着回去，你要带给花家荣耀。

请扮演木兰的学生在走过一圈后，分享自己的感受。

教师可做总结：凭借着这些力量，木兰最后坚持了下来。尽管她已经筋疲力尽，但她还是勇敢地在军营中磨练自己的身体和意志。

3. 中华思想文化术语"靡不有初，鲜克有终"

教师把学生分为四组，为每组分发白纸，请大家写出木兰决定坚持下去后，具体做了哪些事以提高自己的体能。可以具体到她每日的训练安排。

在进行分享后，教师引出"靡不有初，鲜克有终"：

> 所有的事情都会有开始，但很少有人能够做到善终。"靡"，无，没有；"初"，开始；"鲜"，很少；"克"，能够。语出《诗经·大雅·荡》。原本斥责周厉王昏庸无道，政令多变而为害百姓。"靡不有初，鲜克有终"具有深刻的现实意义和哲学意义，做人、做事、为官、理政，有一个好的开端并不难，难的是始终如一地坚持到最后。它告诫我们，做事情不要轻易更改，不能开始时信誓旦旦但很快就忘记初衷，更不能轻言放弃，一定要做到有始有终、善始善终。

4. 战时训练

教师组织学生做"照镜子游戏"。

（1）初级版

2人一组，分为A、B。A先做镜子、B先做引导者（即照镜子的人）。随后交换角色。

此处可引导学生缓慢地做动作。教师提示学生：你们可以任何一个人先开始，期间随时转换引导者。尽量让观众看不出谁是带领者谁是跟随者。

（2）使用想象的剑

所有人围成一个圆圈，想象自己有一把剑。先想一下剑的质感什么样，重量如何，多长，多锋利。然后"摸一摸"剑锋，感受一下。然后从抓住剑鞘开始，慢动作拔剑，感受剑出鞘时的锋利。再抓住剑鞘，想象自己是一个用剑高手，能用剑在空中认真地写出自己的名字。

教师此刻再次把学生分为两人一组，每组由任意一人先拔出剑，写自己的名字，另一人跟着模仿。写完后交换角色。

（3）设计动作

教师请大家围成一个大圆，提出：我们要设计五个动作，思考在战争中用刀剑攻击时会做什么动作，会发出什么声音。教师邀请想好的学生来展示他的设计，所有人一起模仿。

随后大家一起思考要用怎样的动作来保护自己。将五个攻击与保护动作相互穿插，规定顺序连在一起做出来。找回刚刚照镜子写名字的队友，两人选择三个动作一起呈现出来，攻击和防御都要包含进去，附加"嘿""哈"的声音进行排演。

5. 走进战场

教师把学生分为两组，分别站在活动场地相对的两边，两组先是背对背。每轮音乐①先起，当老师喊出"冲吧，木兰，像男人一样去战斗"后，请大家转身过来，开始战斗，使用刚刚设计的打斗动作，边做动作边大声喊出"嘿""哈"，向对方快步过去。两端互相穿过。练习

① 此处可以用 *Drumming for Warrior*（由 Relief Unit Zone 唱片公司录制的非洲战鼓音乐）。

两或三轮。

教师告诉学生，在军营生活中，神秘角色"2号"是牺牲者，他们将会在交锋时倒下，不会到达另一端。两队交锋后，牺牲者躺在地上。教师走上战场，表演"用衣服缓慢地擦剑上的鲜血"的动作。

随后请一位学生扮演木兰站在中间的"尸体"旁，请其他所有人去想此时木兰脑海中在想什么。如果哪位学生有想法，可以去拍木兰的肩膀帮她说出。在大家依次去拍木兰的肩膀前，可以询问木兰的扮演者想要做什么或想要说些什么。

最后所有人拥抱扮演木兰和牺牲者的同学。

（三）疏松活动（10分钟）

用"抱抱游戏"分成三人一组，组内讨论在刚刚的过程中，自己的感受。然后大家站成一个圆圈，在教师引导下，再次分享体会。

拿出木兰的"墙上角色"，使用其他颜色的笔补充因剧情发展而对木兰可以增加的形容词。

四、物资道具

1.电脑和事先准备的古代战争视频。2.第一节课的"墙上角色"。3.大白纸、马克笔。4.战鼓音乐（具体见教学流程）。

第四节课

课程难度：3级（3级为最难） ｜ 对应剧本：第六幕

一、教学目标

1. 主要术语：忠、成人。2. 测评能力：写作能力、批评思维能力和解决问题的能力。

二、教学流程

（一）热身活动（10分钟）

"将粮食运到前线"游戏（改编自"123木头人"游戏）：

游戏规定：确定前线救援目标区域（一个方块区域）和救援军起点线，选一个柔然将军站在前线后方。用一个布袋象征粮食。

游戏任务：所有的救援军需要从起点出发，将粮食袋子放到方格区域即算救援成功。

游戏规则：柔然将军看到救援军动了，就会请救援军回到起点。如果看到救援军的粮食袋子，代表运粮失败，所有人都需要重新回到起点。柔然将军在战场上有绝对权威，只要指到谁，谁就必须回去。

游戏提醒：在战场上只有相互配合才可能赢得胜利；战争中要应用智慧，想办法来解决问题。

游戏结束后，教师请学生总结经验，并对学生做出鼓励。

（二）主题活动（70分钟）

1. 举荐木兰

用"抱抱游戏"把学生分为四至六人一组，以小组为单位，以木兰战友的身份为木兰写推荐信，字数在300字左右。每组分配不同的收信对象，写给皇帝、写给家中姐妹、写给家中兄弟等。

教师将术语卡片贴在墙上，待写完后，各组互相交换推荐信，每组根据拿到的信的内容，找出一个能描述木兰品格的中华思想文化术语（可参考本系列课程的第一节课中教师提供的术语卡片），并展示出信件中能体现这条术语的定格画面。

学生们写到的术语词条，教师都可以给予鼓励，并做简单的讲解。最终可落脚到对"忠"的讲解上：

> "忠"是一种尽己所能的态度。处在某一身份或职位的人应全心全意地履行其职责，而不应受个人私利的影响。"忠"的对象可以是赋予其职分的个人，也可以是其履职的组织、团体乃至国家。

2. 解甲归乡

木兰从战场上活了下来，并做了将军，皇帝想让她带军队，但是她要回家去。

这一环节，需回到一开始木兰身披战袍、毅然从军的环节的定格，利用戏剧教育范式"仪式""集体雕塑""思路追踪"。

学生们为父亲、母亲等静像重新调整姿态。调整结束后，这些家人去到自己觉得合适的位置。请三位学生将木兰的战袍脱下，其他人想象场上家人的思想活动。学生可以任意上去轻拍角色的肩膀并说出角色此时的心里话。

3. 体会诗歌

豫章行苦相篇（节选）

[西晋] 傅玄

苦相身为女，卑陋难再陈。

男儿当门户，堕地自生神。

雄心志四海，万里望风尘。

女育无欣爱，不为家所珍。

这是一首写古代女人境遇的诗的一部分，教师请学生们朗诵，然后询问：请说说你读后的感受。你觉得木兰回到家后生活会是什么样的？你会给木兰什么建议？如：古代女子的地位很低，木兰可能承受比我们现在想象出的更大的压力。

4. 回顾"成人"过程

请回到第一节课的定格画面。抽调其他人，只留各组木兰（即场上留下六位木兰）。观察不同状态的木兰，回顾每一个过程中我们进行的活动，请学生们分享木兰每一个阶段都有哪些成长。

引出中华思想文化术语"成人"。

具备了健全德性与全面技能的人。在古人看来，"成人"的标志并不是年龄的增长所带来的身体的成熟，而是通过学习、修养获得了健全的德性和全面的技能。"成人"需要具备智慧、勇气，能够节制自己的欲望，并掌握各种技能，从而恰当地应对、处理生活中的各种事务，使自己的言行始终合于道义。

木兰从军的故事，代表了一个人成长的过程。在古代，也可以称为是一个"成人"的过程。①

（三）疏松活动（10分钟）

大家围坐成一个圆圈，分享本系列课程获得的收获。

三、物资道具

1.布袋子。2.第一节课的"墙上角色"。3.术语卡片（和谐、孝、自由、平等、忠、尽忠报国、成人）。4.第二节课的战袍。

---

① 对当代的青少年来说，18岁才算是"成人"。在我国，"成人仪式"一般会出现在高中或者大学。教师可以视学习本课程的学生的不同情况及接受程度，考虑是否要讲解"成人"这条中华思想文化术语。

◎ 剧本

主要人物及角色描述
花木兰：巾帼英雄，独立勇敢，忠孝双全。
黑木兰、白木兰：为木兰内心的两种声音，一阴一阳，阴柔为白，阳刚为黑。
花　弧：木兰的父亲。年轻时是一名出色的军人，不幸在战争中腿部受伤，后半生需拄拐杖行走。
李校尉：出色的军事领袖，自律自强，尽忠职守。

[第一幕]①

黑木兰： 最近我开始怀念小时候的日子，那时我的父亲教我骑马射箭。我喜欢骑着马狂奔，当时无拘无束的感觉真好。我还喜欢射箭，我总能正中靶心，这对我来说太容易了。

白木兰： 但当我过了十四岁后，我的父母就开始变了个样子。因为他们要让我和村里其他姑娘一样，像我已经出嫁的姐姐一样，把注意力放在打扮、持家，将来伺候公婆和丈夫、生儿育女上。

[木兰家。木兰外出射箭回来，笑盈盈进门。

花　母： （提醒木兰）木兰，笑不露齿，行不露足。

媒　婆： （360 度观察木兰）哎呀呀呀呀，这穿着，哪像个待嫁的姑娘。哎呀呀呀呀，太瘦了，不容易生出儿子。

木　兰： （悄悄问母亲）这是谁？

花　母： 这是我们镇上的王婆，来帮你看看。

媒　婆： （斜眼看）妇德、妇言、妇容、妇功，没一条合规矩的。你这女儿有点难教啊。

木　兰： 为什么要我嫁人？

花　母： 嘘。

媒　婆： 男大当婚，女大当嫁，这是天经地义的事！

木　兰： 可我现在还不想嫁。

媒　婆： 不想嫁？哼，我看啊，是根本嫁不出去。

木　兰： （一把把媒婆推出门）我、的、人、生，你、说、了、不、算！出去！

花　母： 木兰，你！太没规矩了！

木　兰： 我……

黑木兰： 我不喜欢织布，不喜欢女红，不喜欢学习什么妇德。

白木兰： 尽管，我也努力地去做了，我也希望给花家带来荣耀。

花　母： 木兰！女儿家没有一双巧手，没有温顺贤良的秉性，就什么也没有了。

木　兰： 不，父亲从小教我骑马射箭、勤读诗书，怎么就什么也没有了呢？

[花弧上，拄着拐杖，在门口观望。

花　母： （对花父抱怨）这是我请的第三个媒婆了……这就是你教出来的女儿。

[花弧进门在木兰旁边坐下。

花　弧： （看着木兰，意味深长地）是我错了，一开始就不应该把木兰当一个男孩来养。

---

① 教师可以引导学生为剧本加上文字标题，比如"第一幕 木兰待嫁""第二幕 替父从军""第三幕 行前准备""第四幕 初入军队""第五幕 军营淬炼""第六幕 解甲还乡"。

花　弧：木兰你已经长大了，我和你母亲很担心你未来的生活，你也好好想想。
木　兰：我未来的生活？
[三位演员上台，站在舞台左侧摆出定格画面——听从父母意愿的未来生活：梳妆打扮、伺候夫君和公婆、生儿育女。
木　兰：不不不！我想象的未来是——
[三位演员重新摆出定格画面——木兰想象中未来的生活：骑马射箭、遍读诗书、尽情跳舞。此时锣声响起。
花　母：这是什么声音？像是有朝廷的官员在宣布什么？（转身发现木兰跑了出去）木兰，木兰！你跑出去干什么？

[第二幕]

[村头。朝廷官员赵令带领兵丁在敲锣召集村民，村里的人渐渐聚集在这里。木兰和父母也走了过来。
赵　令：（展开手里的圣旨）奉天承运，皇帝诏曰：柔然入侵，边关告急，每家每户必须出一名男丁入伍，以解边关之忧。（把圣旨收起来，掏出花名册）下面点名：萧丹！
萧家儿子：我会为我的父亲出征。
赵　令：易军！
易家儿子：我替爹爹为国出征。
赵　令：花弧！
[花弧将拐杖递给妻子，准备去接旨。
木　兰：（拦住）爹爹，你的腿……
花　弧：（一瘸一拐地走上前）草民已经准备为国效劳。
花　母：（向赵令求情）官爷，我丈夫已上过战场为国尽忠，现在他腿有残疾，不能再打仗了。
赵　令：可有人替你出征？
花　弧：（摇摇头）官爷，保家卫国是花家的责任。草民愿意重回战场。
赵　令：忠心可嘉！明日午时，军营报到！
[赵令和众村民下场。花弧伸手要拿花母手中的拐杖，花母拒绝。
花　母：让你逞强！让你逞强！离了拐杖，你只能一步一步挪动。上了战场，敌军来了，你跑都跑不了，还谈什么"为国效劳"。
花　弧：（安慰妻子）我可以当个伙夫，我可以干些轻省的活儿。有一份力就出一份力。大敌当前，匹夫有责啊。你看人家萧家、易家都有成年的儿子，可以替父上战场，咱家的儿子才十岁，难道让木兰去吗？
木　兰：（挺起胸）为什么我不能去？爹爹身体抱恙，弟弟还太年幼。就让我替您去上战场吧！
[花弧和妻子惊讶地看着木兰，定格，灯光暗。

[第三幕]

▌▏第一场

[街市，有卖马的，卖枪的，卖铠甲的，卖马鞍的。
卖马人：卖马啊！千里脚程的白龙马！

木　兰：店家，请问哪匹是您说的能行千里的马？

卖马人：小丫头，你要买马？那来的可不是时候，还得等几天。

木　兰：买马还分什么早晚吗？

卖马人：这两天缺货，你过几天再来吧。

木　兰：马棚之内分明有许多马匹，为何不肯卖我？

卖马人：你别误会，这柔然犯境，村中壮士要前往关前报到，我这里的马匹是留给那些杀敌的勇士的。

木　兰：我买马也是为了上阵杀敌。

卖马人：你一个姑娘家上阵杀敌？

木　兰：哦，我……我是为父亲买马。他要上阵杀敌。

卖马人：明白了。那我帮你选匹好马。这匹是白龙马，有千里的脚程。

木　兰：不知要多少银子？

卖马人：这匹马原本卖五十两银子。既然是给上阵的将士，那你给个二十两吧，也算我为国家效力啦！

［木兰付钱，牵过马来，又走到舞台另一侧的打铁铺。

打铁人：叮当叮当把铁打，风箱炉内哗啦啦。金子牌匾在当中挂，认准字号第一家。真才实料不二价，货真价实非自夸。两旁摆着兵器架，种类倒有一十八。刀枪剑戟不在话下，还有那鞭锏与锤抓，拐子流星月牙铲，金爪斧钺带钩叉。别看我能做能卖，会说会道，我还样样会耍。①

木　兰：（挑中了一杆枪）店家，这枪多少银两？

打铁人：（看着木兰手里的枪）好眼光，这杆枪名叫梨花枪，抖一抖好像蛟龙出水，取上将咽喉犹如探囊取物一般。（发现自己认识木兰）哎，这不是花家的木兰姑娘吗？当年你爹爹就是从我铺子里买兵器的，我记得有一次他带你来，那时你还小……

木　兰：您是刘叔叔吧？我记得爹爹常称赞您打的兵器称手。

打铁人：可不是嘛。你怎么跑来买枪？是给你爹爹买吗？你爹爹可是擅长使刀啊。来来，我这里有一把好刀……

木　兰：我不是帮爹爹买的，我其实是……

黑木兰：不能说实话啊，这件事传开了可是欺君之罪啊。

白木兰：可是，刘叔叔是父亲的朋友。我怎么能欺骗他呢？

打铁人：不是帮你爹买。哦，是啊，你爹爹腿不好，这次征兵肯定没有他。不过，我记得你弟弟还没成年，难道是帮他买的吗？

木　兰：不是，不是。我说错了，是帮爹爹买的。他在花名册上，也要入伍。

打铁人：啊？你爹爹有旧伤，年纪也大了，我真为他担忧啊。

木　兰：刘叔叔您别忧心，总会有办法的。

打铁人：还能有什么办法……唉……

木　兰：（想跟打铁人说实话，低声说）我可以替……

黑木兰：从你做了决定那刻起，你要习惯保守秘密。

打铁人：（没有听到木兰的话）还是不伤感了。（将刀递给木兰）我帮你为你爹选一把青龙揽月刀，你爹爹一定喜欢。

木　兰：（接过刀，太重，险些拿不住）有些重了，我觉得枪比较合适。

打铁人：听我的，你爹爹一定喜欢这大刀，耍起来风雨不透。

木　兰：我还是拿枪吧。

---

① 此处台词选自京剧《花木兰》。

打铁人： 拿刀好。

木　兰： 拿枪好。

打铁人： 又不是你用，是你爹爹用。

花木兰： 好，那听刘叔的。这银两您收着。

卖枪人刘叔： 这银两你收好赶紧的，这把刀是我老弟的一番心意，我能为花老哥做的，也只能是这个了。

木　兰： 木兰替爹爹谢过刘叔叔。

打铁人： 好孩子！好孩子！

[木兰把刀放到马上，卖铠甲和卖马具的店家听到木兰跟前面的店家的对话，主动拿着东西凑了过来。

木兰背着大刀来到铠甲店铺。

卖铠甲的店家： 来看看这铠甲呦……

木　兰： 店家，这铠甲可有偏小的尺码？

打铁人： （把木兰拉到旁边）木兰，给花老哥买小码那可不行，他那大个子，必须要大码。

木　兰： 这……哎……我……（相信打铁人的真诚，悄声说了实话）刘叔叔，实话告诉您，我想替父从军。

打铁人： （吃惊，重复）替父从军？

木　兰： 您小点声！爹爹腿有旧疾，我不能眼看他去送死。爹爹说了，保家卫国是花家的责任。我愿意承担这份责任。只是我得女扮男装，代他从军。

打铁人： 我说呢……别担心，木兰。我替你保密。你等着，我这就去把那把枪拿来。

卖马鞭的店家： 姑娘，这马鞭给你，是我的一番心意，可不能拒绝，保佑英雄平安归来。

卖辔头的店家： 姑娘，你看这辔头配上你这匹千里马正合适，我这辔头难得遇到这么好的马，你这必须收下。

卖铠甲的店家： 想我们过的好好的太平日子，可恨那柔然侵犯咱们疆土，烧杀抢掠是无所不为。希望这小码的铠甲能保护你父亲平安，拿去吧！

木　兰： 这……谢谢大家，木兰不胜感激，定将竭尽全力。

卖枪人刘叔： 快去吧，别耽误了。

卖辔头的店家： 真是个忠孝两全的好姑娘啊。

卖鞭子的店家： 这父亲真有个好女儿。

卖枪人刘叔： 哎，你们怎么都知道了？！

众　人： 嗨……（各自忙去）

木　兰： 谢谢刘叔叔！（提高声音）谢谢各位！

▌| 第二场

[花父到舞台斜前方定格，花父声音着黑衣上场，做出花父不同的情绪状态的定格，分别表达花父的内心独白。

黑木兰： 父亲，我从小像男孩子一样，骑马射箭样样都会，让我代您去出征吧，我一定会平安归来。父亲，您还记得吗，您经常说"没有什么事是我们木兰做不到的"，这次也一样，请您相信我。

黑木兰、白木兰： 父亲，让我代您去出征吧。

花　父： 我该如何做出选择？！

花父声音1： 不能让木兰去，要是她被发现，她将一辈子抬不起头。

花父声音 2：她的功夫不比男孩子差，她是你一手培养起来的，你应该相信她。

花父声音 3：这样失"信"的行为，很可能会葬送花家几代的声誉。

花父声音 4：木兰生活在这里并不开心。

花父声音 5：她想假扮成一个男人在军营中生活，这太难了。

花父声音 6：你还记得你听到这件事的时候，内心是多么替木兰骄傲啊，你培养了一个勇敢的好孩子。

花父声音 7：她在前线凶多吉少，甚至会有去无回。

花父声音 8：她一旦被发现，花家会永远蒙羞，家产也要被没收。

花父声音 9：木兰虽是女孩，一样可以尽忠报国，实现自己的价值，这没有对错。

花父声音 10：木兰长大了，作为一个父亲，你应该尊重木兰的想法和追求。

[马蹄声起。

花　母：不好了，木兰骑着马提前出发了。

[花父大惊急忙和花母下。黑木兰、白木兰上场。

黑木兰、白木兰：（原地快跑）向前冲，木兰！像男人一样去战斗！

[花父声音 1—10 此时成为木兰内心的声音，在黑木兰、白木兰身后列阵奔跑。

木兰声音 1：上战场也没什么大不了的。

木兰声音 2：我不害怕，一点也不。

木兰声音 3：我一定能决胜归来，我没有选择。

木兰声音 4：为了父亲，为了家人，我将义无反顾。

黑木兰、白木兰：（原地快跑）向前冲，木兰！像男人一样去战斗！

木兰声音 1—10：（原地快跑）向前冲，木兰！像男人一样去战斗！

[第四幕]

[军营，吹哨声起，众将士集合。

李校尉：众将士听令！以后每日破晓前你们需要迅速整装集合，有违令者，严惩不贷。今天开始我们进入正式的训练。今天的第一个任务是让你们学会军队的规则，看到眼前的沙袋了吗？一个代表"纪律"，另一个代表"勇气"，先扛起两个沙袋负重跑十圈。

[木兰扛起两个沙袋走路跌跌撞撞。

李校尉：花弧①！你是个废物吗？这沙袋才不过五十斤，你看看你现在的反应，有这么夸张吗？你还是个男人吗！

花木兰：对不起，我在努力！

李校尉：今天所有人完不成任务不许吃饭！

众士兵：是！

李校尉：花弧，军营里绝对不养废人，适者生存，跟不上就会在战场上被淘汰。

花木兰：（咬牙）是！

李校尉：（吹哨列队）今天我们教大家用剑。只有掌握剑法，才能使剑术在运动中有"法"可依，有"理"可循。（边说边带领大家做出动作）接下来自己练习，十遍完成后休息。

[其他士兵训练完毕后就跑去领饭，木兰最后一个完成，等她到领饭的地方，已经没有食物了。

厨　子：你来太晚了，已经被大家分完了。下次来早点。

---

① 木兰是用父亲的名字"花弧"从军的。

[木兰垂头在空地（舞台斜前方）歇脚，突然闻到了一阵香味。

木　兰：（发现旁边有几个士兵围在一座帐篷外，在烤什么东西，走过去）你们在烤什么？

士兵甲：这你都不知道，看，这是蚕蛹，焦香酥脆，好吃，解饿。要不要试一试？

木　兰：不用了……多谢。

士兵乙：（一边吃蚕蛹一边说话）嗯，好吃，比军队里的清粥稀汤强多了。

士兵丙：小心，小心，火烧到裤子啦！

士兵甲：（跳着扑打自己裤子上的火，跳到了帐篷边，结果火把帐篷也点着了）坏了，坏了，火烧到帐篷了！

[李校尉走了过来。

李校尉：你们这是在做什么？

士兵乙：报告校尉，是……是花弧，没吃上饭在这里生火烤虫子吃，结果把帐篷点着了。

木　兰：我没有！你撒谎！

士兵丙：他没撒谎。是花弧干的。我亲眼见到的！

木　兰：你们！

李校尉：花弧！怎么又是你！我的军队不允许任何人不遵守规则！你把今天的训练再重复二十遍，做不完就别睡了。

[李校尉和其他士兵下场，木兰又伤心又沮丧，走到训练场。

白木兰：对不起，我想放弃了。

黑木兰：不，你怎么能遇到挫折就后退！

白木兰：可是我已经尽力了，我本来就是个女孩，天生不如他们。

黑木兰：没有谁是天生不如别人。你忘了，你在村里骑马射箭，村里即使比你大的小伙子都比不上你。

白木兰：我瞒着父母，女扮男装来从军，本来就是欺君之罪。趁大家还没发现，正好回家。

黑木兰：可是，你忘了自己对家庭的责任了吗？忘了自己对国家的责任了吗？

木　兰：（捡起地上的剑，开始挥舞）对家庭的责任！对国家的责任！我要成为一个女战士！

[天亮了，李校尉和其他士兵上场。

士兵甲：快看，那不是花弧吗？难道这小子一夜没有睡？

士兵乙：就是花弧啊。这小子的剑法怎么这么厉害了。

士兵丙：他竟然把这么难的招式都掌握了。

[其他士兵也开始学习木兰的动作，并和她一起练习。

李校尉：花弧！

木　兰：在！

李校尉：你进步很大，继续努力，一定会成为一名合格的战士！

旁白：木兰很快适应了军中生活，并练就了一身扎实的武艺，成了军中副将。

[木兰离开队形，成为指导动作的将领。

木　兰：点剑、崩剑、撩剑、劈剑、刺剑、拦剑、挂剑。

众士兵：嘿！哈！嘿！哈！

[第五幕]

▌| 第一场

[舞台分为三部分，每部分都聚集着几个士兵，分别在磨洗兵器、喂洗马匹、读写书信。

白木兰：军队的生活除了打仗，更多的是枯燥且无趣的。

[舞台左侧，几个士兵在磨洗兵器。

士兵甲：我好想回家啊。

士兵乙：没事，相信战争很快就要结束了。

士兵丙：你怎么磨刀这么久。

士兵丁：我总想把这些刀剑再磨得锋利些，在上阵杀敌时以一敌百。

士兵戊：你可真有一手，这刀磨得快如镜子一般了。

[舞台中间，几个士兵在喂洗马匹。

士兵己：马儿，多吃点，在战场上你要和我们一起冲锋陷阵。

士兵庚：这马腿长得真壮，是征战沙场的好帮手。

士兵辛：这马就要上战场了，可能再也回不来了。

士兵壬：这马长得真俊啊，不愧是千里马。

士兵癸：马啊，通人性，擦的时候要慢慢擦，先擦头，再擦背，最后擦尾巴。这样洗马才会让马觉得舒服，马儿开心了才能跑得快。

[舞台右侧，几个士兵在读写书信。木兰也在这里。

士兵赵：让我看看，信上写了什么？

士兵钱：拿回来！

士兵孙：母亲，您知道吗，我很想念您，我前几日打了第一场胜仗……

士兵钱：你，太过分了！花副将，你快帮我夺过来。

木　兰：哈哈哈。

[一名士兵上场。

上场的士兵：花副将，李校尉请你进帐议事。

▌| 第二场

[李校尉的帐篷，李校尉和花木兰商量军事行动。

李校尉：我今天收到了军书，让我们前往怀朔镇支援。我们面前有两条路可走，一条直线走平原，线路最短，能最快抵达，但敌军较多。另一条是山道，道阻且长，敌军较少。你怎么看？

木　兰：现在敌人的兵力是我们的数倍，对方又以骑兵居多。我们的骑兵少而步兵多，又有粮食物资的拖累。如果走平常路线，我们会在平原上与敌军相遇。到时敌人的骑兵杀来，我们不但粮食不保，还未出战就已全军覆没。所以我建议改走山道，这样敌军很难发现，等我们悄悄到了怀朔，与守军里应外合，夹击敌人。

李校尉：说得好，正所谓知己知彼，百战不殆。明日启程，你带领士兵们做好准备。

花木兰：是！

▌| 第三场

[子时，花木兰点燃火把，准备出征。

众士兵： 守军来信，约定午时内外夹击，同时攻打敌军。

李校尉： 将士们，干了这碗酒，我们上阵杀敌！相信我们一定能捷胜归来！

众士兵： 杀退柔然，还我河山！

[厮杀声、呐喊声、战鼓声起。两方交战。

黑木兰、白木兰： "向前冲，木兰！像男人一样去战斗！"

[两方交战。

柔然将领： 就凭你们，哪是我大力神的对手！

[柔然将领挥舞大刀迎面而上，李校尉用枪挑他的手中兵器，然后刺中他的头盔。柔然将领翻身下马。

箭声，李校尉中箭。

士兵甲： 校尉！校尉中箭了。

木　兰： 校尉！

李校尉： 花弧，不用管我，你一定要带大家打赢这场……回家……

木　兰： 校尉……柔然未灭，何以家为？兄弟们，冲啊！

[木兰摇旗呐喊，随后与柔然将领周旋，奋力厮杀，身边纷纷有自己的将士和敌军将士倒下，直到敌军奔逃，场上只剩下木兰和战死的士兵和敌军的尸首。

黑木兰、白木兰声音上场，在舞台左右两侧前方。

黑木兰声音： 战士们，你们是了不起的，为国家而战，为荣耀而死。

黑木兰声音： 兄弟们，对不起，是我没有把你们保护好。

白木兰声音： 接下来我要做什么？我要去哪？

白木兰声音： 我在哪儿？怎么感觉像是一场梦。我觉得你们没有死，你们还活着。

[木兰突然间晕倒在地，其他士兵前来搀扶。

士兵乙： 花弧！花弧！

[木兰惊醒了，迅速起身，举起佩刀，指向士兵乙。

木　兰： 什么人？

士兵乙： 是自己人。敌军签了降书，我们得胜了！

[木兰松了口气。

[第六幕]

旁白： 公元482年，北魏太武帝年间，花木兰替父从军，参加了北魏破柔然之战，表现突出，终大破柔然，战争结束后，皇帝因花木兰功劳之大，特赦免其欺君之罪，并欲授予她尚书郎，木兰婉言拒绝，卸甲还乡！

[木兰一家在村口守望等待木兰。

木兰背对他们在另一侧，几个演员上，帮木兰脱掉军装，换上长袍。

旁白： （换衣过程中念起）

旦辞爷娘去，暮宿黄河边，不闻爷娘唤女声，但闻黄河流水鸣溅溅。旦辞黄河去，暮至黑山头，不闻爷娘唤女声，但闻燕山胡骑鸣啾啾。万里赴戎机，关山度若飞。朔气传金柝，寒光照铁衣。将军百战死，壮士十年归。归来见天子，天子坐明堂。策勋十二转，赏赐百千强。可汗问所欲，木兰不用尚书郎，愿驰千里足，送儿还故乡。

[木兰回头，与家人两望。

花　弧： 孩子，是我对不起你啊。

花　母： 木兰，你还好吗？

木兰姐姐：这是谁？

木兰弟弟：这是谁？

白木兰：是啊，我是谁？

[舞台上回到木兰最开始家庭生活的画面。

旁白：唧唧复唧唧，木兰当户织。不闻机杼声，唯闻女叹息。

问女何所思？问女何所忆？女亦无所思，女亦无所忆。

昨夜见军帖，可汗大点兵，军书十二卷，卷卷有爷名。

阿爷无大儿，木兰无长兄，愿为市鞍马，从此替爷征。

白木兰：我，还是我吗？

黑木兰：我，该何去何从？

[幕落。

◎　排练说明

一、服化道建议清单

白木兰：古代女子服装、戴发簪，可以粉、红、白为主调；穿刺绣布鞋，可参考影视作品造型。

黑木兰：军装，束发、军靴，可参考影视作品造型。

媒婆：参考古代戏曲中媒婆的服饰和装扮。

花母、花兰的姐姐：参考北宋女性服饰、窄袖衫襦。年长角色选偏深色，穿刺绣布鞋。

花父：北宋男性布衣服饰，颜色可为深蓝色、灰色，穿老式布鞋。

李校尉、士兵：古代武将、士兵服装和军靴。

市集店家：北宋服饰、根据店铺种类配置枪、刀、马鞭、弓箭等道具。摊位可由推车、纸箱或桌椅等摆置进行空间设计。

马儿：可由学生扮演，用纸和布料来制作马鞍，并配置相应的妆容。

旁白：书生服装。

柔然将领：少数民族服装，可选择黄、红、蓝色的颜色或花纹的战衣、铠甲，可粘贴的胡子。

备注：以上服化道建议清单仅作为服务于舞台效果的色彩、形式的启发、具体服饰选择可查阅参考相关历史资料。

二、音乐清单

1. 第四幕：木兰决定留下，背景音乐可用 *Mulan's decision*（动画片《花木兰》插曲）。
2. 第五幕：战争场面音乐 *Drumming for warrior*[①]。

（李婧菡）

---

① 由 Relief Unit Zone 唱片公司录制的非洲战鼓音乐。

第九章　和为贵——吴越同舟

◎　　**中华思想文化术语**

[**和为贵**] 以和谐为贵。"和"，和谐、恰当，是在尊重事物差异性、多样性基础上的和谐共存。本指"礼"的作用就是使不同等级的人既保持一定差别又彼此和谐共存，各得其所，各安其位，相得益彰，从而实现全社会的"和而不同"，为儒家处理人际关系的重要伦理原则。后泛指人与人之间、团体与团体之间、国家与国家之间和谐、和睦、和平、融洽的关系状态。它体现了中华民族反对暴力冲突、崇尚和平与和谐的"文"的精神。

[**吴越同舟**] 吴越两国人同乘一条船。比喻双方虽有旧怨，但面临共同的危难困境，也会团结一致，相互救助。春秋时代，吴越是相互仇视的邻国，但当两国人同船渡江，遭遇风浪时，他们却相互救援，如同一个人的左右手一样。它包含的思想是：敌友不是绝对的，也不是永恒的，在一定的境遇下可以化敌为友。

◎　　**剧本梗概**　　春秋时期，吴国和越国交界处有一条大河，两国经常交战。一次，风闻吴越战事再起，船家们纷纷不见了踪影，唯独只剩下了一艘渡船。几个急于渡河的吴越百姓不得已同乘一艘渡船。在船上，他们矛盾不断。忽然狂风大作、暴雨瓢泼，渡船进水，有翻船的危险。危险之下，大家放下成见，通力合作，众人得以平安。

◎　使用说明

(1)	[设计思路]

　　本系列课程以春秋时吴越两国的故事为基础阐释术语"和为贵""吴越同舟"的含义。课程设计采用了通识性戏剧的方法，涉及语文、历史、地理和科学等多学科的知识，可作为一项学期的综合性知识讲授。

　　前两节课的教案介绍了吴越争霸的历史，是"吴越同舟"故事的背景，也是为进入剧本做基础。教师可指导学生先通过"会稽山之战"来了解吴越两国的纷争开端，以及两国所处的地理位置和国力的对比等基础信息。此部分比较注重战争场面的重现，让学生在情境中感知战争。随后进入对"卧薪尝胆"的辩证性讨论，通过让学生分析人物矛盾可以更好地理解人物所做出的抉择，丰富了主要人物的形象。

　　后两节课的教案聚焦到"吴越同舟"这个故事上。这部分的课程内容主要是为进入剧本做准备，可看作是剧本分析的部分。教师可鼓励学生利用不同的艺术形式去呈现"同舟"这一画面。在即兴表演的过程中，学生可自发创作台词，也可在剧本中进行替换。教案的最后是对故事中的矛盾所做的演练讨论，尝试运用处理不同矛盾的方法，了解效果。

　　所以，此系列教案是从大背景再深入到具体矛盾的进阶过程。

　　剧本内容为"吴越同舟"的完整故事，人物众多，场景集中，非常适合舞台演出。人物都有明确的身份及鲜明的性格特征，所以塑造过程并不会很难，可以根据学生特点来选定角色。主要场景为船上，虽然减弱了舞台调度的复杂性，但对人物对话的要求反而提高了，要帮助学生彼此配合，力求增强台词的表现力，可提前进行剧本围读。船遇风浪是重要的情节，舞台效果除却音效与布局的协助，也需要演员在表演上给予一定的配合。此处是呈现的难点。

(2)	[课时安排]

　　本系列课程教案每课时 45 分钟，共 8 课时，建议每次 1 或 2 课时。如学生人数较多，可适当增加课时。教案全部完成后还需要 8—10 课时进行舞台排练准备。

(3)	[课程难度]

　　本系列课程由四节课组成，每节课难度均为 3 级。考虑到通过前面课程的学习，教师们已经掌握了戏剧教育课程的教学方式，所以本课程教案相对简单，留给使用者更多的发挥空间。

第一节课

课程难度：3 级

一、教学目标

测评能力：肢体表现力和思辨能力。

二、背景知识

吴越争霸：春秋时期，越王勾践领兵于樵李大胜吴军，吴王阖闾死于归途。其子夫差继位，时刻不忘父仇。两年后再度出动精兵攻越，将越军包围于会稽山。文仲、范蠡说服越王勾践忍辱图存，厚赂吴王夫差的宠臣伯嚭，向吴王求和。吴相国伍子胥表示反对，要求趁机消灭越国，以绝后患。然而吴王夫差没有听取伍子胥的建议，决定休战，但要勾践到吴国为奴三年。勾践被释放回国后卧薪尝胆，强兵治国，牢记会稽之辱。此后多次起兵攻打吴国，最终胜利成为一方霸主。吴越之争持续多年，两国百姓也势同水火。

三、教学流程

（一）热身活动（20 分钟）

板块目的：对学生进行肢体训练。

这里借鉴戏曲中基本步态的训练：一只脚勾起脚尖，落脚时脚跟先着地，随后脚掌着地，最后脚尖着地。另一只脚紧挨上一只脚的脚尖以同样的方式落脚。行进时膝盖自然弯曲，轻微上下起伏，呈弹性的感觉。男性步态则脚尖微微打开呈外八字，胳膊肘部张开呈弧形，行进时脚尖向外勾脚再落地。身体可随之左右摆动。

教师可根据学生的适应程度，适度增强戏曲动作的感觉，但幅度也不宜过大，要注重身体的控制力。

（二）主题活动（40分钟）

板块目的：锻炼学生在戏剧情境中理解历史背景，让他们尝试独立编创。

1. 背景知识

教师向学生介绍春秋时期的大致历史背景，展示吴越两国的地图（可通过百度搜索，然后事先打印出来），了解两国区域特点和政权特点，讨论两国产生矛盾的原因。这也可以作为课前作业，将学生分为两组，分别整理吴越两国的概况，上课时向全班同学进行介绍。

2. 情境建立

学生分为两组代表吴越两国，画出两国战旗，制作能够区分两国士兵的代表性标志（如服饰、武器），创作战前动员口号。两组学生也可以尝试排出有力的作战队形，借助以上道具在教室内形成对垒，营造战争氛围。

3."音效模拟"范式

让学生们模拟战场上可能的声响，例如马蹄声、杀敌声、求救声等。可利用口技、身体或简单装置进行创作。不同的声响逐一加入，注意强弱远近的不同，尽量出现层次感和真实感。

4."重要时刻"范式

教师提示学生：越王勾践领兵于檇李大胜吴军，吴王阖闾死于归途，其子夫差继位。让学生利用多样的手段表达他们对夫差此时内心感受的理解，例如诗歌、舞蹈、图片、意象化的定格画面等。这是让学生去寻找表达个人感受和思想的形式，思考感知和表达手段的关联性，同时敏锐地体会人物内心复杂情感。

5."思路追踪"范式

学生分组表演吴国于会稽山胜利时的场景。吴王宠臣伯嚭受越国之托主张接受求和，吴相国伍子胥则提出反对，要求一举歼灭越国，吴国征战将领报告战况，还可以加入吴国百姓代表。在这个片段中，每个人都向夫差提出了自己的主张，请夫差定夺。表演结束后人物定格，教师轻拍每个人物，每个人物说出自己内心的真实想法。这里是训练学生揣摩人物动机，例如伯嚭主张求和的真正原因是受了越国的贿赂，伍子胥反对是提醒夫差不忘杀父之仇，将领心中也暗藏着对于战况的担心。

（三）疏松活动（30分钟）

板块目的：让学生尝试去处理矛盾。

每位学生给夫差提一个建议，是和还是战，并说明原因。

教师把同学分为四组，分组讨论吴王夫差能够胜利的原因，然后进行分享。

四、物资道具

1.事先打印的吴越地图。2.大白纸和彩笔。3.彩布和可做音效的日常物品。

第二节课

课程难度：3级

一、教学目标

测评能力：运用戏剧手段进行表达的能力。

二、教学流程

（一）热身活动（20分钟）

此处借鉴戏曲的指法练习。即：

摊手：两胳膊肘部下垂做摊手状，手心向外指尖向下。

单运手：一只手手心向下，食指指尖朝上。直对面部，再由左方往下绕到上边斜着指出。手要比眉略高，另一只手插腰或放背后。

双运指：两手手心朝下，相距约30毫米，均斜着向后往下绕再指出，前手比眉稍高，后手比眉稍矮，左右均可。

单前指：与单运指运作相同，但要与肩齐。

怒指：怒某人而指，其指法与运指一样。只是手指稍矮些，指时要有力，如当面指人，旦角指时手心朝下，手与鼻略高一点，在怒指时手需往下斜。

（二）主题活动（40分钟）

1. 表演片段呈现

越国在战争中失败，越王勾践被擒，在吴国为奴三年。学生分组讨论并表演勾践在吴国的生活场景。这是对勾践在吴国屈辱生活的具象呈现，教师要尽量帮助学生创作台词及提示学生揣摩人物心理。

2. "心底话" 范式

表演片段中的每个角色都要说出此时对于勾践的真实看法。例如表演勾践给吴王夫差当马夫的片段里，吴王可说出此时对勾践的看法，路人、士兵、其他奴仆都可表达对勾践的看法。这是训练学生尝试从不同角度观察人物。

3. "墙上角色" 范式

在大白纸上画出人物轮廓，让学生在轮廓内写出勾践的内心活动，在轮廓外写出各方对勾践的看法。此时的难点在于体会勾践忍辱负重的心情和不被理解的境遇。

4. 讨论

教师讲述勾践卧薪尝胆的故事，也可展示图片，让学生讨论为什么要卧薪尝胆。

（三）疏松活动（30分钟）

越王勾践回国后励精图治，强兵治国，终成为一方霸主。学生分组创作治国方案。教师可提示学生从不同方面制定政策。如时间充足，还可请学生思考吴越两国长年征战对百姓的影响。

四、物资道具

大白纸、马克笔。

第三节课

课程难度：3 级

一、教学目标

1. 主要术语：吴越同舟。2. 测评能力：独立编创能力。

二、教学流程

（一）热身活动（20 分钟）

教师要求每名学生以自身最快的速度完成以下的任务：触摸地板、椅子、墙壁、一件黑色的物品和一件方形的物品。再和一位同学握手、和另一位同学拥抱。当所有人同时行动时必然会彼此阻碍影响速度，大家共同协商如何行动能更快完成任务。

这是一项合作型的训练，需要所有参与者协商合理的行动轨迹并配合行动才能完成。

（二）主题活动（40 分钟）

1. 知识回顾

复习前两节课的内容，吴越两国相邻却长年争战会给两方百姓带来怎样的影响。

2. 表演片段

分组表演两方百姓可能会产生矛盾的时刻。例如，两国交界处的百姓争抢菜地，越国的百姓在吴国受到了羞辱，等等。

注意：编创的基础是在知识回顾的环节中让学生充分理解吴越两国特殊的战略位置。

3. 角色设置

教师讲述"吴越同舟"的背景：在一个阴雨天，吴越边界处的河岸只剩下一艘可过河的船只了，很快就聚集了吴越两国想要乘船的百姓。学生分组设想河岸上都会有哪些人物，每组用三个定格画面表达出人物日常生活状况、乘船想要去哪里和此刻的心情。例如，想要发战争财的商人，要去从军的越国青年，穷困的妇孺，等等。

4. "见物知人"范式

每组画出所设定人物的一些私人物品。并向其他小组进行介绍，通过这些物品阐明人物的性格或经历。

注意：要结合两国争战的背景来设定。

（三）疏松活动（15分钟）

每组结合画出的私人物品编创所设定人物的一段生活场景，聚焦于战争对于百姓生活的影响。

（四）延伸活动（15分钟）

讨论这些人物聚集在河边想要登上同一艘船时可能会发生的情况。

四、物资道具

1. 大白纸、彩笔。2. "热身活动"环节需要的椅子、黑色物品、方形物品。

第四节课

课程难度：3级

一、教学目标

1.主要术语：和为贵。2.测评能力：独立编创能力。

二、教学流程

（一）热身活动（20分钟）

"鲨鱼岛"游戏：以可站数人大小的大白纸或垫子作为岛屿，一位学生扮演鲨鱼，其他学生站到"岛"上为安全，没有及时站到岛上而被抓到的学生也会变成鲨鱼。每一轮会减少一个或两个岛屿，鲨鱼则会随之增多。

这个游戏是让学生思考如何在保护自己的同时帮助他人。

（二）主题活动（40分钟）

1."教师入戏"范式

教师戴上草帽扮演老艄公,每组出一名学生扮演各组所设定的人物。老艄公告诉大家由于战争原因，渔船越来越少了，今天就只有这一只船了，并且位置有限，问问大家愿不愿意在船上挤一挤共同渡河。请来自吴越两国的百姓分别表达自己的想法。

注意：结合两国的矛盾和人物性格进行阐述。

2. "重要时刻" 范式

船在行进过程中遭遇了风暴，遇到了风险。分组用意象化的方式表达船在风浪中的情景，例如舞蹈、手偶、声效等。

这个环节要充分发挥学生的想象力，传递出惊险飘荡的神韵。

3. "定格画面" 范式

分组创作船上百姓们同心协力共同稳定渔船的定格画面，要包含各组所设定的人物。

这里要注意空间位置、动作和表情的设定。

4. 表演片段

渔船在大家的共同努力下顺利抵岸，分组表演大家话别的场面。教师可帮助学生设计台词。

（三）疏松活动（15分钟）

集体讨论对于这个故事的理解和感受。也可以用写信的方式，即把学生分成两组，分别为吴越两国写一封可贴在城门上的号召信，从两国的历史、地域、风土人情和日后发展的层面阐述修复两国关系的重要性。

（四）延伸活动（15分钟）

让学生自由发言，说说在生活中是否有过与别人发生矛盾的时候，能否有别的方法进行解决。

四、物资道具

1.大白纸、彩笔。2. "教师入戏" 用的草帽。

◎ **剧本**

主要人物及角色描述

船　家： 渡船的主人，约五十岁。性情温和、待人宽厚，在他眼中上船便是客。

商　人： 吴国商人，约四十岁。一心发战争财，哪里有战争哪里就有他。

侠　客： 语意深邃，心怀仁德，颇有儒家风范。

吴国青年： 吴国将领的儿子，约二十岁，性情骄纵。

老　翁： 约六十岁，胆小如鼠，上船乃是为逃难避祸。

[第一幕]

[幕起。这是大河之畔的一处码头，码头由石阶组成，舞台上的众人三三两两在不同的石阶上交谈着。船家则游走在各处，一一向众人收钱，由他指引观众的视线。此时，船家、商人、吴国青年、老翁已然出现在舞台上。侠客上，侠客和商人对话处于鸡同鸭讲状态，颇有喜剧意味。

侠　客： 敢问，这船从何处来？要到何处去？

商　人： （指给侠客看）从这，到那！

侠　客： 千帆尽东去，天地一孤舟。甚是冷清，敢问为何只有这一艘船？

商　人： 因为……打仗。

侠　客： （叹息）为何我走到哪里，哪里就打仗呢？到底是战争找上了我，还是我找上了战争呢？

商　人： （吃痛地叫了一声）啊！

侠　客： 莫非兄台有所感悟？

商　人： 你踩着我的脚了。

[船家闻声而至。

侠　客： 真是不好意思，光说打仗了，一时没注意。

船　家： 要我说啊，打仗可真是害人呐。

商　人： 打仗有什么不好的，乱世才能出英雄，打仗才能发大财。那些说打仗不好的，个顶个都是穷鬼，王公大臣们哪个不喜欢打仗的？如今我们吴国和越国又开始打仗了，是要做将军还是富豪，眼前就是机会。

船　家： 哎哟，话可不能这么说，多少老百姓为打仗送了命。

侠　客： 好一句乱世出英雄，今日我便要做一回英雄。你这船可是要开往吴国？

船　家： 是要去吴国没错。可您这是？

侠　客： 我要去为吴国铸剑。

船　家： （惊愕转为无奈）给吴国铸剑？哎……也对，要做英雄。哪有手上不沾血的。

商　人： 有多厉害？能值多少钱？

侠　客： 我是要为吴王铸一把号令山河的剑。

[原本正坐在石墩上百无聊赖的吴国青年站起，他拍干净身上的尘土之后，才慢慢踱到了船家的面前。

吴国青年： 船家还不开船？莫非是要坐地起价？

老　翁： 哎哟，使不得，使不得。整条河上就这么一条船，现在发战争财，要的可不是钱，是人命啊！

船　家：公子误会了。还有些腿脚慢的，要是不等等，怕是很难熬得过这兵荒马乱。

吴国青年：妇人之仁。若是误了我回吴国为大王献计献策，你可吃罪不起。

[老翁颤颤巍巍地将手伸进自己的兜里，掏了半天，数出为数不多的几枚钱币，硬是要塞给船家。

船　家：老伯，这是要干什么？

老　翁：你收着，你收着。

船　家：我收着，我收着。

老　翁：我已经付过船费了，赶紧让我上船，你不能再涨价了。

船　家：是是是，不涨价，不涨价。

老　翁：那还等什么，赶紧开船啊，再不跑就打过来了。

船　家：这后边我看着好像还有人。

老　翁：哎哟，怎么跟你说不明白呢，能保住自己的命就不错了，你还管那么多做什么。

船　家：这？

[孩童匆匆跑上，撞上了商人。他的衣着破烂，神情可怜。越国青年随后搀扶着越国老妇上。

商　人：哎哟，哪里跑出来的小脏孩儿。

船　家：就你一个人？你爹娘呢？

[孩童沉默不语。

船　家：那你这是要上哪去？

孩　童：去找爹爹，他被抓去当兵了，只要把爹爹找回来，娘和妹妹就能高兴了。

船　家：（叹息）也是个可怜的孩子，看你也没钱，捎你一程，上船去吧。

[孩童愣了愣，随即上了船（下场）。商人看了摇了摇头。

商　人：哪有这么做生意的？买的求着卖的就应该涨价，卖的求着买的那就应该降价，没钱就应该滚蛋。再明白不过的道理了。

越国青年：在你们吴国人的眼睛里，自然是看不见人命的。

商　人：嘿！两个从越国来的穷光蛋反倒教训起我来了。

越国青年：教训的就是你！

越国老妇：孩子，吴国人没一个好东西，用不着浪费口舌。

[船家闻讯赶来，召集大家准备上船。

船　家：都消消火，船上正好坐满，赶紧上船吧。

越国老妇：你这船姓吴还是姓越，我不坐吴国的船。

船　家：一头是吴国，一头是越国，我也说不清它姓什么。

[商人摸自己腰间的钱袋，却发现钱袋已经不见了。

商　人：终于可以上船了。我的钱呢，有人偷了我的钱！

[商人四下寻找小偷。

商　人：是不是你偷了我的钱？

吴国青年：我用不着偷。

商　人：那就是你。

老　翁：（假装听不清）啊？你说什么？

商　人：是不是你偷了我的钱？

老　翁：我已经付过钱了。

商　人：（冲着越国老妇和青年）我知道了，肯定是这俩穷光蛋。

[一阵战马嘶鸣的声音，众人慌乱不止。

老　翁：打过来了，打过来了。

船　家：还不赶紧上船。

[第二幕]

[幕起，此时众人皆在船上。舞台的中心伫立着一根桅杆，桅杆上用绳索挂着帆，不时因为吹来的风而轻轻摆动着，带起一阵簌簌的响声。舞台的左侧有一只用来充当舵把方向的船桨，舞台右侧是船舱，孩童正在船舱里还未出现。此时，船家正在摆弄着船桨。

老　翁：（气喘吁吁）哎哟喂，我这条老命啊，可经不起这么折腾，早点开船哪有这档子事。

船　家：都是平头老百姓，互相帮扶着日子也好过一些。

老　翁：我老了，谁也帮不了，就想找个地方安安静静的，你说怎么也这么难呢？

船　家：到处都在打仗，哪有一块安稳的地方哟。

侠　客：乱世之中岂能独善其身？

吴国青年：也不知道刚才是哪国的军队。船家，快些划船，让我早一点回到吴国为大王献计献策，这场战便可早一点结束。

侠　客：公子的意思是，凭你一人便可左右战局？

吴国青年：我不过只是乱世之中的一只蝼蚁，何来左右天下大事之能？不过，乱世杀伐皆为不义之战，诸侯皆为称霸而来。若能有强国雄主号令四方，诸侯莫敢不从，何愁再有战事、百姓受苦。

侠　客：公子的意思是，吴国称霸统一天下，这世道就太平了？

吴国青年：（自我陶醉）正是。不忍百姓流离、同情将士丧命乃是妇人之仁，其结果不过诸侯割据、战乱连连；舍小而取大，弃一世之百姓换万世天下一统、国泰民安，此乃天子之仁。在下不才，愿为天子之仁，鞠躬尽瘁，肝脑涂地！

[侠客、老翁被吴国青年的涛涛大论搅得厌烦，进入了船舱。商人环视众人，走到桅杆底下。

商　人：公子？您说完了？该轮到我说了。

吴国青年：（指侠客）人呢？

商　人：如今上了船，性命算是安全了。可这钱袋子又该不安全了。

越国青年：你这话说给谁听？

商　人：我们之中有小偷，自然是说给他听。

越国青年：你想说什么就直说，用不着阴阳怪气的。

商　人：那我便直说了，诸位也看见了，我的钱袋子丢了，小偷呢，肯定就在我们之中。

吴国青年：废话连篇。

商　人：别急啊，我还没说完呢。这位公子一看便是出身名门、风度翩翩，断然不会做偷窃之事。那位老伯，手脚不便，就是想偷也偷不成。侠客嘛，自然是不屑于做这偷鸡摸狗的事。剩下的就只有船家，还有越国的两位。这其中谁是小偷不就是一目了然的嘛。

越国青年：你的意思是，我们就是小偷了？

商　人：哎，我可没这么说，若是让我搜搜身，是不是小偷自然就知道了。

越国青年：你凭什么搜我们的身？我们凭什么受此大辱？

船　家：（放下船桨，赶来劝架）我说这搜身确实有些不合适。你这要搜身，不就是认定人家是小偷了嘛，弄得跟审犯人一样，叫谁都不乐意呀。

商　人：不敢让我搜身，明摆着就是心里有鬼。也罢，就当我的钱呐，叫越国的狗叼去了。

越国青年：你！

[越国青年攥起拳头就要打商人，被船家拉住了。

越国青年：他凭什么说是我们偷的。

船　家：是啊，没有证据怎么就说是人家偷的。

商　人：这还用问嘛，就凭……

吴国青年：就凭他们是越国人。

越国青年：越国人怎么了，难道越国人个个都是小偷？

商　人：是不是小偷不好说，但你们打了败仗，个个都是穷鬼。

越国青年：我们穷，可我们不偷也不抢。

商　人：只有穷才需要偷，你见过有钱人做小偷的吗？

越国青年：你！

船　家：诸位都消消气，消消气。

越国老妇：孩子，不必和他们多说什么。他们看我们像小偷，无非是因为咱们越国打了败仗。穷！咱们要争口气，就是要把他们抢走的东西都抢回来，加倍地抢回来，抢不回来就咬，咬下一块肉来。

商　人：还想着抢回来？我看呐，是偷回来。也对，你们的大王勾践曾经给我们大王做马夫，干的都是些不干不净的活儿。大王尚且如此，这越国百姓，自然更加是偷鸡摸狗了。

[越国青年怒不可遏，刚放下拳头，又准备揪住商人，被越国老妇拦下。

船　家：年轻人，消消气、消消气。我这船可不怎么结实。

越国老妇：留着力气上阵杀敌去吧。

[第三幕]

[开场时，风雨大作，滚滚雷声随后而来。舞台中心桅杆上的帆已经被大风吹得鼓了起来。场上只有船家、商人和吴国青年。老翁随后从船舱里出来。其余人都在床舱里。

老　翁：我就眯了一会儿，天怎么就黑了？莫非这船上有贼人给我下了蒙汗药？

[商人装作凶恶的声音，吓唬老翁，老翁被吓得哆哆嗦嗦。

商　人：（假声1）这把老骨头，给他下蒙汗药我都嫌浪费。拿了钱把他扔到水里就是了。

商　人：（假声2）是啊，是啊！

老　翁：哎哟，果然是艘贼船。

[商人继续吓唬老翁，拍了拍他的肩。

老　翁：好汉别杀我，好汉别杀我。

船　家：我说，你这人怎么还戏弄一个老头。

商　人：哈哈哈哈，瞧他那样，谁怪他胆子这么小。

船　家：就你胆子大？

商　人：（对船家）嘿！北方飘的雪，南方卷的浪，西边吹的沙，东边刮的风，件件都是要人命的，我什么没见过？（对老翁）老伯，你睁眼看看天上。

老　翁：这黑漆漆的云可真够大的。

吴国青年：山雨欲来风满楼。

船　家：诸位站稳了，怕是要下大雨了。

老　翁：这可怎么办，我得回里头坐着。

[忽然一阵狂风，一个大浪拍过来，船摇晃得厉害，老翁撞在了桅杆上。

老　翁：哎哟，可疼死我了。

[惊雷响起。老翁吓了一跳。

老　翁：我的亲娘喂，心都要吓得蹦出来。

[大雨瓢泼而下。

商　人：这雨下的，身上都湿了。

老　翁：这给我浇得一个透心凉，我得赶紧进去避一避。

[又是一阵狂风，船摇晃不止。老翁东倒西歪，又撞在了桅杆上。

老　翁：怎么又是这根破杆子。

[越国青年、越国老妇从船舱里出来。

越国青年：船家，里头都已经进水了。

老　翁：这船怕不是要沉了吧。

[商人惊慌失措，和前文镇定自若的样子形成对比。

商　人：什么！这船要沉了！

老　翁：这可怎么办？

商　人：这可怎么办？

老　翁：赶紧想办法呀！

商　人：对呀，赶紧想办法呀！

吴国青年：你不是见惯了大风大浪吗？

商　人：这架势我还真没见过。

船　家：你们，赶紧把船帆降下来，我掌着舵呢！

商　人：对对对，降船帆，降船帆。

[商人和吴国青年前去降下船帆，风浪更大了，船颠簸得更厉害了。老翁和越国老妇在风浪中东倒西歪，险些跌倒。越国青年搀扶着老妇。

老　翁：哎哟，我这把老骨头都要坏了。

越国老妇：孩子，你别管我，顾好你自己。

越国青年：娘，你抓紧了。

吴国青年：风太大了，这帆紧绷着，根本降不下来。

老　翁：完了，这船要沉了，要沉了。快把东西都扔下去，让船浮起来。

商　人：对，减重。应该把你扔下去。

老　翁：你说什么？

商　人：没错，就是得把你扔下去。

老　翁：你自己怎么不下去？

商　人：因为我有钱，我的命值钱。

[侠客护着孩童从船舱里出来，随即拉住了绳子。

侠　客：现在，钱不顶用了！

商　人：那怎么办？坐以待毙？我的命怎么就这么苦，偏偏上了这么一艘船。钱没了，命也要没了。

侠　客：我看未必，若是能再加一把力，这帆应该就能降下来。

商　人：上哪找人去？船家得掌舵，这老头跟小的能有什么用。（若有所思）你是说……

侠　客：（冲越国青年）小兄弟，你还愣着干什么，赶紧过来拉住绳子啊。

[越国青年正要前去拉住绳子，越国老妇却拉住了他。

越国老妇：站住，他们俩，一个是吴国人，一个是要去给吴王铸剑，还有那个商人更不是什么好东西。我绝不会救吴国人的命。同他们坐在一条船上，都让我觉得臭不可闻。

越国青年：这？

侠　客：都在一条船上还分什么吴国人、越国人。

商　人：（谄媚）哎哟，是我对不住，不该说您们是小偷。就当我是放屁，你们两位大人有大量。赶紧来帮帮忙，不然这船可真要沉了。

越国青年：娘，这船真要是沉了，咱们也活不成呀。

越国老妇：活不成那就活不成，我就是不活了也不会帮他们吴国人一丝一毫，我就是跳下去也绝不跟他们有半点瓜葛。你别忘了，他们是怎么打进我们越国，把我们的粮食、牲口抢得一丁点都不剩。我们穷，我们苦，那全都是因为他们，现在他们竟然还有脸反过来说我们是小偷。

[风浪越发地大。

商　人：哎哟，都到这时候了，还赌什么气呢。

吴国青年：她不是气，是恨。

越国老妇：没错，我就是恨，我恨你们抢了我们的土地、粮食；我恨你们害我们成了寡妇、成了孤儿；我更恨你们那副得意洋洋的嘴脸，看见你们哭，看见你们害怕，我就高兴。

[再度卷起一阵大风浪，越国老妇在船舷旁边，被大浪打湿。

越国青年：（大为不忍看老妇受苦）娘，别说了，我不想看您就这么没了命。

[越国青年上前去拉住绳索，一阵大风浪吹过来，老妇跌倒在船上。

越国老妇：回来……

[孩童跑去扶住老妇，可老妇却将孩童一把推开，孩童跌倒在风浪里。

孩　童：大娘。

越国老妇：你给我滚开。

[老妇见孩童跌倒在风浪中于心不忍，犹豫了一番，还是将孩童扶了起来，护在身后。另一边则是侠客、商人、吴国青年和越国青年合力拉绳索降下船帆。

侠　客：诸位加把力！

[**第四幕**]

[开场时，风渐渐停了下来，浪也渐渐小了。

老　翁：（气喘吁吁）天总算是亮了。

商　人：（瘫软在地）命总算是保住了。

船　家：（庆幸地）好在没出什么事。

吴国青年：（拍身上的水）可惜我这身衣裳。

越国青年：娘，您没事吧？

[越国老妇一巴掌打在越国青年的脸上。

越国老妇：混帐东西，竟然帮吴国人？

越国青年：娘，我不是帮吴国人，我是在帮我们自己。

越国老妇：好哇，国仇家恨你转头就忘得干干净净。我越国大好男儿，一个个上阵杀敌，怎么轮到你就是这般贪生怕死，转头就帮着仇人。

越国青年：我是不忍心看您送了命。

越国老妇：（痛惜）孩儿啊，我早就是半截黄土埋到脖子颈的人了，我这条命跟国仇家恨比起来又算得了什么？

船　家：打仗真是害人呐，大娘容我说一句不好听的。这吴国和越国之间真有这么大的区别吗？非要分出个吴国人、越国人？吴国人和越国人说的话难道不是同样的口音，喝的难道不都是长江里的水吗？吴国人和越国人的差别，不过就是生在这边和生在那边而已。

越国老妇： 照你这么说，我生在了越国就得受苦遭罪？生在了吴国就可以随便说别人偷鸡摸狗，就可以指着越国人的鼻子骂？

船　家： 这都是哪跟哪呀？得，我还是撑船去吧。

商　人： 我说你这脾气也太倔了吧，我不过就说一句是小偷，你就非要拉着一船的人送命。

越国老妇： 倘若打败仗的是你们吴国，你还会指着鼻子骂我是小偷吗？你们瞧不起的不是我，是越国。

侠　客： 大娘，你又何必这般愤愤不平呢？说到底是觉得吴国害得你没了家，害得你东奔西跑、疲于奔命。春秋无义战，吴越争霸乃是越王勾践先攻打的吴国。越国打进吴国的时候，不也一样抢了人家的土地、粮食，害得吴国百姓无家可归吗？

越国青年： 这？

越国老妇： 你懂什么？我们不打别人，别人就会来打我们。

侠　客： 所以说春秋无义战。那敢问老夫人，你可怜，难道这孩子就不可怜吗？刚才起大风大浪的时候，这孩子不也一样把你扶了起来，你不也一样将这孩子护在了你的身后。

越国老妇： 我不过是看他可怜罢了。

侠　客： 既然老夫人看这孩子孤苦伶仃着实可怜，那便证明老夫人绝非铁石心肠。这孩子帮了你，你帮了这孩子，令郎帮了我们大家，我们大家也帮了你们。吴越同舟，方能风雨共济，若无众人齐心协力，我们怕是早就葬身水底了。

越国青年： 娘，我们和他们在一条船上。

侠　客： 何必让国家仇恨蒙蔽了心智呢？暂时放下成见，远远地望一望这江上碧波万顷、水光粼粼的美景不也是很好的吗？

越国老妇： （一愣）美景？（叹息）是啊，好久都没有看见这样的景致了。

船　家： 诸位，船靠岸了。

[孩童将钱袋还给商人。

孩　童： 还给你！

商　人： 是你偷的？

孩　童： 是我偷的。

商　人： 你偷我钱袋做什么？

孩　童： 去找爹爹。

商　人： 这……确实是我莽撞了，还请两位恕罪。

老　翁： 嘿！你该说恕罪的可不止他们俩，还有我呢。

商　人： 哦，还请老伯恕罪，我不该吓唬您。

老　翁： （得意）还有呢？

商　人： 还有什么呀？

吴国青年： 你忘了，你说要把谁扔下船去？

商　人： 我想起来了，还请老伯恕罪。我不该自私自利，总以为自己有几个臭钱就了不起，更不应该挑起吴越两边的矛盾。我应该啊，用钱砸在老伯您脸上。

老　翁： 你这是什么话。

商　人： （对老翁）哈哈哈，开个玩笑。我应该啊，化干戈为玉帛。（对越国老妇和越国青年）两位不计前嫌，在下实在感到惭愧，还请两位……

越国老妇： 你也看看这两岸的风景吧。

[商人哑然。孩童、老翁、越国青年、越国老妇、商人依次下船。

吴国青年： 既然先生要去为吴王铸剑，不如我们同去。

侠　客： 也好。

吴国青年： 在下有一事不明，还望先生告知。昔日赵王问剑于庄子，庄子答天子剑、诸侯剑、庶民剑，敢问先生要为吴王铸的是什么剑？

侠　客： 我要为吴王铸的是一把仁王剑。仁者爱人，方能天下无敌；止戈为武，方可号令山河。我今日便要以仁德相劝吴王。

吴国青年： 先生之志，有如皓月北辰，我等目不敢视。只是乱世之中，不知究竟是先生的仁王之道能救苍生，还是我这天子之道能治天下。

侠　客： 唯愿天地大同，海晏河清。

[**幕落。**

◎　排练说明

一、服化道建议清单

符合春秋时期的人物服装若干套。

其他道具：桅杆、绳子、船帆、船桨，商人的钱袋、老翁的几枚钱币，用以表示船舱的布景板、用以表示风浪的布景板（平静状态与狂风暴雨状态）。

二、音乐清单

风浪声音效（和风细浪与狂风暴雨各一首）、欢快的音乐（一或两首）、气氛紧张的音乐（一或两首）。

（陆璐、赖斌）

附 录

戏剧课堂评估参考维度

表一：学生课堂表现观察表

下面有对四个级别的描述，

请结合学生的表现，把学生的名字填入不同的方框内。

4. 非常出色	3. 令人满意
学生高度参与课堂活动，在没有教师提示的情况下分享想法。学生在与同伴合作时表现出领导能力，勇于尝试新事物。以他人的观点为基础，提出有见地的问题，表现出想象力和创造力。	学生能够参与课堂练习并经常分享想法。学生能够与他人合作并服从指示。
2. 有待发展	1. 需要支持
学生有时会在教师的鼓励下参与和分享想法。学生有时交流思想，一般理解并遵循指示，但需要更多的支持来证明理解所探究的思想。	学生不愿意参与或主动分享想法。学生很少交流，需要被告知加入其他人。学生几乎不清楚游戏和活动的说明，需要额外的指导和支持才能参与活动。

学生姓名	学生戏剧课堂表现参考维度（个人）				
	听从并遵守指令	倾听和接纳他人的想法	积极参与课程活动	和同伴密切合作	产生并分享想法

总 结 与 反 思

1. 是否有学生表现出领导才能？

2. 是否有学生因为害羞或害怕而不愿意尝试？

3. 是否有学生不应该被安排在同一个小组？因为他们会分散彼此的注意力。

4. 是否有学生需要额外的帮助和支持？

表二：教师自我评估表

教师对学生的课堂表现给予反馈时，可参考如下标准：

在课程结束后，教师可从如下几个角度，反思自己给学生的反馈是否起到了正向的作用。

1. 我已经向学生们明确了这次排练的优先次序，他们了解任务和对他们的期望。

2. 我的反馈集中在三个方面：学生在哪些方面做得很好，哪些方面需要改进，以及我对这些改进的具体建议。

3. 我的反馈集中在表演中最需要关注的方面。

4. 我的反馈集中在表演效果上，而不是学生本身。

5. 我的反馈是清晰的、循序渐进的，这样学生们就能明白他们需要做什么来提高自己。

6. 我的反馈是描述性的（它告诉学生他们需要做什么）而不是评价性的（给他们一个分数或等级）。

7. 我会基于反馈给学生一个时间周期，让学生有机会改进他们的表现。

表三：角色扮演评估参考表

观察学生连续 3—4 分钟的角色扮演，完成下列表格。为了帮助你，可以考虑

记录学生所扮演的角色，或者让助教协助观察学生的表现。

学生姓名：_____

评估参考维度	几乎不能 完成	有时候可以 完成	一直能够 完成
保持注意力集中			
使用与角色一致的肢体动作、语言和行为			
扮演的角色具有可信度			
能够站在角色的角度给予观点和反馈			
了解自身角色与其他角色的关系			
在角色扮演中倾听并回应他人			

评论与观察

下一阶段建议